AF347126

HISTOIRE DU JAPON

KATSOURÔ HARA

PROFESSEUR A LA FACULTÉ DES LETTRES
DE L'UNIVERSITÉ IMPÉRIALE DE KYÔTÔ

HISTOIRE DU JAPON

DES ORIGINES A NOS JOURS

PAYOT, PARIS

106, BOULEVARD ST-GERMAIN

1926

PRÉFACE

Le but de cet ouvrage est de présenter au public français un aperçu général de l'histoire du Japon.

Il ne s'adresse pas en particulier aux historiens ou aux personnes qui, par profession ou par goût, s'adonnent aux études historiques; il est destiné à tous ceux qui désirent jeter un coup d'œil sur le passé du Japon et même soulever le voile qui cache son avenir. Le Japon dont on traitera ici n'est pas le pays des bibelots curieux et des paradoxes pittoresques que certains trouveraient bon de conserver intact pour en faire parade, mais bien un pays dont les habitants s'efforcent de progresser sans cesse et de jouer un rôle, si humble soit-il, dans l'évolution commune de la civilisation mondiale.

Étant donné l'objet poursuivi, il est indispensable que l'auteur ne se laisse pas aller à vanter nos qualités nationales en un style trop pompeux, non plus qu'à présenter au monde des arguments d'un vulgaire et futile chauvinisme. Toute ostentation déplacée ne fait que dissimuler un esprit partial et peu sincère. C'est là un vice incompatible avec la belle profession d'historien. Toutefois, pour ne pas tomber dans ce travers et m'approcher le plus possible du but que je me suis proposé, j'ai jugé sage en écrivant ce livre de me mettre en pensée à la place d'un lecteur étranger, libre de tous nos préjugés nationaux, mais ayant déjà une très profonde sympathie pour notre pays. Certes, vouloir ainsi substituer à sa propre personnalité celle d'un être aussi différent et de pensée et de nationalité est une entreprise qu'il est facile de projeter, mais extrêmement difficile de mener à bien; et je n'ose pas prétendre y avoir réussi. Cependant, je pense qu'il peut être utile au lecteur de savoir dans quelle direction se sont portés mes efforts.

On peut dire, avec quelque apparence de vérité, que le temps n'est pas encore venu où un historien japonais consciencieux peut écrire une histoire complète du Japon ancien et moderne, surtout si cette histoire doit être condensée dans un volume de trois cent vingt pages. La raison en est qu'un trop grand nombre de problèmes importants dans l'histoire du Japon restent encore sans solution. Il est douteux cependant qu'il y ait un seul pays au monde dont tous les problèmes historiques aient été résolus. Mieux vaut donc ne point attendre que le « Fleuve Jaune soit devenu limpide », comme on dit en Chine.

Aujourd'hui plus que jamais, les historiens japonais sentent combien il est nécessaire d'essayer d'écrire eux-mêmes l'histoire de leur propre pays. Par suite de la Grande Guerre, le soi-disant Concert Européen, c'est-à-dire un aréopage de quelques nations, a dû céder la place au Concert Mondial. La réadaptation et la reconstruction, d'ordre national aussi bien que d'ordre international, rendues indispensables par la guerre, chez les belligérants comme chez les neutres, constituent une tâche énorme et telle que les nations du monde n'en ont jamais entrepris de semblable. Il se peut que nous entrions dans une longue période de paix, mais il est probable que les sentiments réciproques des nations continueront à être susceptibles et ombrageux et qu'ils ne s'apaiseront pas de longtemps. Dans une période d'énervement général aussi critique que celle que nous sommes appelés à traverser, la situation du Japon sera extrèmement délicate. Jusqu'à ce jour, et surtout dans ces derniers temps, chacun de ses actes, chacun de ses succès a éveillé la suspicion des autres pays. Et pourtant, le Japon ne saurait fixer un terme aux progrès qu'il doit encore accomplir, que son évolution soit agréable ou non aux autres nations, car, là où il n'y a pas de progrès, il y a stagnation. D'où urgente nécessité, au point où sont arrivés les Japonais, de chercher à se faire connaître sous leur vrai jour et de raconter eux-mêmes leur propre histoire.

C'est la seule façon de faire exactement comprendre au monde leur personnalité, leur tempérament et les traits essentiels qui les caractérisent; et cela non seulement tels qu'ils sont aujourd'hui, mais encore tels qu'ils furent dans le passé. C'est le seul objet que je me suis proposé en écrivant ce volume.

Je tiens à exprimer ma gratitude à mes collègues de l'Université de Kyòtò qui m'ont beaucoup aidé dans ma tâche. Je remercie chaleureusement M. le professeur A. H. Sayce, d'Oxford, qui pendant mon séjour dans notre antique métropole, a bien voulu reviser la partie de mon manuscrit qui traite des débuts de l'histoire du Japon.

KATSOURÒ HARA.

CHAPITRE PREMIER

Introduction

Le Japon est un pays habité par une population dont les caractères ethniques diffèrent beaucoup de ceux des habitants actuels de la plus grande partie de l'Europe. Pendant longtemps, le Japon a refusé de laisser entrer les étrangers qui venaient frapper à sa porte, et, par suite, son histoire, comparée à celle des autres nations, présente des caractéristiques remarquables et uniques. Beaucoup d'anciennes coutumes dont l'origine, inconnue même des Japonais modernes, remonte parfois aux temps préhistoriques, se sont transmises jusqu'à nos jours, presque sans aucun changement de génération en génération. D'autre part, l'histoire du Japon n'est point aussi simple que celle de beaucoup de nations à demi civilisées, laquelle ne contient le plus souvent que des légendes fantastiques et des rapports de désordres chroniques dus, en général, à quelques causes naturelles inévitables. Riche en curiosités historiques charmantes susceptibles de donner naissance à de fantaisistes spéculations, mais assez complexe pour stimuler l'intérêt d'un vrai savant, l'histoire du Japon devrait être une étude fascinante. Elle peut, à ce point de vue, être comparée à l'étude que des biologistes étrangers ont entreprise de nombreuses et rares flores ou faunes indigènes. La ressemblance n'est toutefois point complète, car si les biologistes peuvent rester fidèles à leurs opinions, quel que soit l'animal ou la plante qu'ils étudient, les historiens ne doivent point oublier que chaque nation, chaque époque, a son propre critérium. Et ceci est surtout vrai lorsqu'il s'agit du Japon.

Affirmer que l'histoire du Japon représente, en quelque sorte en miniature, l'histoire du monde est quelque peu nouveau et demande des preuves concluantes. A l'heure actuelle, on croit généralement que chaque nation évolue, tout comme le fait un individu, jusqu'à ce qu'elle arrive à son apogée, c'est-à-dire à son maximum de croissance, et qu'ensuite elle commence à dégénérer. C'est pourquoi un grand nombre d'historiens modernes ont, tour à tour, en procédant par la méthode inductive et en s'appuyant sur la répétition à différentes époques et dans différents pays d'événements historiques semblables, essayé de formuler certains principes. Ils voulaient ainsi traiter l'histoire comme une science naturelle et assimiler l'étude des faits historiques à celle des phénomènes de la nature. Mais il ne faut point oublier, quelque regrettable que cela puisse être, que chaque événement historique est un phénomène passager qui ne se renouvelle jamais exactement. Quand cet événement est passé, il est passé pour toujours, sans que la volonté d'un savant puisse en prolonger la durée. Il est souvent possible qu'un individu, en bonne connaissance de cause, aide à la naissance d'un événement historique, voire même qu'il en modifie le cours ; mais nul ne peut supprimer l'événement qui a pris place dans l'histoire et en effacer toute trace comme la vague efface des pas sur le sable. En outre, il est fort difficile de séparer entièrement les

faits historiques de leur milieu, quelque isolés qu'ils
semblent être ; et c'est pourquoi on ne saurait en faire
l'objet d'expériences de laboratoire. L'étude de l'histoire
présente une autre difficulté, plus grande encore. Tous
les écoliers connaissent cette loi fondamentale que
lorsqu'un corps a reçu une impulsion il continue à se
mouvoir dans la même direction et à la même vitesse
jusqu'à ce qu'il soit influencé par quelque force nouvelle.
Or si, même dans le domaine des phénomènes naturels, il
nous est rarement donné de pouvoir observer des appli-
cations de cette loi, il serait absurde d'en vouloir trouver
dans le domaine des phénomènes historiques. En effet,
il y a toujours plusieurs causes qui agissent simultané-
ment sur les individus, les familles, les tribus ou les
nations, et de nouvelles causes entrent généralement en
jeu avant que les premières aient eu leur plein effet ;
ainsi les influences diverses de plusieurs groupes de
causes sont entremêlées, et il devient fort difficile de
faire remonter un effet particulier jusqu'à une seule
cause première.

En résumé, on ne peut complètement isoler un peuple
ou une nation de tout ce qui l'entoure pour chercher à
découvrir ce que ce peuple ou ce pays aurait pu accomplir s'il avait évolué à l'abri de toute influence extérieure. On ne saurait non plus observer méthodique-
ment les effets que certaines influences extérieures ont
pu avoir sur une nation, et écarter dans ce but toutes
influences subséquentes de façon à donner aux influences
étudiées leur libre jeu, ainsi que le temps nécessaire
pour qu'elles se développent complètement. Mais, ce
que les savants ne peuvent faire artificiellement, l'histoire elle-même le fait souvent d'une façon naturelle,
et, bien que les expériences, au vrai sens du mot, nous
soient interdites lorsque nous étudions des phénomènes
historiques, il arrive que l'histoire d'une nation ou

d'une époque rentre dans le cadre d'une expérience donnée ou, tout au moins, d'une phase de cette expérience, si tant est qu'une expérience de ce genre puisse un jour être tentée. L'histoire du Japon peut être considérée comme un de ces heureux exemples.

Il n'est point nécessaire que je parle longuement ici de cette partie de l'histoire du Japon qui est antérieure à l'introduction de la civilisation chinoise. Aussitôt après que des rapports réguliers se furent établis entre le Japon et la Chine, vers le début du septième siècle, des envoyés officiels et des étudiants commencèrent à nous faire connaître les institutions, les arts, les sciences et même les coutumes et habitudes de la Chine que les Japonais se mirent à imiter fidèlement, bien qu'en leur faisant subir quelques légères modifications. A cette époque, en effet, de tous nos voisins, la Chine était le seul pays qui eût atteint un degré de civilisation avancée, et c'est pourquoi l'influence chinoise, la seule influence étrangère ayant encore pénétré au Japon, eut le champ libre et put porter tous ses fruits. D'ailleurs, la civilisation chinoise elle-même cessa bientôt de pénétrer librement au Japon. En effet, lorsque, vers la fin de la dynastie des T'ang, la Chine fut plongée dans l'anarchie, la très haute culture que ce pays avait atteinte, peut-être la plus haute qu'il ait jamais connue, commença à dégénérer et les rapports officiels entre la Chine et le Japon furent interrompus. Je ne vais pas jusqu'à dire que les relations entre particuliers ou tous rapports commerciaux furent suspendus, car la distance qui séparait les deux pays était trop petite pour qu'ils pussent demeurer complètement isolés l'un de l'autre. Toutefois, l'arrêt brusque des relations officielles permit au Japon de se tenir à l'écart des conflits dynastiques qui suivirent la chute des T'ang. Ainsi nos ancêtres, laissés à eux-mêmes, purent assi-

miler les éléments de civilisation qu'ils avaient si abon-
damment reçus de la Chine. Cette période d'assimilation dura plusieurs siècles. Il nous est donc facile d'observer dans l'histoire du Japon de cette époque les effets
que l'importation d'une très haute civilisation put
avoir sur une population naïve et encore insuffisamment organisée en tant que nation. Nous y retrouvons
aussi beaucoup des traits de l'antique culture T'ang,
qu'il est aujourd'hui malaisé de découvrir dans l'histoire
de la Chine elle-même. C'est de cette façon que, pour la
première fois, nous fûmes influencés par la civilisation
chinoise.

Parmi les dynasties qui succédèrent aux T'ang, celle
qui resta le plus longtemps au pouvoir fut celle des
Song. A cette époque, les navires marchands recommen-
cèrent à faire, de temps à autre, le voyage entre les
deux pays, et quelques prêtres bouddhistes japonais,
suivant l'exemple de certains de leurs prédécesseurs,
allèrent en Chine pour y étudier le bouddhisme. Au
temps de la dynastie Yuan, fondée par les Mongols, la
Chine envoya de nombreux missionnaires au Japon, où
des idées religieuses nouvelles étaient en train de s'implanter. Et, pour la deuxième fois, nous fûmes influencés
par la civilisation chinoise. Certes l'élément religieux
n'avait point été complètement absent de la première
immigration d'idées chinoises dont nous avons parlé
plus haut, mais la civilisation des T'ang était essentiellement politique et esthétique. L'influence de leur
culture avait donc eu pour effet de donner aux Japonais
des lumières de toutes choses. En d'autres termes, la
première vague d'influence chinoise avait été, en
quelque sorte, esthétique, alors que la seconde fut
plutôt religieuse. Par suite de cette double influence,
les Japonais apprirent à aimer la beauté et devinrent
un peuple relativement religieux. Mais ils étaient

encore loin d'avoir le sentiment de l'unité et de la solidarité nationales, et ce fut la culture de la dynastie des Song qui le leur donna, cette culture étant essentiellement politique et morale de nature. Grâce à elle, les doctrines des philosophes confucéens, qui déterminèrent l'organisation sociale et politique du Japon, pénétrèrent profondément chez les Japonais et furent mises en pratique par eux beaucoup plus régulièrement qu'elles ne l'étaient par les Chinois eux-mêmes. Telle fut la troisième vague de civilisation chinoise. Avant même qu'elle eût produit son plein effet, le Japon fut atteint par le grand flot de la civilisation occidentale qui l'empêcha de continuer à assimiler ce qu'il avait reçu de la Chine et l'obligea à se jeter dans le tourbillon de l'histoire mondiale.

Nous devons reconnaître notre dette envers la civilisation chinoise, car les faits ne peuvent être niés et nous ne saurions altérer la vérité. D'ailleurs, nous n'avons point à rougir d'avoir fait de tels emprunts à la Chine alors que nous lui donnions si peu en échange. Comment aurions-nous pu, nous dont la vie civilisée a commencé si tard, créer une civilisation nouvelle indépendante de celle de la Chine, sinon en imitant cette dernière ? La civilisation chinoise n'était-elle pas alors trop avancée pour les Japonais de cette époque qui se trouvaient au premier stage de leur évolution ? Bien au contraire, car non seulement nous avons accompli de grands progrès en prenant comme modèle une civilisation très haute, mais encore nous avons su résister à cette civilisation, son influence n'ayant causé chez nous aucune dégénérescence, phénomène pourtant fréquent en des cas semblables chez des races non encore civilisées. Les historiens impartiaux ne manqueront point d'observer qu'il existe chez les Japonais une qualité innée qui leur a permis de s'agréger et de former une nation homogène dont les traits essentiels diffèrent totalement de ceux de la Chine. En particulier, nous mentionnerons, et ceci tout à l'honneur des Japonais, que les divergences entre les deux pays s'accrurent en proportion de l'influence que la culture chinoise exerça sur eux. Peut-on, après cela, assimiler l'introduction de cette civilisation étrangère à une servile imitation ? Loin de moi l'idée de vouloir embellir toutes les phases de l'histoire du Japon, quels que soient les mérites intrinsèques de chacune d'elles, et je me déclarerais satisfait si je réussissais à faire clairement comprendre la véritable histoire du Japon à faire tomber ne fût-ce que quelques-unes des calomnies mal fondées dont elle a été l'objet. Cette histoire n'est point facile à apprendre, mais ce n'est pas un sujet d'étude stérile, car elle est autre chose que la répétition d'une certaine catégorie d'événements historiques, répétition qui est toujours monotone, quel que soit l'intérêt que puisse présenter chacun de ces événements. Bien au contraire, les événements de l'histoire du Japon sont d'une très grande diversité. On prétend quelquefois que l'histoire de la Grèce est, en quelque sorte, une miniature de l'histoire du monde, grâce à l'abondance et à la variété des phénomènes historiques dont elle est remplie et qui permettent l'étude, en raccourci, de sujets appartenant également à l'histoire générale du monde. Sur ce point, l'histoire du Japon ressemble beaucoup à celle de la Grèce ; ainsi, pendant fort longtemps, notre pays a été divisé en un certain nombre de quasi-États, chaque État constituant une unité politique gouvernée par un seigneur à demi indépendant, lequel avait à peu près les mêmes pouvoirs que les tyrans de l'histoire grecque. Toutefois, ces potentats ne poussaient point l'arrogance jusqu'à nier la souveraineté politique et spirituelle de l'Empereur, et ce n'était qu'à regret qu'ils s'insurgeaient contre les Shôguns dont la puissance était beaucoup plus nominale que réelle ; ce qui nous autoriserait à affirmer que notre pays a toujours été uni. Pourtant, à certains moments, le lien fut si lâche que cette unité put être mise en doute, et c'est pourquoi notre carrière fut si fréquemment remplie d'obstacles, nos progrès retardés, surtout dans les domaines de l'activité humaine où le succès d'une nation dépend de son homogénéité. D'autre part, il est vrai, ce même manque d'unité nous valut probablement quelques avantages qui ne sont pas à négliger. A certaines époques, il y eut au Japon un grand nombre de petites métropoles, et, comme toutes ces métropoles avaient dû leur naissance à des circonstances semblables, elles présentaient entre elles de nombreuses analogies, surtout en ce qui concerne les caractères généraux de la culture qui s'était développée dans chacune d'elles. Bientôt, grâce à un heureux esprit d'émulation, le niveau général de leur civilisation s'éleva considérablement. Enfin, des rapports, on pourrait presque dire des rapports internationaux, s'établirent entre ces métropoles et contribuèrent encore au perfectionnement de leur culture.

C'est le même phénomène historique que nous pouvons observer, non seulement dans la Grèce ancienne, mais aussi dans le Saint Empire romain, sinon dans toute l'Europe. La seule différence est qu'en Europe ce phénomène peut être observé sur une étendue beaucoup plus grande, alors qu'au Japon il ne se manifesta que dans une région très limitée. Il n'est donc point étonnant que l'histoire du Japon présente une grande abondance et une réelle diversité de faits historiques et mérite par suite que les historiens les plus autorisés lui accordent toute leur attention. Je me permettrai donc de leur soumettre ici un aperçu très bref des

faits les plus importants de l'histoire du Japon qui,
par suite de leur analogie avec certains faits de l'histoire du monde occidental, présentent un réel intérêt,
même pour les lecteurs européens.

Le premier est le plus important de tous, c'est la féodalité. Un célèbre historien me dit un jour qu'il était
absurde de parler de « féodalité japonaise », la féodalité
étant d'origine franque et ne pouvant exister en dehors
de l'Europe. Quelle est donc la définition exacte du
mot « féodalité », et serait-ce une erreur que d'employer ce terme dans le cas d'un système présentant
tous les caractères de la féodalité, mais d'un gouvernement qui aurait été mis en pratique dans l'Europe
occidentale par d'autres que par les Francs ? Et s'il est
permis de se servir du mot « féodalité » lorsqu'il s'agit
de la Souabe, de la Saxe et du pays des Marcomans, il
n'est certes point absurde d'en faire usage pour exprimer
un phénomène historique semblable observé dans des
pays situés en dehors des frontières de l'Europe, comme,
par exemple, la Chine et tout particulièrement le Japon.
En effet, si le contrat par lequel le suzerain accorde à
un guerrier l'usufruit d'une certaine étendue de terrain
en récompense de services rendus est bien la base du
système féodal, alors il est indéniable que la féodalité a
également existé au Japon. La féodalité, comme l'a dit
un essayiste chinois, est une phase nécessaire dans
l'évolution historique d'un peuple. C'est une phase par
laquelle toute nation est obligée de passer avant de
devenir homogène. La féodalité est souvent considérée,
au point de vue de l'organisation politique d'une nation,
comme un mouvement rétrograde. A ce sujet, cependant, nous ferons remarquer qu'il est erroné d'employer
les expressions « centralisation » et « décentralisation »
politiques ou sociales lorsqu'on parle de races primitives. La première période par laquelle ces races doivent

passer est celle d'une centralisation assez vague. A première vue, cette centralisation semble s'être effectuée en un seul point, car, en fait, il est peu probable qu'au premier stage de la civilisation il y ait eu plus d'un grand centre assez important pour attirer l'attention. Il ne faut point oublier que dans les temps très anciens la supériorité d'un centre quelconque sur tous les autres centres doit avoir été très faible. Dans le cours des temps, des centres secondaires commencèrent à se développer, acquérant une force d'attraction de plus en plus proche de celle du centre le plus important, et ils devinrent si puissants qu'ils purent rivaliser avec lui ; cette seconde période est généralement considérée, mais à tort, comme une période de décentralisation, car la période précédente n'avait point été, à vraiment parler, une véritable période de centralisation. Aucun centre politique ne peut subsister s'il n'a pas une force d'attraction suffisante ; aucune centralisation n'est possible si elle ne peut s'effectuer autour d'un centre puissant. L'état de « centralisation » apparent des anciens Empires ne fut, à vraiment parler, qu'un état chaotique où ne brillait qu'un seul foyer lumineux ; leur « décentralisation » ultérieure ne fut, en réalité, que la première étape vers leur unification véritable, puisque la centralisation de chacune des parties des dits Empires ne faisait que préparer la « centralisation » du tout. Or, cette phase intermédiaire, nécessaire à l'unification d'une nation, n'est autre que la féodalité. La féodalité est une épreuve que chaque nation doit subir si elle veut devenir un seul corps bien organisé. Il est vrai qu'il existe certaines tribus qui n'ont jamais passé par la période féodale, mais ces tribus ont certains défauts qui ne le leur ont point permis, et c'est pour cette raison même qu'elles ont été incapables de terminer l'évolution méthodique et harmonieuse de leur civilisation, évolution qui ne saurait s'effectuer sans une « centralisation » politique bien organisée, qu'elle soit monarchique ou démocratique. En outre, d'autres nations ont subi l'épreuve du régime féodal d'une façon imparfaite, et c'est pour cette raison qu'elles ont eu par la suite les plus grandes difficultés à changer le cours d'une évolution défectueuse en soi.

Nous ne devons donc en nulle façon regretter que le régime féodal ait duré si longtemps au Japon et n'avons au contraire qu'à nous en féliciter. En effet, à chaque progrès politique doit correspondre un progrès social, et aucun progrès social, s'il n'est, en quelque sorte, soutenu et protégé par un progrès politique, ne saurait durer ; la réciproque est vraie, et tout progrès politique prématuré ne peut être que temporaire et peu profitable. Il nous est donc permis de comparer la féodalité à la coquille qui protège la noix jusqu'à ce que cette dernière soit arrivée à pleine maturité. Un progrès d'ordre social, quelle que soit sa nature, doit être soutenu et protégé par un régime politique déterminé, parfaitement adapté à sa tâche de protecteur, et ce progrès social doit pouvoir mûrir à l'abri de toute influence contraire. Or, la féodalité est un régime politique de protection absolument indispensable. Si, d'une part, il semble avantageux pour une nation de ne point demeurer trop longtemps sous le régime de la féodalité, il est, d'autre part, dangereux pour elle de brûler les étapes.

En résumé, pour qu'une nation puisse continuer à évoluer sainement, il faut qu'elle ait passé par la féodalité et qu'elle soit sortie à son honneur de cette épreuve. Examinons maintenant le cas particulier du Japon. Nous ne saurions affirmer que nous ayons passé cette épreuve de la meilleure façon possible, mais, en même temps, nous pouvons supposer que nous ne l'avons point passée trop mal. Au critique qui nous accuserait d'être demeurés sous le régime féodal plus longtemps qu'il n'était nécessaire et même de n'en être point encore entièrement délivrés, nous répondrons qu'il ne doit point oublier que même les pays européens les plus civilisés n'ont pu complètement secouer les chaînes du système féodal que tout récemment, la première partie du dix-neuvième siècle étant encore visiblement imprégnée de son esprit comme nous le prouve la survivance de la juridiction patriarcale dans quelques États du continent européen. D'autre part, il ne faut point perdre de vue que le régime du shôgunat des Tokugawa, dont je parlerai longuement dans un des chapitres qui vont suivre, diffère beaucoup du régime féodal de l'Europe médiévale, sinon on serait amené à croire que la nation japonaise n'est délivrée de ce régime que depuis une cinquantaine d'années seulement. En ce qui concerne la féodalité, nous avons, à peu de chose près, passé par les mêmes épreuves que les autres nations civilisées, ni plus ni moins. Or, si nous considérons l'histoire de toutes les nations depuis leur origine jusqu'à nos jours, nous constatons que la plus grande partie en est consacrée à la féodalité; par suite, nous pouvons dire que plus de la moitié des éléments essentiels de l'histoire du monde sont communs et à l'histoire du Japon et à celle des autres nations civilisées. Si nous admettons que l'histoire de notre pays, ou tout au moins sa partie essentielle, ne diffère point totalement de celle des nations de l'Europe, nous ne serons point étonnés de découvrir que l'histoire du Japon contient encore beaucoup d'autres choses, outre la féodalité, qui peuvent être considérées comme des éléments types de l'histoire de toute nation civilisée ; par exemple, divers mouvements religieux marchant de pair avec l'évolution sociale, un développement économique influençant les autres facteurs de civilisation tout en étant influencé par eux, etc..., toutes choses que l'histoire générale ne saurait négliger.

Comme il est relativement facile de trouver des influences étrangères dans l'histoire du Japon, cette dernière peut faire l'objet d'une analyse scientifique ; elle présente donc toutes les conditions requises pour servir d'exemple d'harmonieuse évolution nationale. C'était, d'ailleurs, ce que j'avais à l'esprit lorsque j'ai déclaré que l'histoire de notre pays est une image en miniature de l'histoire du monde. Je serais tout particulièrement heureux que l'histoire de notre pays fût étudiée par les historiens européens ou américains, qui, parfaitement qualifiés pour écrire l'histoire de leur propre pays, n'ont point encore daigné étendre le champ de leurs recherches jusqu'à ces coins du monde qu'ils ne jugeaient pas dignes de leur attention.

CHAPITRE II

LA RACE JAPONAISE ET LE CLIMAT JAPONAIS

Quel est l'élément qui contribue le plus à construire le plus grand édifice de la civilisation, est-ce la race, est-ce le climat ?

La solution de cette énigme n'est point encore tout à fait résolue. D'une part, la force immanente de la race, profondément enracinée dans le principe de l'hérédité, et, d'autre part, l'influence du milieu ont été, sont et seront toujours les deux facteurs importants de toute civilisation quelle qu'elle soit. Pourtant, ces deux forces, bien que travaillant souvent dans le même but, ne sont point toujours des forces alliées, elles sont même, à certains égards tout au moins, des forces rivales. Il n'est point nécessaire d'ailleurs de discourir longuement sur le climat japonais. Depuis quelque quarante ans, en effet, les résultats, régulièrement publiés, d'observations météorologiques non moins régulièrement faites sont à la disposition de tous ceux que l'étude du climat japonais peut intéresser. Si nous supposons que le climat du Japon moderne, qu'il est assez facile, dans une certaine mesure, de connaître scientifiquement, ne diffère pas beaucoup du climat de l'ancien Japon, nous ne voyons pas la nécessité de nous 'étendre longuement sur ce sujet dans un livre comme celui-ci. Je me contenterai donc d'en parler très brièvement. D'une façon générale, nous devons reconnaître que le climat idéal pour favoriser le développement de la civilisation ne doit être ni très chaud, ni très froid ; en d'autres termes, ce doit être un climat tempéré. Mais, en même temps, il va sans dire que pour permettre à la civilisation de naître et de se développer, le climat doit avoir des qualités stimulantes, il doit donc être assez variable sans toutefois présenter des contrastes trop violents qui nuiraient à l'activité vitale de la population. Un climat constant, ne variant point suivant les saisons, quelque agréable qu'il soit, est un climat débilitant, impropre à encourager tout effort, physique ou mental, et, par suite, contraire à l'évolution et au développement de la civilisation. A ce point de vue, le climat japonais est bon ; si nous négligeons les régions de l'Empire du Soleil Levant qui furent récemment annexées ou organisées, c'est-à-dire la Corée, Saghaline, Formose, les îles Ryù-Kyù et celle de Hokkaïdô, nous trouvons que le reste du Japon dont il est parlé dans l'histoire et qui comprend les trois îles principales, autrefois divisées en soixante-six *Kuni* ou provinces, s'étend du 31° jusqu'au 41°5 de latitude nord et présente entre ses deux points extrêmes des différences de température considérables. Il faut observer cependant que ces différences, quelque grandes qu'elles soient, ne vont point jusqu'à obliger les populations à adopter des modes d'existence totalement différents. Dans la province méridionale de Satsuma, par exemple, on peut souvent voir la neige tomber et, dans la province septentrionale de Mutsu, la température, au plus fort de l'été, monte fréquemment jusqu'à 30° centigrades. Ainsi, les Japonais du sud peuvent aller s'établir dans les provinces septentrionales sans avoir à changer leur façon de vivre et, d'autre part, les gens du nord peuvent aller résider dans l'île de Kyûshû sans avoir à en souffrir. Ce fait que, dans tous les territoires qui constituent l'ancien Japon, le mode d'existence est à peu de chose près le même explique pourquoi il fut relativement facile à la nation de réaliser son unité. Les changements de temps, résultant des changements de saisons, sont assez fréquents au Japon et lui assurent un climat essentiellement stimulant. D'après les intéressantes études d'un savant américain, un climat stimulant doit présenter non seulement des changements de température marqués au moment des changements de saisons, mais encore des variations fréquentes au cours de chaque saison, variations que seuls les orages peuvent causer. Si nous adoptons ce point de vue, il est certain que le Japon occupe un très bon rang parmi les pays doués d'un excellent climat. En effet, même si nous négligeons les variations de température dues aux changements de saison, nous observons qu'au Japon les cyclones, cause principale des variations quotidiennes, sont très fréquents. Il n'est, d'ailleurs, pas à souhaiter que, pour cette raison seule, ils soient plus nombreux. En somme, le climat du Japon serait un climat idéal s'il y pleuvait moins au début de l'été, les longues pluies de cette saison produisant une humidité débilitante. Nous remarquerons en passant que cette humidité, principal défaut du climat japonais, non seulement pendant l'été, mais encore pendant toute l'année, est plus sensible dans les régions voisines de la Mer du Japon que dans celles qui se trouvent près de l'Océan Pacifique ou de la Mer Intérieure. Ceci nous aide à comprendre pourquoi les événements les plus importants de l'histoire du Japon ont eu lieu dans ces dernières régions. Si nous comparons l'histoire du Japon à celle de l'Europe, nous remarquons que la Mer

Intérieure du Japon joue à peu près le même rôle que la Méditerranée, l'Océan Pacifique que l'Atlantique, et la Mer du Japon que la Mer Baltique. Les voyageurs retrouvent, d'ailleurs, à la surface de la Mer du Japon la même couleur grisâtre qu'on peut remarquer dans la Mer Baltique, et cette teinte sombre donne à l'atmosphère des pays qui baignent ces deux mers la même tristesse et la même mélancolie. C'est sans doute pourquoi un grand nombre de légendes mythologiques de notre pays ont eu pour berceau le littoral de la Mer du Japon que l'on appelle souvent « l'Épine dorsale du Japon »; en outre, ces régions ont atteint un degré de civilisation qui n'est, certes, pas inférieur à celui des autres parties de l'Empire. Ceci est dû toutefois, non point seulement à l'influence du climat, mais encore au voisinage du continent asiatique, car, par suite de ce voisinage, il dut y avoir jadis des rapports très étroits entre les habitants de ces régions et les tribus du continent asiatique, dont certaines sont supposées avoir la même origine que les Japonais. Aujourd'hui, l'influence néfaste du climat de ces régions est très évidente et il est probable que « l'Épine dorsale du Japon » deviendra un jour plus prospère et plus civilisée que le versant du Pacifique, à moins, toutefois, qu'un bouleversement soudain n'affecte favorablement la civilisation et la propriété des rives asiatiques les plus voisines.

Il est moins facile de discerner l'influence que le climat a pu avoir sur l'histoire et du Japon méridional et du Japon septentrional. Le climat du Japon septentrional est moins bon que celui du Japon méridional, si nous envisageons seulement l'extrême rigueur de ses hivers, peu favorable au libre jeu de l'activité humaine. Il est douteux, toutefois, qu'on puisse attribuer aux seules conditions climatériques la lenteur de la marche de la civilisation dans le nord du Japon. En effet, même au plus fort de l'hiver, dans les provinces septentrionales du Hondô, le froid est encore supportable et n'est certes pas plus terrible que celui qui règne dans les pays scandinaves ou dans les régions nord-est de l'Allemagne. La raison principale pour laquelle le Japon septentrional a fait relativement peu de progrès est que c'est une des régions de l'Empire dont l'exploitation est la plus récente. Depuis le début de leur histoire, les Japonais n'ont cessé de poursuivre leur chemin vers le Nord, de sorte que la population des provinces septentrionales a toujours été en augmentant. Si cette progression avait continué avec la même rapidité jusqu'à nos jours, les provinces du nord seraient devenues beaucoup plus peuplées, beaucoup plus civilisées et beaucoup plus prospères qu'elles ne le sont aujourd'hui. Toutefois, juste au moment le plus critique, la nation a été obligée de tourner son attention vers l'étranger et de négliger quelque peu la civilisation de ses provinces septentrionales. En outre, depuis l'acquisition de nouveaux territoires au delà des mers, les Japonais ont témoigné beaucoup moins d'intérêt aux régions septentrionales du Hondô, régions dont l'exploitation semblait ne point devoir être très avantageuse. Le climat du Hokkaïdô et des îles Ryû-Kyû diffère profondément de celui de la partie dite historique de l'Empire, et chacune de ces deux régions doit être étudiée séparément. On en parle d'ailleurs fort peu dans l'histoire du Japon. Ceci est encore plus vrai de Formose, de Saghaline et de la Corée ; le climat de ces pays est, certes, destiné à avoir une immense influence sur l'avenir du Japon ; mais, comme ils sont en dehors du cadre de ce livre, je puis sans inconvénient ne plus les mentionner par la suite.

Parallèlement au climat, la race est un facteur indispensable de civilisation. La question qui se pose maintenant est donc : A quelle race appartiennent les Japonais ? Peut-on considérer les Japonais comme une race homogène à laquelle il convient de donner un nom unique, ou doit-on les étudier comme une agglomération de plusieurs races différentes ? Les Japonais, ou tout au moins la majeure partie des Japonais, sont-ils des autochtones ou des immigrants ? Si cette dernière hypothèse est vraie, d'où viennent-ils et à quelle date sont-ils arrivés au Japon ? Et si les Japonais ne sont point les vrais aborigènes, quelle est la première race qui a vécu dans les îles de l'empire du Soleil Levant ? Ces questions, et d'autres semblables, n'ont point encore reçu de réponse, bien que de nombreux savants japonais et un certain nombre de philologues et d'archéologues étrangers, ayant quelque connaissance des choses japonaises, s'en soient sérieusement occupés. Il n'y a d'ailleurs pas longtemps que des fouilles, faites en certains lieux historiques, ont mis à jour d'anciens tombeaux, et que des vestiges des anciens habitants de nos îles ont été soumis à un minutieux examen. Malheureusement les résultats obtenus n'ont point démêlé l'enchevêtrement touffu des théories et des hypothèses, ni apporté la lumière dans des controverses jusqu'à présent stériles, bien au contraire.

Il est fort regrettable que nous n'ayons aucun rapport authentique de l'époque, pour nous fournir des précisions sur la première immigration ; un rapport de ce genre pourrait seul nous permettre de juger de l'exactitude des interprétations données par les savants aux vestiges trouvés dans les anciens tombeaux. Mais les aborigènes ignoraient l'usage de l'écriture et les premiers immigrants étaient totalement illettrés. Si, parmi les vestiges du Japon préhistorique, se trouvaient des inscriptions de valeur, comme celles qui ont été découvertes et en Europe et dans l'Asie occidentale, nous en aurions déjà déduit, avec quelque certitude, l'histoire de ces premiers âges. Hélas ! il ne nous reste des temps préhistoriques que des poteries fort peu ornées et des ustensiles primitifs d'usage quotidien, tels que des selles, des brides, des lames de sabres, etc. On trouve parfois de grandes tombes, mais elles ne contiennent point d'inscriptions comme on en voit sur beaucoup de sarcophages grecs. Les quelques signes qu'on y a découverts sont inintelligibles pour nous et n'ont peut-être aucun sens. Les ornements primitifs ne nous renseignent point non plus, car ils ne se composent guère que de verroteries très simples de trois, ou au plus quatre, formes différentes. Nous avons en outre, perdu tout espoir de découvrir un jour même une humble maison en bon état de conservation, à défaut d'une ville entière, d'un village ou d'un palais, les anciens habitants du Japon n'ayant employé dans leurs constructions ni pierre, ni brique, ni matériaux durables.

Étant donné l'absence presque totale de sources authentiques, chacun est libre de fabriquer de toutes pièces les hypothèses qui lui plaisent, quelque fantaisistes qu'elles puissent être et de les défendre aussi longtemps qu'il lui plaira contre ses adversaires, non en fournissant des preuves convaincantes, mais simplement en démontrant l'impossibilité des hypothèses contraires. Ainsi l'archéologie au Japon n'est plus qu'une petite guerre à laquelle se livrent des savants appartenant à des écoles diverses, ou même des indépendants. C'est pourquoi, bien que le Japon ait un grand nombre d'ethnographes, célèbres ou non, comme chacun d'eux présente chaque jour une nouvelle hypothèse, nous ne sommes pas encore près de pouvoir répondre à cette importante question : « Que sont les Japonais ? » Quant à nous, il nous est à peu près impossible d'adopter l'une quelconque de ces théories sans craindre de nous apercevoir presque aussitôt que nous nous sommes trompés. Je me contenterai simplement d'indiquer ici les deux hypothèses qui semblent relativement bien fondées, tout en reconnaissant que ce ne sont que des hypothèses.

La seule chose sur laquelle tout le monde est d'accord c'est que la race *Aïnou* est la race aborigène et que les Japonais appartiennent à une autre race que les *Aïnous*. Autrefois, on croyait même que d'autres habitants avaient vécu au Japon avant les *Aïnous* et que ces derniers étaient aussi des immigrants. On alla jusqu'à prétendre que les *Aïnous* avaient donné à ces autochtones le nom de *Korobokkuru* et que c'étaient des nains qui n'avaient pas tardé à disparaître. Cette hypothèse n'est confirmée que par quelques légendes *Aïnous*, et les fouilles récentes n'ont amené au jour rien qui puisse être attribué à une race de pygmées. On ne saurait donc prendre au sérieux cette vague supposition, aujourd'hui abandonnée, et nous ignorons encore si les *Aïnous* sont vraiment des autochtones ou des immigrants. La plupart des historiens qui se sont spécialisés dans l'étude de cette race ont tendance à croire que les *Aïnous* sont des immigrants, mais pensent que le Japon était habité avant leur arrivée. Toutefois, les savants ne sont pas d'accord en ce qui concerne leur origine. Certains ont émis l'opinion qu'ils sont venus du Nord ou du Nord-Est, c'est-à-dire de la partie du continent asiatique qui se trouve de l'autre côté de la Mer du Japon. Quelques autres, au contraire, déclarent que la race *Aïnou* et la race caucasienne eurent le même berceau au cœur de l'Asie. D'autres enfin, plus audacieux encore, donnent des précisions et prétendent que la race *Aïnou* n'est qu'une branche de la race protonordique, dont font partie les Scandinaves modernes.

Enfin, un certain nombre d'ethnographes pensent que les immigrants *Aïnous* vinrent non point du Nord, mais du Sud, sans toutefois indiquer exactement leur origine. Cette dernière hypothèse est, d'ailleurs, parfaitement soutenable ; en effet, les *Aïnous* vivaient jadis dans la partie méridionale du Japon, et ce sont les Japonais qui les ont graduellement repoussés vers le Nord, jusqu'à ce qu'enfin ils se soient trouvés enfermés dans l'île du Hokkaïdô et dans les îlots voisins. Il est tout à fait plausible que les *Aïnous* aient fait de même dans les temps préhistoriques et aient colonisé le Japon en partant de la partie méridionale. Les *Aïnous* ont coutume de se tatouer ; or, les tatouages sont très rares chez les tribus du nord de l'Asie. Il est donc possible qu'il y ait quelque affinité entre les *Aïnous* et certaines tribus des régions tropicales. Cependant, si nous observons les caractères physiques des *Aïnous*, nous remarquons que des races fort semblables végètent encore sur les côtes du nord-est de l'Asie ; par suite, l'immigration du Nord-Ouest n'est point improbable. Nous ne saurions même rejeter comme impossible l'hypothèse d'après laquelle les *Aïnous* seraient de race aryenne ; en effet, leur teint est pâle, leur crâne a la même forme que ceux des Européens, et ils possèdent certains autres traits qui sont communs à toutes les races aryennes. Bref, au point de vue ethnologique, l'incertitude dans laquelle nous nous trouvons au sujet de l'origine de la race *Aïnou* est une des causes principales des ténèbres qui nous voilent l'origine de la race japonaise. Le jour viendra, sans aucun doute, où l'énigme de l'origine des *Aïnous* sera résolue. Toutefois, comme je n'ai point pour objet d'écrire un traité d'ethnologie, j'éviterai de présenter ici des conclusions hâtives et laisserai cette question au point où elle en est actuellement. Que les *Aïnous* soient autochtones ou non, et quel que soit le berceau de leur race au cas où ce seraient des immigrants, il est certain que jadis ils peuplèrent toutes les îles japonaises, non point seulement celle de Hondô, mais même celle de Kyùshù jusque dans sa partie méridionale. C'est ce que prouvent les poteries découvertes dans les provinces de Satsuma et d'Osumi, ainsi que la survivance de certaines appellations géographiques. En réalité, les *Aïnous* avaient déjà été repoussés vers le Nord et avaient perdu l'île de Kyùshù avant le début de la période historique. Ils avaient tout au plus laissé çà et là quelques groupes des leurs qui ne s'étaient point, soit qu'ils fussent trop braves ou n'eussent point l'agilité voulue, enfuis devant les vainqueurs. Et ces groupes, après avoir résisté pendant quelques générations, avaient enfin disparu, soit qu'ils eussent été anéantis, soit qu'ils se fussent confondus dans le flot montant de la race (ou des races) victorieuse qui les entourait. Ainsi, Shikoku, l'île des quatre provinces, et la partie sud-ouest du Hondô furent abandonnées par les *Aïnous* longtemps avant la fin de la période préhistorique, et, à l'aube même de l'histoire du Japon, nous retrouvons les peuplades *Aïnous* dans le nord du Hondô, en lutte avec les Japonais.

Jusqu'à présent, nous avons donné le nom de « Japonais » aux vainqueurs des *Aïnous*. Était-ce à vraiment parler des Japonais dans le sens moderne du nom ? Ces vainqueurs formaient-ils un peuple homogène ou n'étaient-ils que des peuplades hétérogènes ? Et si les Japonais n'étaient point homogènes, lesquels d'entre eux étaient arrivés les premiers au Japon ? Lesquels d'entre eux étaient les plus puissants ? Il est fort difficile de répondre clairement à toutes ces questions. On prétend parfois qu'il n'y eut jadis au Japon qu'une seule race qui fût autre que la race des *Aïnous*, et que les Japonais formaient une race homogène. Cette thèse n'est toutefois ouvertement soutenue par aucun savant digne de ce nom, car il est indéniable que, même pendant la période historique, des groupes d'immigrants arrivèrent de temps à autre, bon gré mal gré, au Japon ; ils venaient non seulement de la Corée et de la Chine, mais encore, quoiqu'en moins grand nombre peut-être, des îles de l'océan Indien. Or, il est à peu près certain que, dans les âges préhistoriques, des migrations semblables ont dû se produire. En outre, il est facile à tout observateur attentif de distinguer parmi les Japonais modernes non seulement le pur type coréen ou chinois, mais bien d'autres encore, fort différents de ce dernier, et dont on ne saurait dire exactement s'ils se rapprochent le plus du type malais, du type polynésien ou du type mélanésien. Étant donné cette grande diversité, si évidente que nous ne saurions la négliger, personne n'oserait affirmer que la race japonaise fut à son origine une race homogène. Et pourtant, chose étrange, cette fausse théorie se trouve encore à la base de nombreuses hypothèses historiques que l'avenir est appelé à modifier.

Si donc, comme il est plus que probable, la race japonaise est une race hétérogène, quels sont les éléments qui la constituent ? D'après les recherches récentes de nombreux savants, il semble que le berceau de la plus grande partie de nos ancêtres se trouve au Nord-Est du continent asiatique. Du point de vue linguistique, cette hypothèse est fort vraisemblable. En effet, la place particulière que la langue japonaise occupe dans le système linguistique du monde ne permet guère de croire que la masse des premiers immigrants soit venue du Sud. Le Japonais a fort peu de termes qui ressemblent à ceux aujourd'hui employés soit dans les îles qui parsèment les mers méridionales, soit dans la partie sud du continent asiatique. D'autre part, la langue ayant le plus d'affinités avec la nôtre est le coréen, et pourtant il y a beaucoup plus de différences entre le japonais et le coréen qu'entre le coréen et les autres langues du continent asiatique, telles que le mongol et le mandchou. S'il est vrai que les affinités linguistiques constituent la seule preuve de l'affinité ethnique, ce qu'un grand nombre d'érudits semblent considérer comme un axiome, dans ce cas, la masse du peuple japonais doit appartenir à une race qui, bien que ne descendant pas de la race coréenne, fut, à une époque très éloignée, très proche des ancêtres des Coréens. En d'autres termes, on peut supposer qu'une partie de la race japonaise descend d'une peuplade qui aurait vécu dans le voisinage des Coréens plus longtemps que dans le voisinage d'aucun autre peuple de même origine. Dans ce cas, les Japonais se seraient éloignés des Coréens longtemps avant la fin de la période préhistorique; en effet, s'il en avait été autrement, nous ne saurions expliquer les différences qui existent aujourd'hui entre les deux langues.

C'est une tentative assez périlleuse que de vouloir résoudre un problème d'ordre ethnologique en se basant sur des données linguistiques. Considérons cependant, pour le moment, l'hypothèse d'après laquelle l'élément le plus important de la race japonaise serait venu de cette partie du continent asiatique qui se trouve de l'autre côté de la mer du Japon, et aurait, comme c'est d'ailleurs possible, passé soit par la péninsule coréenne et l'île de Tsushima ou simplement traversé la mer du Japon. Les partisans de cette théorie supposent que cette masse d'immigrants ne comprenait point de Chinois, ces derniers étant, à cette époque, beaucoup plus avancés que leurs voisins, à tel point même que, par suite, ce furent eux qui eurent la plus profonde et la meilleure influence sur la civilisation japonaise. Ainsi, en se bornant à des considérations de linguistique pure, on en arrive à déclarer qu'il ne coulait point de sang chinois dans les veines de nos premiers ancêtres; mais il serait difficile de le prouver, car il faudrait prouver en même temps qu'il n'y eut aucun rapport entre les Chinois et nos ancêtres, alors que ces derniers vivaient sur le continent asiatique. Dans ce cas, les premiers Japonais partis soit de la Sibérie orientale, soit de la Mandchourie septentrionale, soit de quelque autre région plus lointaine, auraient accompli leur migration en côtoyant les frontières chinoises sans entrer en contact avec les Chinois, ce qui, bien que peu plausible, n'est pas une impossibilité.

Abandonnons donc les Chinois et supposons que nous puissions, sans crainte d'être accusé de fantaisie, écarter de notre champ d'observation la race chinoise elle-même; une question reste encore à résoudre. Y avait-il, dans ce qui fut le gros des immigrants, une aristocratie capable d'unifier les éléments hétérogènes qui peuplèrent nos îles ? Il semble que certain groupe venu du nord-est de l'Asie et sans doute plus civilisé se soit élevé au-dessus des peuplades d'origines diverses, quoique de même famille, antérieurement établies au Japon.

Il est fort possible, par exemple, que cette tribu soit déjà arrivée à l'âge de fer alors que ses voisins n'étaient encore qu'à l'âge de la pierre taillée. Mais alors il nous faut admettre que cette tribu d'où devait sortir l'aristocratie japonaise, arrivée au Japon beaucoup plus tard que les autres, avait déjà atteint le degré de civilisation connu sous le nom « d'âge de fer », alors que les premiers immigrants n'avaient fait aucun progrès depuis qu'ils s'étaient établis dans le pays. Cela présupposerait, entre les deux immigrations, une longue absence de toutes communications entre les îles japonaises et le continent asiatique ; autrement il serait impossible de comprendre comment les Japonais ont pu si longtemps ignorer la civilisation du nord-est de l'Asie et comment, en outre, les peuples vivant de chaque côté de la Mer du Japon ont pu avoir un développement tellement différent qu'à une certaine époque leur langue, leurs coutumes et leurs mœurs présentaient fort peu de points de ressemblance.

Il ne faut point perdre de vue, d'ailleurs, que ceci n'est qu'une hypothèse fondée seulement sur quelques vestiges archéologiques qu'on peut interpréter de diverses manières. Il serait dangereux, une fois engagé dans cette voie, d'aller jusqu'à supposer que, parmi les premiers Japonais, la classe dirigeante fut originaire de cette région de l'Asie qui est riveraine de la Mer du Japon, car ceci est par trop incertain. Quel que soit le degré de probabilité de ces assertions, il existe dans notre histoire certains éléments dont la signification est évidente, et aucune solution des problèmes ethnologiques ne saurait être exacte si elle se trouve en contradiction avec ces éléments eux-mêmes dont les plus importants sont les suivants :

1° Le style architectural japonais (surtout en ce qui concerne la construction des temples shintoïstes et des grandes salles de danse qui, en général, y sont attenantes) ; la façon de construire les maisons japonaises s'est souvent modifiée pendant le cours de notre histoire et le style primitif a aujourd'hui presque entièrement disparu. Ainsi, par exemple, pendant fort longtemps, le sol des pièces ne fut recouvert que de plancher ; en effet, le *tatami* (natte épaisse et moelleuse qui, actuellement, se trouve dans toutes les chambres japonaises et constitue un des éléments les plus caractéristiques de l'ameublement japonais), est une invention relativement récente. On retrouve des traces de l'influence bouddhique dans certains édifices de style chinois ; ce style, ayant été au début celui des temples bouddhistes, fut ensuite généralement adopté pour la construction des maisons ordinaires. Nous devons toutefois noter que certains de leurs éléments essentiels ne constituent pas une imitation d'un style continental et ne sont pas non plus le résultat de la lente adaptation de ce dernier au climat japonais. Il est évident que la maison japonaise ordinaire, confortable pendant l'été et parfaitement adaptée au climat du Japon méridional, est fort peu agréable pendant l'hiver, surtout dans le nord du Japon. D'où vient donc sa vogue ? Si le style soi-disant japonais était originaire du nord-ouest de l'Asie et en avait été importé par les immigrants venus de cette région, il aurait été différent de ce qu'il est et se serait mieux adapté au climat du Japon septentrional. D'autre part, si ce style était le résultat de l'évolution naturelle de l'architecture au Japon, il serait mieux approprié au climat, aux rigueurs de l'hiver aussi bien qu'aux chaleurs de l'été. N'est-il point absurde, en effet, que les maisons japonaises soient, encore aujourd'hui, construites de la même façon et en Mandchourie et à Saghaline ? Pourquoi se montre-t-on si attaché à ce style ? Peut-être le mode de construction des maisons ordinaires a-t-il subi des changements dus à des causes diverses et est-il difficile aujourd'hui de nous faire, d'après notre architecture actuelle, une idée absolument exacte des habitations primitives des anciens Japonais ! Considérons maintenant le style des édifices shintoïstes. Si, comme nous le pensons, l'édifice shintoïste est celui qui présente le plus de ressemblance avec la maison japonaise primitive, son aspect (toit de chaume de construction assez curieuse, avec des poutres en saillie aux deux extrémités du faîte ; plancher surélevé, l'espace entre le plancher et le sol étant parfois utilisé comme resserre) ne peut qu'évoquer, dans une certaine mesure, les maisons de certains pays méridionaux comme les Indes hollandaises, les Philippines, ou même la côte sud-est du Continent asiatique ;

2° La nourriture : le riz est l'aliment par excellence des Japonais ; mais c'est aussi celui des Chinois et de beaucoup d'autres peuples asiatiques, bien que les habitants du nord de la Chine, où les récoltes de riz sont insuffisantes, mangent également d'autres céréales et que ceux du sud, consommant moins de riz que les Japonais, se nourrissent en outre de viande et de poisson, mets considérés au Japon comme beaucoup moins importants que le riz. Pourquoi consomme-t-on plus de riz au Japon qu'ailleurs ? Le sol du Japon est-il particulièrement propre à sa culture ? Oui, en ce qui concerne le Japon méridional, dont le climat lui est favorable et qui possède un sol fertile. Pourtant, même dans cette région, les cultivateurs ne sont jamais assurés d'une bonne récolte tant que septembre, mois des typhons, n'est pas terminé. Le climat du Japon septentrional est encore plus dangereux, seules quelques variétés précoces peuvent résister aux gelées prématurées qui sont si fréquentes dans ces régions que naguère la famine y était à l'état chronique. Cette incertitude des récoltes rend la vie relativement chère et c'est là un grand désavantage, car la cherté de la vie tend à ralentir l'activité d'une nation aussi bien que celle d'un individu. Ceci est tout particulièrement vrai des temps modernes, la population japonaise augmentant beaucoup plus rapidement que ne le fait la production annuelle du riz. C'est peut-être à cette cause que nous pouvons, en partie, attribuer la lenteur de l'évolution de la civilisation japonaise. Mais pourquoi nos ancêtres ont-ils préféré le riz aux autres céréales, en dépit des inconvénients que ce choix présentait ? Ce choix lui-même fut-il fait après leur arrivée au Japon ? Dans ce cas, ce fut un choix bien imprudent et cette imprudence est aujourd'hui évidente. D'autre part, il est peu probable que nos ancêtres aient choisi le riz alors qu'ils vivaient encore dans les régions du nord-est de l'Asie. En outre, l'usage du riz, en tant qu'aliment, n'a cessé de s'accroître au Japon. Dans les temps anciens, il n'était pas aussi généralement répandu qu'aujourd'hui dans toutes les classes de la société. Ceci nous amène à douter que la culture du riz soit d'origine japonaise et même que le riz ait été importé par nos ancêtres des régions qu'on suppose généralement qu'ils habitèrent jadis dans le nord-est de l'Asie.

3° Nous nous occuperons maintenant des *magatama*, petits globules verts de dimensions variées. C'est un des rares ornements qu'aient connus les anciens Japonais. Il semble peu probable d'ailleurs que la substance dont il est fait mention ait été produite par le Japon. Quoi qu'il en soit, ces ornements furent très en vogue chez nos ancêtres. On en a trouvé dans beaucoup de tombes datant de diverses époques, et ce fait, d'après la plupart des Japonologues, prouve que, dès les temps préhistoriques, des Japonais vécurent dans nos îles. Il faut cependant mentionner que, de toutes les régions du Continent asiatique, c'est dans la Corée méridionale seulement que l'on a retrouvé des *magatama*. Or, cette région fit jadis partie de l'Empire japonais. Par conséquent, si la grande masse de nos ancêtres, y compris ceux qui constituèrent par la suite la classe dirigeante, étaient venus de l'Asie septentrionale, on aurait dû également découvrir des *magatama* dans la Corée du Nord et sur la côte sibérienne de la Mer du Japon. Il est toutefois étrange qu'on n'en ait point trouvé dans toute cette région qu'on suppose avoir été le berceau de la race japonaise.

4° Nous parlerons enfin du *misogi*. C'est l'ancienne coutume religieuse des ablutions froides. Dans une de nos légendes mythologiques se trouve une description de ce rite antique, tel que l'accomplissaient deux divinités ancestrales dans une des rivières de l'île Kyûshû. Cette coutume s'est perpétuée jusqu'à nos jours, quoique avec quelques modifications. Ainsi un jour vint où, au cours de la cérémonie annuelle des prières publiques, on cessa de pratiquer le bain rituel et où l'on se contenta de jeter des images dans l'eau d'une rivière ou d'un fleuve, en présence des fidèles assemblés sur la rive. Cet usage encore fort en honneur pendant le moyen âge a presque disparu aujourd'hui. Par contre, beaucoup de personnes pieuses ne manquent point de faire individuellement leurs ablutions lustrales même pendant les hivers rigoureux des provinces septentrionales : sur leur corps presque nu, elles versent plusieurs seaux d'eau froide afin de se purifier de la tête aux pieds et faire preuve de leur extrême dévotion envers les divinités auxquelles s'adressent leurs prières. Or, ce rite purement religieux n'est point pratiqué ailleurs, ni dans le nord-est de l'Asie, ni en Chine, ni en Corée. De quel pays donc les Japonais reçurent-ils cette singulière tradition et ne serait-il point naturel de supposer que ce bain rituel est originaire d'une des régions torrides du globe plutôt que d'un pays à climat glacial ?

Voici donc quels sont les quatre éléments qu'il faut prendre en considération, quel que soit le point de vue auquel on se place, lorsqu'on veut arriver à résoudre toutes questions ethnologiques concernant la race japonaise. Mais il est nécessaire de leur donner une interprétation exacte sans chercher à y trouver un sens caché. L'hypothèse d'après laquelle la majorité de nos ancêtres seraient venus du nord-est de l'Asie est basée principalement sur la découverte de certaines poteries préhistoriques, découverte qui pourrait d'ailleurs être interprétée de différentes façons, voire même dans un sens nettement défavorable. C'est pourquoi, si nous admettons comme probable que le berceau de notre race soit très voisin du Japon, il est inutile d'entrer dans des détails. Parler des quatre éléments ci-dessus mentionnés devient dangereux à qui veut prouver que la classe dirigeante est, elle aussi, venue du nord-est de l'Asie. C'est ce qu'ont compris les partisans de cette théorie : ils ne nient point absolument la présence d'une influence tropicale au moment de la formation définitive de la race et déclarent simplement que cette influence fut insignifiante. Mais alors, si l'immigration venue des régions tropicales a été aussi insignifiante qu'ils le supposent, comment se fait-il que ces derniers immigrants, si peu nombreux qu'ils fussent, aient imposé à la masse tant de coutumes exotiques peu adaptées à la nature du sol et du climat japonais? Comment se fait-il qu'en dépit de leur petit nombre et de leur peu d'influence, ces immigrants aient réussi à prendre racine au Japon et à y jouer par la suite un rôle historique aussi bien que social, tout en luttant contre des forces insurmontables, contre d'autres immigrants beaucoup plus nombreux, beaucoup plus civilisés, beaucoup plus puissants? N'est-ce pas là une impossibilité absolue? Et si c'en est une, comment de vrais savants ont-ils pu prendre au sérieux une idée aussi saugrenue et tout ce qui en découle? La réponse est fort simple. Ces savants croient trop aveuglément à la puissance de ce qu'ils appellent la civilisation ; ils supposent que seul le degré de civilisation auquel les races primitives étaient déjà arrivées a décidé de leur élévation ou de leur chute. Ceux qui déclarent que les Japonais, ou tout au moins la classe dirigeante, est venue du Nord supposent que les habitants du nord-est de l'Asie étaient, aux temps préhistoriques tout au moins de plusieurs étapes en avance sur les peuplades des tropiques, ou bien encore qu'une des nombreuses tribus de l'Asie était de beaucoup supérieure à ses voisines; certains vont jusqu'à prétendre qu'une certaine branche de la race du nord de l'Asie était déjà parvenue à l'âge de fer avant de débarquer au Japon, de telle sorte que, dès son arrivée dans ce pays, elle se trouva nettement supérieure aux peuplades qui y étaient déjà établies. C'est une pure supposition, mais une supposition qui a quelque apparence de probabilité; cependant on ne saurait en déduire qu'une race arrivée à un degré supérieur de civilisation ait nécessairement dû l'emporter sur des races inférieures. Même dans les temps modernes, il arrive que la bravoure seule décide de la victoire, en dépit de la supériorité des armements de l'un des deux adversaires. Ceci a dû être plus vrai encore au début de l'histoire. L'Empire romain n'a-t-il pas été détruit par des tribus germaniques à demi civilisées? En Orient, la Chine a été maintes fois envahie par des nomades dont la civilisation était insignifiante en comparaison de la civilisation chinoise. Pourquoi des faits semblables ne se seraient-ils pas produits plus fréquemment encore dans les temps préhistoriques? et n'est-il pas téméraire de dire qu'une tribu parvenue à l'âge de fer a dû triompher d'autres tribus ne connaissant encore que l'emploi des armes de pierre? Dans ces temps reculés, la force, la férocité, le courage comptaient beaucoup plus que les armes elles-mêmes. Il ne faut donc point attacher trop d'importance au degré de civilisation auquel étaient parvenues les différentes tribus primitives lorsque nous voulons déterminer l'origine de la race japonaise. D'autre part, nous ne sommes point tenus de croire que l'élément tropical ait eu peu d'importance dans la formation du peuple japonais, soit au point de vue nombre, soit au point de vue influence. La distance qu'ils avaient à parcourir pour arriver jusqu'au Japon nous fait supposer que les immigrants des régions tropicales ont été moins nombreux que ceux des régions septentrionales. Toutefois, il n'est pas improbable qu'un nombre assez considérable de riverains des mers du Sud soit arrivé au Japon, entraîné par les courants ou poussé par les vents. Ils ont dû venir tantôt en troupes, tantôt individuellement, et il est fort possible que leur valeur militaire, autant, sinon plus, que la supériorité de leur civilisation, ait assuré leur domination sur les premiers habitants. La seule objection que puisse soulever cette hypothèse, c'est qu'il n'est point encore prouvé qu'ils aient été assez braves, voire même assez héroïques, pour mener à bien telle conquête. En ce qui concerne les considérations d'ordre linguistique qui constituent le principal argument d'un grand nombre d'ethnographes, on peut dire qu'elles ne sont ni contraires à l'une de ces hypothèses, ni favorables à l'autre. L'absence d'affinités linguistiques entre le japonais et les idiomes des peuples tropicaux est aisément explicable. Pourquoi ne pas admettre que les membres de cette tribu dominante étant peu nombreux et relativement peu civilisés ont, au contact des peuplades déjà établies au Japon, non seulement oublié leur langue, mais encore perdu leurs traits caractéristiques? Des exemples semblables abondent dans l'histoire de l'Europe et les plus concluants sont ceux des Normands en Sicile et des Goths en Italie.

En résumé, je ne puis m'empêcher de penser que les immigrants préhistoriques venus du Sud constituèrent un facteur important de la nation, facteur que nous ne saurions négliger, bien qu'il soit possible que la majorité des immigrants ait appartenu aux régions voisines du Continent asiatique et que, dans cette majorité, il y ait eu même des Chinois. A mon avis, il est probable que, dans les temps préhistoriques, le Japon méridional et, en particulier, l'île de Kyùshù, ait été habité par les *Aïnous* et par des immigrants venus du Nord aussi bien que du Sud ; mais il est fort difficile de préciser l'importance respective de chacun des éléments de cette agglomération de races.

CHAPITRE III

LE JAPON AVANT L'INTRODUCTION
DU BOUDDHISME ET DE LA CIVILISATION CHINOISE

Avant d'aborder l'étude des premiers temps de l'histoire du Japon, il peut être de quelque utilité pour le lecteur de savoir à quelle époque cette histoire commence. En général, il est peu facile d'établir une séparation bien nette entre les âges préhistoriques et la période historique ; c'est pourquoi quelques savants modernes ont inventé une période intermédiaire à laquelle ils ont donné le nom de « proto-historique », ce qui, malheureusement, n'a fait que doubler la difficulté, car si nous n'avons plus aujourd'hui à faire le délicat tracé de la frontière entre les temps historiques et les temps préhistoriques, il nous faut distinguer la période proto-historique non seulement des temps historiques, mais encore des temps préhistoriques. L'opportunité de l'invention de la période proto-historique est donc fort douteuse, surtout si son objet est de donner aux recherches une exactitude scientifique plus grande. On ne peut jamais faire d'un polygone, quel que soit le nombre de côtés qu'on y ajoute, un cercle parfait. Je me dispenserai donc, dans le travail que j'ai entrepris, de suivre cette coutume de diviser l'histoire en trois périodes distinctes.

Ne nous occupons donc que de la frontière qui doit exister entre les temps historiques et les temps préhistoriques sans nous embarrasser de la période dite protohistorique. Pour bien délimiter les deux époques, il est nécessaire tout d'abord de définir non point le terme « préhistorique », mais le mot « historique ». Qu'est-ce au juste que les temps historiques ? — Ce sont les temps dans lesquels l'authenticité des faits historiques peut, dans une large mesure, être prouvée, ou bien encore une époque pour laquelle il existe des chroniques suffisamment dignes de foi. Nous regrettons d'être obligés d'employer des expressions telles que « dans une large mesure » et « suffisamment », mais nous ne saurions les éviter, et c'est là que gît la grosse difficulté. En effet, par suite non seulement de la découverte de nouveaux documents, mais encore de l'application de nouvelles méthodes de travail, il arrive fréquemment qu'une époque au sujet de laquelle nous n'avions point de certitude devienne, à vraiment parler, une époque historique. En d'autres termes, la ligne de démarcation, si consciencieusement qu'elle ait été établie, est appelée à se déplacer ; ainsi sa raison d'être se trouve peu à peu modifiée. Comme le mot préhistorique commence à avoir un sens propre et à n'être plus seulement le contraire du mot historique, nous pouvons dire que les temps historiques sont ceux pendant lesquels la civilisation est assez avancée pour qu'il en existe des chroniques. On pourrait donc considérer un pays comme arrivé aux temps historiques lorsqu'il est parvenu à un degré de civilisation suffisant pour posséder des documents historiques dignes de foi, même si ces documents demeurent introuvables.

Voici la seule définition possible. Autrement, la ligne de démarcation serait destinée, étant donné le nombre toujours grandissant des nouvelles découvertes et l'emploi de plus en plus fréquent de nouvelles méthodes d'interprétation, à remonter de plus en plus dans l'antiquité et à perdre ainsi la plus grande partie de sa valeur. Nous pourrions donc considérer un pays comme arrivé aux temps historiques à une époque au sujet de laquelle nous ne possédons aucun document. Mais alors, en l'absence de ces documents, comment pourrons-nous savoir si un pays a atteint un degré de civilisation lui permettant d'avoir ses propres chroniques, car il est presque impossible de déterminer ce point de civilisation sans avoir recours à des documents authentiques et, pour avoir recours à des documents authentiques, faut-il encore que ces documents existent. Par conséquent, si nous voulons nous obstiner à donner à cette ligne de démarcation toute sa valeur, nous en sommes réduits à tourner dans un cercle vicieux.

Ce que nous venons de dire est vrai pour l'histoire du Japon ; et une ligne frontière entre les temps historiques et les temps préhistoriques, si adroitement qu'elle ait été tracée, ne nous sera point d'une grande assistance dans nos études. C'est cependant une question à laquelle on ne manque pas de s'intéresser, et je me vois obligé, à titre d'information, de dire quelques mots des anciennes chroniques ayant trait au début de notre histoire.

Deux d'entre elles sont particulièrement importantes : le *Kojiki* et le *Nihongi*. Ce sont les deux monuments les plus anciens, les deux sources les plus abondantes. Un savant du nom de Ono-no-Yasumaro, acheva de compiler le *Kojiki* en 712 après Jésus-Christ, alors que le *Nihongi*, œuvre de plusieurs historiographes, fut terminé en 720, sous les auspices du prince Toneri. Le fait que les deux grandes chroniques furent compilées, l'une après l'autre, au début du huitième siècle est symptomatique. Il précise la date de l'éveil du sentiment national, éveil dont je parlerai dans le chapitre suivant. Les deux œuvres sont assez différentes. Les éléments du *Kojiki* furent tout d'abord assemblés par Hieda-no-Are, courtisan fort éclairé qui vivait sous le règne de l'empereur Temmu. Ce premier texte fut ensuite revisé par Ono-no-Yasumaro, qui n'eut vraisemblablement pas le temps d'y apporter de nombreuses modifications, puisqu'il dédie son œuvre, en 712, à l'impératrice Gemmyô. Il est donc à peu près certain que le *Kojiki*, en majeure partie du moins, resta tel qu'il avait été rédigé par Hieda-no-Are. Quant à l'autre chronique, le *Nihongi*, elle fut présentée en 720 à l'Impératrice par le prince Toneri, alors président de la Commission Historique. Si nous admettons que cette commission était celle qu'avait instituée l'empereur Temmu dans la dixième année de son règne, nous devons en conclure qu'il lui avait fallu quarante ans pour mener sa tâche à bien. Comme Hieda-no-Are était, probablement, membre de cette commission, on peut dire que la rédaction du *Kojiki* fut, dans une certaine mesure, le résultat de la compilation du *Nihongi*. La différence essentielle entre ces deux chroniques est la suivante : le *Kojiki* est de source purement japonaise et fut entièrement écrit par des Japonais ou des Coréens naturalisés ; leur style est, en grande partie, le style dialogué des vieux récits. Au contraire, lorsqu'on rédigea le *Nihongi*, on a consulté des documents chinois et l'on disposa les événements dans un ordre conforme à celui des vieilles chroniques chinoises.

Le *Nihongi* contient beaucoup d'expressions empruntées aux vieux classiques chinois et la vérité historique y est fréquemment sacrifiée à la recherche du style, ce dernier étant orné et pompeux. C'est pourquoi les historiens japonais modernes considèrent le *Kojiki* comme plus digne de foi que le *Nihongi* ; pourtant le mépris dans lequel ils tiennent ce dernier, en tant que document historique, n'est pas toujours mérité. Il est absolument certain que ces deux chroniques sont, de tous les ouvrages historiques composés au Japon même, les plus anciens que nous possédions aujourd'hui, mais ce ne sont point les premiers essais de ce genre qui aient été faits dans notre pays. Au septième siècle, en effet, l'impératrice Suiko, dans la vingt-huitième année de son règne, c'est-à-dire en 620 après Jésus-Christ, commanda au prince impérial, lequel était connu sous le nom de Shôtoku, et au ministre le plus influent de sa Cour, nommé Soga-no-Umako, de compiler toutes les chroniques de la maison impériale, ainsi que celles des principales familles et des principaux groupes de ses sujets, et de rédiger une histoire du pays et de ses provinces. Si ces chroniques avaient été terminées et conservées, elles constitueraient aujourd'hui notre plus ancien monument historique. Malheureusement, par suite de la mort prématurée du prince impérial, le travail fut brusquement interrompu. Le manuscrit, qui avait été laissé en garde chez Soga-no-Umako, fut brûlé lorsque Emishi, son fils, sur le point d'être mis à mort par ordre de l'empereur (645 après Jésus-Christ) mit le feu à sa demeure. Quelques fragments de cette œuvre furent, dit-on, sauvés, mais on n'en a retrouvé aucune trace. On a cru longtemps, mais à tort, que le *Kojiki* était cette chronique elle-même, alors qu'il n'en est qu'une version ultérieure. On alla jusqu'à prétendre que l'original n'avait point été détruit, mais offert, avant même d'être terminé, à l'Impératrice, au cours de l'année qui suivit la mort du prince Shôtoku. Si ceci était exact, le manuscrit brûlé n'aurait donc été qu'une copie de cette chronique inachevée, ce qui est peu vraisemblable. Tout le monde aujourd'hui est à peu près d'accord sur ce point et l'on considère le *Kojiki* comme un ouvrage postérieur, bien qu'il s'y trouve quelques passages qui semblent provenir de documents authentiques. Quelle que soit d'ailleurs l'opinion qu'on puisse avoir au sujet du *Kojiki*, il est avéré que, sous le règne de l'impératrice Suiko, on travailla à une histoire du Japon. Il est en outre fort possible que d'autres œuvres historiques, aujourd'hui perdues, aient été rédigées avant l'achèvement du *Nihongi*. En effet, dans le *Nihongi*, on mentionne fréquemment des ouvrages antérieurs et parmi ces derniers les Annales d'un état péninsulaire appelées Kudara ; plusieurs travaux historiques chinois, et une histoire du Japon écrite par un prêtre coréen. Quelques-uns de ces livres ne sont pas nommés, les passages cités étant seulement précédés de la mention « Tiré d'un livre ». Or, la plupart de ces citations sont de toute évidence empruntées à de vieilles chroniques japonaises.

Jusqu'à présent, je n'ai parlé que des chroniques ayant pour seul objet de fixer l'histoire d'une époque et dignes de figurer parmi les œuvres historiques que nous possédons. Quant aux autres manuscrits, comme par exemple différents livres de raison, certains documents fragmentaires, etc., il se peut qu'il y en ait eu une grande quantité et que les compilateurs du *Kojiki* et du *Nihongi* s'en soient servis, bien que le *Nihongi* n'en cite que fort peu et que le *Kojiki* n'indique jamais leurs sources. La question à examiner maintenant est celle de l'origine de certains de ces manuscrits que nous pouvons supposer avoir été très nombreux. Nous n'avons en fait aucun caractère d'écriture qui soit bien à nous. Tous les idéogrammes que nous employons ont été empruntés à la Chine, bien que certains aient été quelque peu modifiés. Or, les anciens Japonais, tout au moins dans la plupart des classes de la société, ignorèrent pendant longtemps les caractères chinois. Par

qui furent donc transcrits ces documents ? Pendant le
règne de l'empereur Richû (environ 430 après Jésus-
Christ), des scribes furent envoyés dans chaque province
pour préparer des archives ; ce fait indique que l'empereur et les magistrats avaient déjà leurs propres scribes.
Mais alors, qui tenait l'emploi de scribe ? Pour répondre
à cette question, il me faut parler ici de l'histoire de la
péninsule coréenne et des rapports qu'elle entretenait à
cette époque avec la Chine.

Wou-Ti, de la dynastie des Han, empereur d'un
esprit fort entreprenant, fut le premier à envoyer
en 107 avant Jésus-Christ une expédition militaire dans
la péninsule coréenne ; et pendant les années qui suivirent, les régions septentrionales de la Corée devinrent,
l'une après l'autre, des provinces chinoises. C'est alors
que la civilisation chinoise commença à pénétrer dans
ces pays. Plus tard, par suite de troubles intérieurs,
l'empire chinois perdit quelque peu de son autorité sur
les provinces conquises. Cependant, au commencement
du troisième siècle après Jésus-Christ, un État chinois
indépendant, très puissant, se constitua à l'est du fleuve
Leao, et l'influence chinoise recommença à s'étendre
sur la partie nord de la péninsule ; une nouvelle province, septentrionale cette fois, ayant même été con-
quise. La Chine envoya dans ces nouvelles provinces,
non seulement des gouverneurs, mais un certain nombre
de colons qui s'y établirent. De là, la civilisation chinoise pénétra, bien que très lentement, dans toute la
péninsule. Cette infiltration dura jusqu'au milieu du
quatrième siècle, époque à laquelle ces dites provinces
furent envahies et occupées par les Kokuri ou Coréens
qui venaient du Nord-Est. Cette invasion de barbares
arrêta pendant quelque temps les progrès de la civilisation chinoise. Pourtant il se peut qu'il soit resté dans la
péninsule un certain nombre de descendants des anciens

colons chinois et qu'ils aient conservé quelques traces de la civilisation de leurs ancêtres. Ce fut à la fin de cette époque que les rapports entre le Japon et la péninsule devinrent très étroits. Il est, d'ailleurs, presque impossible de déterminer scientifiquement la date à laquelle ces rapports avaient commencé. Si l'on en croit une vieille chronique de l'État de Shiragi, qui, jadis, se trouvait au sud-est de la péninsule coréenne, cet État aurait été plusieurs fois envahi par les Japonais, notamment en 49 avant Jésus-Christ ; mais comme la valeur de cette chronique, en tant que document scientifique, est assez douteuse, il serait dangereux d'y attacher une trop grande importance. Toutefois, nous croyons pouvoir dire que, pendant la première moitié du troisième siècle de l'ère chrétienne, les rapports entre la Corée et le Japon devinrent soudain très fréquents. Les expéditions japonaises dans la péninsule se succédèrent et des envoyés japonais visitèrent les provinces chinoises qui se trouvaient au Nord des États que nos troupes avaient envahis. Quelques-uns d'entre eux pénétrèrent même dans l'intérieur de la Chine proprement dite et allèrent jusqu'à Weï, sa capitale. On croit qu'ils furent, pendant leur voyage de retour, escortés par les fonctionnaires chinois de la province péninsulaire. Il existe d'ailleurs des mémoires écrits par des Chinois, qui grâce aux envoyés japonais, avaient obtenu quelques renseignements sur le Japon. Ces mémoires sont cités par Tchen-Cheou, historien chinois de la fin du troisième siècle, dans son livre le *San-Kouo-Tche*, dont un chapitre contient une description générale du Japon qui est encore considérée de nos jours comme un des documents les plus intéressants sur les débuts de notre histoire.

Des rapports très étroits, tantôt amicaux, tantôt hostiles, existèrent donc de bonne heure entre la péninsule

et le Japon, Ils devinrent plus intimes encore après
l'expédition de l'impératrice Jingô à Shiragi, au milieu
du quatrième siècle. Ce fut alors que la civilisation chinoise, qui s'était fort développée pendant la longue
dynastie des Han, commença à pénétrer au Japon. Son
influence modifia considérablement la vie sociale aussi
bien que la vie politique de notre pays. Vers cette
époque, les deux États septentrionaux de la péninsule,
celui de Corée ou de Kokuri et celui de Kudara, firent
de tels progrès que le premier fonda une école pour
l'enseignement de la littérature chinoise et qu'un poste
spécial fut créé dans le second pour un homme de
lettres. Et Shiragi, autre État qui se trouvait au sud-est
de la péninsule, cessa d'être une barrière entre les deux
États septentrionaux d'une part et le Japon d'autre part.
Parmi les précieux avantages qui résultèrent de la diffu-
sion de la civilisation chinoise au Japon par l'intermédiaire des deux États péninsulaires, le plus important,
le plus durable, fut l'introduction des caractères d'écriture. On ne saurait affirmer que les caractères d'écriture
chinois eussent été totalement inconnus des Japonais
avant l'expédition mentionnée ci-dessus, car il existe
plusieurs symptômes qui nous permettent de supposer
que les Japonais avaient déjà eu l'occasion de voir des
idéogrammes chinois ; mais on ne saurait prétendre que
les Japonais eux-mêmes se fussent, en des temps si
reculés, servis de ces caractères. Tout au plus pouvons-
nous émettre l'hypothèse que des immigrants coréens
(dont certains s'étaient fixés au Japon avant l'expédition
mentionnée plus haut) auraient employé les idéogrammes chinois. Quelques-uns d'entre eux étaient probablement d'origine chinoise, tandis que les autres, venus
de la péninsule elle-même, étaient saturés de culture
chinoise. Les idéogrammes ne leur auraient d'ailleurs
servi qu'à tenir leurs livres de maison ou tout au plus à

noter quelques transactions commerciales très simples. Nous croyons pouvoir affirmer, en outre, que fort peu de personnes, même parmi les immigrants, connaissaient alors l'existence des caractères d'écriture. On ne rédigeait point de rapports officiels concernant les affaires publiques. Même dans les États péninsulaires, le degré de civilisation était à peine plus élevé qu'au Japon ; c'est ce qui explique l'ignorance générale des gens de cette époque.

Peu après l'expédition de Corée, la culture littéraire dans les États péninsulaires s'éleva rapidement beaucoup plus haut qu'au Japon, ce qui leur permit d'envoyer dans notre pays des lettrés capables de lire et d'écrire les caractères chinois. Les empereurs japonais les encouragèrent d'ailleurs à venir s'établir au Japon et en prirent quelques-uns à leur service. Comme il existait alors chez nous une sorte de système de caste, chaque Japonais devait embrasser la profession que lui avaient léguée ses ancêtres, et comme les gens de même profession formaient un groupe, plusieurs groupes nouveaux furent créés dont les membres se consacrèrent exclusivement à la lecture et à l'écriture. Ainsi, presque tous les scribes nommés sous le règne de l'empereur Richû appartenaient, selon toute probabilité, aux familles qui constituaient ces groupes. Il va sans dire que, par la suite, les membres de la famille impériale et ceux de l'aristocratie s'initièrent peu à peu aux éléments de la littérature chinoise. Toutefois, la profession d'écrivain continua à être exercée exclusivement par les membres des groupes mentionnés plus haut, et ceux-ci furent fort heureux de s'emparer de tous les postes et emplois pour lesquels il était indispensable de savoir écrire ; ce fut donc parmi eux qu'on recruta les secrétaires, les conseillers, les notaires, les ambassadeurs, etc. Eux seuls pouvant être chroniqueurs ou historiens, il est à peu près certain que la plupart des manuscrits

qui furent consultés par les compilateurs du *Nihongi*
avaient été écrits par ces scribes professionnels.

Il ne faut point nous étonner que l'art d'écrire soit
demeuré le privilège de certains groupes d'individus,
tandis que les classes dirigeantes étaient, en général,
illettrées. Ce qu'il y a d'extraordinaire, c'est que cet
état de choses se soit perpétué pendant si longtemps,
que les groupes de lettrés qui tenaient entre leurs mains
la clef de toutes les affaires publiques et privées soient
restés soumis à la loi des illettrés. Pour expliquer ce
fait, il faut supposer que l'aristocratie de l'ancien Japon,
bien que n'ayant aucune éducation livresque, était
cependant douée de qualités naturelles qui suffisaient à
maintenir sa supériorité sur les hommes qui possédaient
la culture littéraire de cette époque, sinon le prestige
des classes dirigeantes aurait été promptement éclipsé
par celui de la classe des lettrés. Il est regrettable,
d'ailleurs, que nous n'ayons à notre disposition que
fort peu de documents susceptibles de nous faire connaître les qualités et les talents des Japonais de ce temps.
Pourtant, le fait que la classe dirigeante demeura si
longtemps illettrée prouve, tout au moins par la néga-
tive, que les membres de cette classe dirigeante étaient
des gens fort bien doués, beaucoup mieux doués en fait
que les apparences ne semblent le faire croire.

Mais le lecteur va peut-être se demander si la civilisation de l'ancien Japon doit toujours rester enveloppée
de mystère ? Sera-t-il jamais possible d'avoir sur ce
sujet des connaissances exactes ? A cette question, nous
répondrons que, si vagues, incertains, incroyables même
que soient les légendes et les documents qui nous ont
été transmis, il nous est néanmoins possible de tirer
de ces rares et souvent informes matériaux des renseignements positifs qui nous éviteront de chercher sans
espoir notre route dans l'obscurité. De par les légendes,

de par certaines coutumes qui se sont perpétuées jusqu'à des époques récentes, il est évident que les anciens Japonais craignaient, par-dessus toute autre chose, les souillures, qu'elles fussent physiques ou morales. C'est là l'essence même de ce qui devint plus tard le shintoïsme. A ce propos, j'ai déjà parlé dans le chapitre précédent du rite du *Misogi*. Les anciens Japonais, n'ayant aucune éducation littéraire, ignoraient l'hypocrisie et le mensonge. Comme ils étaient extrèmement naïfs, il leur arrivait assez fréquemment de commettre des erreurs de raisonnement, mais, dès qu'ils s'en étaient rendu compte, ils ne manquaient point de se purifier et de faire pénitence, de façon à se délivrer du péché. Ils étaient belliqueux et d'une vaillance superbe, mais nullement vindicatifs. Dans les légendes et les livres de mythologie, on ne trouve presque pas de traits de cruauté. Les anciens Japonais, nous avons toutes raisons de le croire, étaient beaucoup plus joviaux que les Japonais modernes. La description du Japon qui se trouve dans le *San-Kouo-Tche*, nous fournit quelques faits intéressants en plus de ceux que je viens de mentionner. Nous apprenons que nos ancêtres n'étaient pas du tout chicaneurs, qu'il n'y avait pas de voleurs parmi eux. On punissait les hommes qui avaient transgressé la loi en confisquant leurs familles et leurs enfants. Lorsqu'un crime avait été commis, des peines sévères étaient infligées, non seulement au criminel lui-même, mais aux siens. Les femmes japonaises étaient réputées pour leur chasteté. Les Japonais vivaient très vieux et les centenaires étaient nombreux. Les vieillards étaient entourés de respect. On croyait implicitement aux augures, et avant de prendre une décision, que ce fût pour une affaire publique ou une affaire privée, on avait coutume de mettre dans le feu l'os huméral d'un chevreuil et de lire la volonté des divinités dans les fentes et fissures faites par la flamme. Quand des Japonais s'embarquaient pour une longue traversée, ils se faisaient accompagner par un homme qui assumait la responsabilité du voyage, se soumettait à une discipline sévère, menait une vie tout à fait ascétique, assurant ainsi la sécurité de tous les voyageurs et les protégeant contre toutes maladies. Si quelqu'un était malade ou si le voyage était troublé par quelque incident, il savait que sa propre existence était en jeu. Dans plusieurs provinces, il y avait à dates fixes des marchés où s'échangeaient des denrées. Les tributs étaient payés en natures. On voyait rarement des chevaux et du bétail. Bien qu'il existât déjà des armes de fer, on en trouvait beaucoup d'autres faites d'os, de bambou, de silex, etc.

Tel était notre pays vers 250 après Jésus-Christ, si l'on en croit les rapports des Chinois qui le visitèrent alors. Il se peut que leurs observations n'aient point été très exactes, mais elles coïncident, généralement parlant, avec les conclusions que nous pourrions tirer nous-mêmes des documents purement japonais actuellement à notre disposition. En outre, l'auteur du *San-Kouo-Tche* dit que les coutumes et les mœurs des Japonais ressemblaient beaucoup à celles des habitants de l'île de Haïnan, qui se trouve au sud de la Chine. Cette remarque est riche de conséquences touchant les études ethnologiques des îles japonaises. Ainsi, une ancienne coutume japonaise, jadis connue sous le nom de *Kuga-tachi*, — épreuve par laquelle un accusé pouvait prouver son innocence en retirant d'un récipient rempli d'eau bouillante un objet quelconque sans que sa main fût brûlée, — existait également, dit-on, chez les indigènes de Haïnan. Cependant, il serait quelque peu téméraire d'en conclure que les Japonais et les habitants de Haïnan sont de même race. Nous ne saurions non plus passer sous silence un passage, d'ailleurs fort court, du récit chinois qui nous apprend que l'état de guerre semblait permanent au Japon.

Dans les chapitres précédents, j'ai parlé de l'hétérogénéité des Japonais, en tant que race. Mais, des différents éléments qui constituèrent par la suite la race japonaise, aucun ne put garder longtemps son indépendance et son individualité, à l'exception toutefois des *Aïnous*. Les éléments de moindre importance, ou bien disparurent d'eux-mêmes dans l'affluence désordonnée des autres races, ou furent absorbés par l'élément le plus puissant. Les *Kumasos* eux-mêmes qui, à une certaine époque, avaient été la tribu la plus puissante de l'île de Kyûshû, furent, peu après l'expédition de l'impératrice Jingô en Corée, vaincus par les Japonais. Quant aux *Aïnous*, à chaque occasion favorable, ils mêlèrent leur sang à celui de la race principale ; toutefois, les *Aïnous* ayant été les prédécesseurs des Japonais et la race la plus forte de toutes celles qui se trouvaient au Japon, eux seuls purent conserver leur individualité jusqu'à nos jours, et cela bien que leur nombre n'ait cessé de diminuer.

Au cours de la longue histoire de la lutte entre les Japonais et les *Aïnous*, lutte qui dura plus de mille ans, les *Aïnous* furent, en somme, les éternels vaincus et ne cessèrent de se retirer devant les Japonais. Mais, de temps à autre, ils opposèrent à leurs vainqueurs une résistance opiniâtre. Des découvertes archéologiques nous ont appris qu'ils occupèrent jadis l'île de Kyûshû, mais nous n'avons aucun document historique sur cette race qui soit antérieur au jour où nous trouvons les *Aïnous* en train de défendre pied à pied leurs derniers retranchements dans le nord du Hontô. Il n'en est pas moins vraisemblable que cette longue guerre a présenté plusieurs phases, et il est probable que la visite des fonctionnaires chinois a coïncidé avec une phase intermédiaire de cette lutte séculaire.

On peut généralement diviser la plupart des pays du monde en deux ou plusieurs parties, des différences d'ordre psychologique aussi bien que d'ordre physiologique existant entre les habitants des diverses régions ainsi délimitées. D'ordinaire, les frontières de ces régions sont des frontières géographiques, mais cette règle est loin d'être absolue. Si nous divisons le Hontô d'après des différences d'ordre linguistique, il est plus naturel de le partager d'abord en deux parties plutôt qu'en trois parties ou plus ; dans ce cas, la frontière entre ces deux parties n'est point identique à la ligne qui, de toute évidence, constituerait la frontière géographique. Nous ferons partir du Nord le tracé de notre frontière, d'un endroit appelé Nutari qui se trouve sur la Mer du Japon, un peu à l'Est de la cité de Niigata, dans la province de Echigo ; nous le ferons ensuite descendre verticalement vers le Sud en suivant le méridien du 139° 1/3 Est jusqu'à ce que nous rencontrions la limite méridionale de la province, puis nous tournerons brusquement vers l'Ouest en suivant la ligne qui sépare les provinces de Echigo et de Shinano au 36° 5/6 de latitude Nord ; nous continuerons enfin notre chemin vers le Sud en longeant la frontière occidentale des provinces de Shinano et de Tôtomi, laquelle suit, à peu de chose près, le méridien 137° 1/2 Est.

Cette frontière est en somme une frontière moyenne dont le tracé est influencé par plusieurs considérations d'ordre linguistique, telles que la place de l'accent tonique, certaines particularité d'élocution, etc. Mais nous devons reconnaître qu'outre les différences d'ordre linguistique, il en existe d'autres entre les populations habitant des deux côtés de cette ligne. Nous serions donc, en quelque sorte, autorisés à adopter cette ligne comme une sorte de frontière divisant le Hontô en deux parties. D'une façon générale, en effet, aucune autre ligne ne pourrait diviser, de manière à les séparer aussi parfaitement, deux régions aussi distinctes. Si le lecteur veut bien se donner la peine de jeter un coup d'œil sur la carte, il se rendra compte que cette ligne n'épouse pas strictement les contours géographiques, surtout dans la partie qui se dirige verticalement vers le Sud. Il n'y a aucune barrière insurmontable entre les deux régions qu'elle sépare et ceci est tout particulièrement vrai des districts qui avoisinent la côte du Pacifique. Conséquemment, cette ligne frontière a une signification historique et non géographique.

La frontière que nous venons de tracer divise exactement le Japon en deux parties essentiellement différentes l'une de l'autre à divers points de vue, et cette séparation est beaucoup plus exacte que celles qui pourraient être obtenues par tout autre procédé. Dans ce cas, quelle est donc la raison qui donne à ce que nous appellerons la ligne *Aïnou* une telle valeur ? C'est parce que cette ligne a, pendant de nombreux siècles, été la frontière des Japonais contre les *Aïnous*. En d'autres termes, c'est sur cette ligne même que les *Aïnous* ont opposé aux Japonais la plus opiniâtre résistance. Il a fallu que le Japon s'organisât et même, dans une certaine mesure, s'unît de façon à constituer une entité bien distincte pour qu'il pût pénétrer dans les régions se trouvant au Nord et à l'Est de cette ligne. Sa pénétration dans le Nord fut le résultat d'une lente action, ainsi que de l'infiltration de cette civilisation qui avait fini de s'établir dans le Japon du Sud déjà devenu homogène. Ainsi, la différence entre les deux régions continua de s'accroître et fut clairement visible. On peut, dans un sens, la comparer à la différence existant entre le Transvaal et l'État libre d'Orange, la constitution de ce dernier étant due à l'immigration des colons venus du premier.

Ce fut la forteresse de Nutari, longtemps poste avancé des Japonais contre les *Aïnous* du côté de la Mer du Japon, qui servit de pivot au mouvement des armées japonaises, et la ligne frontière tourna lentement vers le Nord sous la poussée des vainqueurs. Cette progression dut être fort inégale et, dans les endroits où elle fut arrêtée pendant longtemps, il nous est possible de tracer des lignes provisoires successives qui coïncident avec les diverses étapes de la conquête. Au point de vue politique, faire disparaître l'importance de ces limites successives fut considéré comme une nécessité par les empereurs et les ministres qui voulaient réaliser l'unité de l'Empire, et ils réussirent pleinement dans leur entreprise. Cependant, si nous écartons toute considération d'ordre politique, nous pourrons, aujourd'hui encore, reconnaître tout au moins l'emplacement de ces lignes qui jalonnent les étapes successives de notre progression vers le Nord, bien qu'aucune d'entre elles n'ait la même valeur historique que celle que je me suis attaché à décrire. A première vue, il semble étrange qu'alors que la forteresse de Nutari est demeurée pendant si longtemps le poste avancé des Japonais, on ne trouve aucun poste avancé correspondant sur la côte du Pacifique, à l'Est de cette ligne, mais nous ne devons point perdre de vue que la frontière se déplaça beaucoup plus rapidement sur la droite que sur la gauche où se trouvait la forteresse de Nutari.

Dans la première moitié du troisième siècle de l'ère chrétienne, c'était sur cette ligne que les Japonais luttaient encore contre les *Aïnous* et la visite des fonctionnaires chinois au Japon prit place pendant cette même période. Par suite, dans la description donnée dans le *San-Kouo-Tche*, ne sont mentionnées qu'environ 3o provinces se trouvant sous la suzeraineté de la Cour de Yamato. Il serait d'ailleurs difficile, sinon impossible, d'identifier les noms de toutes ces provinces et de trouver les noms des provinces actuelles qui pourraient y correspondre, mais ce qu'il y a de certain c'est qu'aucune d'entre elles n'était située à l'Est de cette ligne. En outre, d'après un passage du même ouvrage, nous pouvons affirmer que la guerre contre les *Aïnous* était considérée par nos ancêtres comme une guerre de première importance, car il y est déclaré que les événements de cette guerre étaient communiqués aux fonctionnaires chinois établis dans la province péninsulaire par l'ambassadeur japonais qui y avait été envoyé. Jetons maintenant les yeux vers la partie sud-ouest du Japon. On ne saurait dire que l'île de Kyûshû tout entière fût déjà sous les ordres directs de l'Empereur. En fait, dans la région qui correspond à peu près à notre province de Higo se trouvait une tribu, les *Kumasos*, qui n'était point soumise à la puissance impériale et qui resta indépendante jusqu'à une époque postérieure à celle dont je viens de parler. Ce ne fut, probablement, que vers le milieu du quatrième siècle que leur résistance fut vaincue. Au sud des *Kumasos*, dans le district plus tard connu sous le nom de province de Satsuma, vivait une autre tribu qu'on appelait les *Hayatos*. Quelques-uns de ses guerriers servaient dans l'armée de l'Empereur, surtout dans la Garde impériale. Cependant, les tribus elles-mêmes n'obéissaient point sans difficulté aux ordres du souverain. Si ces tribus méridionales furent subjuguées plus aisément que ne le furent les *Aïnous* dans les régions du Nord, c'est parce qu'elles étaient relativement peu nombreuses et peut-être plus proches, au point de vue ethnique, de l'élément principal de la race japonaise que ne l'étaient les *Aïnous*.

CHAPITRE IV

ACCROISSEMENT DE LA PUISSANCE IMPÉRIALE.
CENTRALISATION PROGRESSIVE

Les historiens possèdent un privilège : ils peuvent à leur gré remonter le cours des siècles. Je ne veux point dire par là qu'ils aient le droit de juger le passé d'après le présent. Bien que les choses du passé doivent évidemment être tout d'abord appréciées au point de vue de l'époque qui leur fut contemporaine, ce serait une grave erreur que de supposer que le devoir de l'historien est accompli quand il a décrit les choses du passé en se plaçant uniquement à ce point de vue. En fait, les historiens ne sont nullement obligés d'approuver les jugements que les anciens ont portés sur les événements de leur temps. La façon dont une action a été envisagée et appréciée par les contemporains de cette action constitue en soi un fait historique important, mais ce fait doit être l'objet d'un sérieux examen critique. Il ne s'agit pas, en effet, pour l'historien, de se contenter d'avoir une idée nette de l'opinion des gens d'une certaine époque sur les événements de cette même époque, tâche sinon sans espoir, du moins très difficile, mais encore de savoir pourquoi ces gens portaient sur leur époque tel ou tel jugement. C'est là le devoir le plus important de l'historien et c'est un devoir beaucoup plus difficile à accomplir. Les historiens devraient en outre établir nettement la valeur absolue de ces opinions et les conséquences qu'elles ont pu avoir sur l'époque étudiée aussi bien que sur les époques suivantes. Cependant, quelque nécessaire qu'il puisse être de connaître les pensées et les croyances des anciens Japonais, nous ne sommes point obligés d'ajouter aveuglément foi à tout ce que l'on croyait dans le passé et d'adopter une attitude mentale en tous points conforme à celle des anciens. On ne manquerait point de rire de notre folie si, par exemple, nous déclarions que la baleine d'autrefois était un poisson, tout simplement parce que les anciens ignoraient qu'elle appartient à la famille des mammifères. Et pourtant, en acceptant cette opinion, nous serions tout à fait d'accord avec les anciennes croyances. Par suite de recherches portant sur un grand nombre d'années, on a découvert que bien des choses considérées par les divers peuples anciens comme différentes sont en réalité semblables, sinon exactement les mêmes. D'autre part, dans bien des cas, des différences essentielles, réellement très visibles, furent longtemps négligées ou considérées comme négligeables et n'ont été distinguées qu'après des siècles d'étude. En général, dans les temps non civilisés, les hommes étaient prompts à remarquer les différences extérieures, souvent superficielles et ne découvraient que très lentement les différences intérieures les plus essentielles. Il y eut ainsi une époque où, dans l'Orient comme dans l'Occident, certains peuples pensaient être des peuples élus et considéraient tous les autres, qui, selon toute apparence, différaient d'eux et parlaient des langages différents des leurs, comme infiniment inférieurs en civilisation et plus près de la bête que de l'homme. Les Japonais, au début de leur histoire, étaient-ils différents des autres peuples qui se trouvaient au même degré de développement ou bien furent-ils, depuis leur origine, le seul peuple de son espèce ? Ce serait une erreur de vouloir faire une réponse précise à une question de ce genre. Il est certain que nos ancêtres différaient, à certains points de vue, des autres peuples ; mais il est également vrai qu'ils avaient avec eux beaucoup de traits en commun. Être seul de son espèce peut être très intéressant, mais il ne s'ensuit pas nécessairement que ce qui n'a point de semblable soit toujours digne d'admiration. Être seul de son espèce est un honneur, certes, mais à la condition que cette distinction soit due à une excellence inimitable. D'autre part, il n'est nullement déshonorant de posséder des traits en commun avec autrui. Parmi les choses qui ne sont point uniques, il en est beaucoup qui ont une valeur universellement reconnue et ne sont nullement méprisées comme étant trop communes. Nos ancêtres avaient quelques traits précieux qui leur étaient particuliers, mais, en même temps, ils avaient en commun avec les autres peuples beaucoup de choses, précieuses également, et c'est pour cela que l'histoire du Japon peut tenir son rang parmi celles des nations civilisées, comme étant d'une étude non seulement intéressante, mais encore instructive. Les Japonais des temps plus récents supposaient que tous les peuples n'appartenant point à cette région que nous avons appelée le Japon historique étaient radicalement différents d'eux-mêmes. Ils oubliaient que leurs ancêtres n'étaient point issus d'une seule et unique race. Ceci prouve d'ailleurs avec quelle facilité l'amalgame et l'assimilation des différents éléments ethniques s'étaient accomplis dans l'ancien Japon. Il n'y avait, en effet, presque aucune trace d'antipathie de race chez nos premiers ancêtres. En même temps que l'on retrouve chez eux une sorte de mépris des autres peuples, — mépris ayant d'ailleurs des racines peu profondes, car il était dû sans doute à ce fait qu'ils avaient observé chez les autres peuples des différences purement superficielles, — on découvre qu'ils aimaient ardemment toutes choses d'origine étrangère et qu'ils faisaient fort bon accueil à tous les immigrants qui, par vagues successives, arrivaient au Japon, et cela quelle que fût leur origine. Non seulement ces immigrants n'étaient point molestés, mais encore il leur était permis de se livrer à leurs occupations favorites, et certains d'entre eux furent nommés à des postes importants, soit dans le Gouvernement, soit dans la Maison Impériale. Nos ancêtres n'hésitaient point à laisser s'acclimater chez eux des coutumes et des institutions étrangères, surtout d'origine chinoise, avec ou sans modifications. L'importation toute spontanée de ces coutumes s'accomplit sans aucun obstacle, d'où il résulte de toute évidence que les anciens Japonais considéraient que le Japon avait beaucoup de points communs avec la Chine, puisqu'ils pensaient que le même mode d'existence pouvait convenir aux deux pays et que des lois semblables pouvaient être mises en vigueur aussi bien au Japon qu'en Chine. Plus encore, nos ancêtres croyaient naïvement que ces lois pouvaient avoir les mêmes effets sur les Japonais que sur les Chinois. Ils agissaient ainsi comme des paysans ignorants qui, parfois, s'imaginent qu'en semant les mêmes graines que leur voisin, ils auront les mêmes récoltes, quelle que soit la nature du sol où ces graines doivent germer. Ceci est dû surtout à leur grand désir d'acclimater au Japon toutes choses d'origine étrangère. Aujourd'hui même, il existe encore beaucoup de Japonais qui pensent que toutes choses étrangères peuvent, une fois implantées au Japon, produire les mêmes fruits que dans leur pays d'origine, et qui, par suite, seraient disposés à importer de l'étranger tout ce qu'ils pourraient. La seule différence entre ces Japonais d'aujourd'hui et les Japonais d'autrefois est que les Japonais d'aujourd'hui veulent importer de préférence toutes choses européennes alors que les Japonais d'autrefois voulaient importer toutes choses chinoises. De nos jours, le peuple japonais est souvent considéré comme un peuple dont la xénophobie est invétérée. Comment peut-on défendre cette opinion lorsqu'il est de toute évidence que le Japon importe tant de choses de l'étranger aussi bien en ce qui concerne les objets matériels que les choses de l'esprit ?

Revenons à notre sujet. Le Japon en était-il arrivé, comme le souhaitaient les Japonais sinophiles d'antan, à ressembler à la Chine ? Bien au contraire, son caractère propre, cette singularité qui se trouve à la base de la vie politique aussi bien que de la vie sociale de notre pays, ne fut que fort peu atteinte. Même maintenant tout le monde reconnaît que le Japon possède au même titre que tous les autres pays des traits caractéristiques qui lui sont absolument propres et qui constituent son individualité. On peut également dire que l'ancien Japon, bien qu'il fût unique à certains points de vue, se trouvait dans un état semblable, socialement et politiquement parlant, à celui d'autres pays ayant atteint le même degré de civilisation. Quel était donc l'état du Japon au commencement de son histoire ? C'est ce que je vais expliquer.

Dans un chapitre précédent, j'ai déclaré qu'il est fort difficile de considérer les Japonais, quel que soit le groupe ethnique dans lequel on les classe, comme autochtones. Selon toute apparence, la plus grande partie d'entre eux descendait d'immigrants ; en d'autres termes, leurs ancêtres avaient conquis le sol sur lequel ils vivaient. Quelle avait donc été alors la principale occupation de ces conquérants ? A cette question, différents historiens ont déjà fait des réponses diverses. Certains prétendent que l'agriculture était leur principal moyen de subsistance ; d'autres, au contraire, soutiennent que leur existence était plus mouvementée et qu'ils vivaient principalement de chasse et de pêche. Tout ce qu'on a pu découvrir, c'est que les ancêtres des Japonais n'étaient point, du moins après leur arrivée au Japon, des nomades ; en fait, les chevaux et les bestiaux étaient presque inconnus dans les temps très anciens. Il est très probable également que, quelle qu'ait été la principale occupation des premiers Japonais, ils ont eu des notions d'agriculture. Nous n'avons pourtant à ce sujet aucun document probant. Le Japon primitif ne semble pas avoir eu avec la Chine des rapports aussi intimes que les Germains primitifs avec Rome. C'est pourquoi nous avons tant de difficulté à vérifier certains détails ou de la vie sociale, ou de l'état politique, ou du mode d'existence des anciens Japonais, alors qu'il nous est facile d'étudier le système de répartition des terres des Germains, leurs méthodes de combat, etc. Nous ne savons même pas s'il y eut jamais au Japon quelque chose de comparable à la répartition des terres en Germanie. L'introduction au Japon de l'organisme compliqué de la dynastie T'ang peut être interprétée de deux façons différentes. Ou bien on peut supposer qu'un système de répartition des terres semblable au système chinois avait déjà existé au Japon et que l'adoption de méthodes étrangères plus complètes en fut facilitée ; ou bien nous pouvons nier l'existence d'aucun système de ce genre en prenant comme base de notre raisonnement le fait que le système étranger ne put jamais s'implanter dans notre pays par suite de son incompatibilité avec les traditions de notre race. Il nous est toutefois possible de déclarer, avec quelque certitude, que, en ce qui concerne l'histoire du Japon primitif avant l'introduction des institutions chinoises, les habitants du Japon ou plutôt les divers groupes de sa population constituaient, d'après le système social en vigueur, des biens que l'on pouvait posséder au même titre que des terres.

Quant aux terres, tout au moins celles qui avaient été conquises par nos ancêtres jusqu'à la réforme de l'ère Taïkwa, dans la première partie du VIIe siècle, elles faisaient partie, soit du domaine impérial, soit des domaines particuliers sur lesquels certains sujets avaient les mêmes droits que ceux de l'Empereur sur ses domaines. En d'autres termes, les rapports entre l'Empereur et ses sujets étaient personnels et ne dépendaient pas des terres qu'il avait pu leur accorder. Les Japonais primitifs ne semblent pas avoir eu la conception de vasselage résultant de la possession de terres ayant primitivement appartenu au Souverain. De ce point de vue, étant donné que les propriétaires possédaient leurs terres en franchise, l'ancien Japon ressemble à l'ancienne Germanie. Toutefois, il nous est plus difficile de déterminer les conditions de la prise de possession d'une terre dans l'ancien Japon que dans l'ancienne Europe, dont le système des « alleux » est parfaitement connu. Il est hors de doute que les personnes aussi bien que les terres constituaient la plus importante des propriétés particulières. Il va sans dire que des gens qui vivaient sur un domaine particulier appartenaient *ipso facto* à son propriétaire. En outre, quelles que fussent les terres qu'il possédât, un seigneur de l'ancien Japon pouvait posséder un certain nombre de personnes, et, dans ce cas, les terres que ces personnes habitaient devenaient de ce fait sa propriété. L'Empereur était le premier de tous les seigneurs en tant que propriétaire de vastes domaines et d'un grand

nombre d'individus ; il régnait en outre sur les grands
francs-tenanciers de terres et de serfs. On peut aussi
supposer qu'il y avait alors quelques hommes libres de
moindre importance ne possédant pas assez de serfs
pour cultiver leurs terres et, par suite, obligés de travailler. Toutefois, on ne sait rien de positif à leur sujet,
si tant est qu'ils aient existé. Les droits d'un seigneur
sur ses gens étaient presque absolus ; il pouvait disposer
même de la vie et des biens de ces derniers, quoiqu'il
fût lui-même soumis à la juridiction de l'Empereur.
Quelques-uns des seigneurs appartenaient à la même
race que la famille impériale, leurs ancêtres ayant coopéré à la conquête du pays. D'autres seigneurs étaient
de sang impérial. Il est cependant très probable qu'un
nombre assez considérable des membres de cette aristocratie n'étaient point de la même race que la famille
impériale et appartenaient soit à une race aborigène,
soit à quelques familles d'immigrants d'une race autre
que celle de la famille impériale. En fait, les domaines
particuliers des seigneurs n'avaient point une très grande
étendue et on ne pourrait les comparer aux provinces
japonaises modernes ou *Kuni*. A côté de ces seigneurs,
qui étaient les maîtres de leurs terres, il y avait une
autre aristocratie dont l'importance des représentants
ne dépendait pas de la grandeur de leurs domaines,
mais bien de leur situation en tant que chef de certains
groupes de la population. Certains de ces groupes étaient
constitués par des gens ayant la même profession ou le
même métier ; ainsi, il y avait celui des fléchers, celui
des fabricants de boucliers, celui des miroitiers, celui
des potiers, etc.

Les membres des confréries religieuses, les guerriers,
les scribes formaient aussi des groupes. Mentionnons
tout spécialement que les groupes de guerriers et de
scribes comprenaient un grand nombre d'étrangers,

beaucoup plus en tout cas que n'importe quel autre groupe. Les scribes, bien que leur profession fût plus relevée et considérée comme plus importante que les autres, étaient presque exclusivement, comme il a déjà été expliqué dans le chapitre précédent, d'origine étrangère. Par suite, comme ces immigrants ne venaient pas toujours du même endroit, il y avait au Japon plusieurs groupes de scribes. Quant aux groupes de soldats et de guerriers, les premiers furent composés d'hommes ayant pris part à la conquête et vraisemblablement de même sang que la race conquérante. Plus tard, cependant, un grand nombre de soldats auxquels on ne saurait, à vraiment parler, donner le nom de Japonais, comme par exemple des *Aïnous* et des *Hayatos*, commencèrent à s'enrôler au service de l'Empereur. Bien qu'ils fussent d'un sang différent de celui de la classe dirigeante, ils montrèrent à l'Empereur une fidélité incomparable et furent souvent chantés dans nos anciens poèmes guerriers. Les hommes d'un même groupe avaient la même profession ou le même métier et, dans un grand nombre de cas, étaient non seulement de la même origine, mais aussi de la même famille. D'autres groupes encore étaient uniquement constitués de gens d'une même famille, quoique de métiers différents, ces derniers groupes n'étant unis que par les liens du sang. Quand nous étudions la formation de ces groupes, nous trouvons généralement qu'à une époque donnée un certain nombre d'immigrants s'étaient d'eux-mêmes constitués en groupe pour être mieux administrés. Parfois, plusieurs bandes d'immigrants, débarquées dans le pays à des époques différentes, se constituaient en un seul groupe puissant. Dans ces groupes importants, il se trouvait des gens de diverses professions unis entre eux seulement par les liens du sang. La troisième espèce de groupes a une origine particulière.

Une des coutumes anciennes du Japon était de constituer un groupe spécial voué à la mémoire d'un empereur ou d'un membre de la famille impériale. Ceci avait lieu généralement lorsque ces grands personnages étaient morts jeunes et avaient été profondément regrettés par leurs proches. Quelquefois, pourtant, certains de ces groupes étaient constitués en l'honneur d'un empereur encore vivant. Il va sans dire que ces groupes n'étaient point basés sur le principe de la consanguinité. Toutefois, il est probable qu'ils ont compris surtout des individus appartenant à une même race. D'autre part, il est clair également qu'il n'était point nécessaire de réunir intentionnellement des hommes de races différentes simplement dans le but de mieux fondre ces races. Ceci aurait été incompatible avec les tendances d'une époque dans laquelle on passait tant de temps à établir la généalogie de chaque famille. En outre, si on avait constitué un groupe de gens de races différentes, il aurait été extrêmement difficile de les administrer. Quant aux professions généralement suivies par des personnes appartenant à ces derniers groupes, il est fort difficile de faire une généralisation. Certains de ces groupes furent probablement créés simplement dans le but de réunir la main-d'œuvre agricole nécessaire pour augmenter la production du sol ou assurer l'exploitation des terres nouvellement conquises. Il se peut aussi que certains de ces groupes commémoratifs aient été constitués pour fournir des ouvriers manuels de différents métiers. Dans ce cas, ils auraient compris des hommes de différents métiers et de diverses professions dont l'ensemble était chargé de subvenir aux besoins quotidiens de quelque illustre personnage dont tous les membres d'un groupe étaient les sujets. Quand des hommes de métiers voisins, mais appartenant à un même groupe, produisaient des objets divers, ils échangeaient vraisemblablement ces articles entre eux ; mais ce ne fut que plus tard que ces échanges se firent dans un marché, à certaines dates et à un endroit donné, comme le décrit le *San-Kouo-Tche*. De plus, il serait téméraire d'affirmer que chacun de ces groupes constituait une communauté économique capable de se suffire à elle-même. D'autre part, il serait absurde de supposer que chacun de ces groupes fût une corporation semblable aux gildes européennes du moyen âge. En effet, bien que les membres d'une gilde eussent souvent à souffrir de l'oppression de leur maître, il n'existait aucun rapport de vasselage entre eux et ce dernier. Dans le vieux Japon, au contraire, les membres des groupes que nous venons de décrire appartenaient en fait au chef de ces groupes : ils étaient non seulement ses sujets, mais encore sa propriété et il pouvait, à son gré, disposer d'eux. En ce qui concerne les groupes professionnels, je ne chercherai point à nier qu'ils aient eu coutume d'échanger entre eux certains articles. En effet, dans cette ancienne société japonaise déjà parvenue à un certain degré de civilisation, personne n'aurait pu vivre sans avoir recours à l'échange ; les chefs n'étaient ni assez puissants, ni assez sévères pour interdire à chaque individu d'un groupe d'échanger le produit de son travail contre le produit du travail d'hommes de groupes voisins, et cela même lorsque le chef du groupe était hostile à ces échanges. Il ne faut point oublier non plus que, même lorsqu'un membre d'un certain groupe professionnel travaillait chaque jour à son métier, il n'en était probablement pas moins obligé aussi de cultiver le champ au milieu duquel se trouvait sa maison, car on ne saurait croire qu'il ait pu se procurer, par de simples échanges, les denrées nécessaires à sa subsistance et à celle de sa famille ou qu'il les ait reçues de son chef de groupe.

D'ailleurs, plus d'un groupe pouvait être autorisé pour chaque métier ou chaque profession, et les membres de chacun de ces groupes n'étaient point tenus à vivre dans une même localité. Eu d'autres termes, pour chaque métier, il y avait de nombreux groupes et ces groupes avaient leur centre dans des provinces différentes. Nous ne savons pas si tous les groupes d'un même métier étaient placés sous la juridiction d'un chef commun. Toutefois, il est certain que plusieurs groupes ayant le même métier avaient souvent le même chef, bien que ces groupes se trouvassent en des localités différentes. Parfois, le chef d'un groupe était du même sang que ses membres. C'est ce qui arrivait généralement quand les groupes étaient composés d'immigrants de même origine. Les chefs des groupes professionnels d'immigrants, dont le nombre était d'ailleurs très restreint, appartenaient à cette dernière catégorie. Il pouvait arriver pourtant que le chef d'un tel groupe professionnel ne fût pas de même race que les membres de son groupe, bien que ces derniers pussent être tous de même sang. Ceci était tout particulièrement vrai dans le cas des groupes de guerriers *Aïnous* ou *Hayatos*. Ces vaillants soldats étaient généralement enrôlés par compagnies, les soldats de chaque compagnie étant de même race, mais on leur donnait pour chef un officier digne de confiance, généralement de la même origine que la famille impériale, ou bien encore appartenant à une race depuis longtemps soumise à l'Empereur. Enfin, dans le cas des groupes commémoratifs, il est probable que les chefs en étaient nommés par l'Empereur, sans que les liens du sang qui pouvaient exister entre le chef et les membres du groupe fussent pris en considération.

Pour résumer tout ce qui précède, nous dirons qu'il y avait deux sortes de chefs se trouvant immédiatement subordonnés à l'Empereur. Les premiers étaient les propriétaires terriens, les autres étaient les chefs de groupes. Il va sans dire que les premiers étaient en même temps chefs de tous les serfs qui habitaient leurs terres et que les derniers étaient en même temps propriétaires *de facto* de toutes les terres habitées par eux-mêmes et par leurs sujets. Ainsi, il y avait fort peu de différence entre les deux catégories de chefs. Ils avaient d'ailleurs tous deux les mêmes droits absolus dans leur domaine et sur leurs sujets. La différence principale qui existait entre eux était que les droits des seigneurs de la première catégorie venaient du fait qu'ils étaient les propriétaires de la terre, alors que les droits des seigneurs de la seconde catégorie provenaient de ce qu'ils étaient les chefs d'un groupe. Quelle est l'origine de cette différence ?

Le fait que beaucoup de grands propriétaires terriens n'étaient point de même race que la famille impériale semblerait prouver qu'il y avait parmi eux des descendants des anciens propriétaires, soit que ces derniers eussent possédé les terres avant l'arrivée des Japonais ou mieux encore qu'ils les eussent possédées avant l'immigration de la race conquérante. Par la suite, ils consentirent à se soumettre ou furent soumis à la domination japonaise ; mais, les rapports entre l'Empereur et ses copropriétaires n'étant point des rapports officiels, ils conservèrent, sans changement, les droits qu'ils avaient sur leurs possessions. Plus tard, un grand nombre de membres de la famille impériale furent chargés de conquérir de nouveaux territoires sur les *Aïnous* et établirent leur domination sur les territoires qu'ils avaient conquis. Ces nouveaux propriétaires s'arrogèrent, comme il était naturel, les mêmes droits que les anciens propriétaires dont nous venons de parler. La puissance de la famille impériale s'accrut ainsi par suite de l'augmentation du nombre de grands propriétaires de sang impérial, mais, pour la même cause, la puissance de l'Empereur lui-même se trouva en danger d'être éclipsée par le développement soudain de certaines branches de la famille impériale.

Quant aux chefs de groupes, ils ont dû apparaître plus tard que les grands propriétaires. En effet, ils n'étaient de fait possesseurs de certaines terres que parce qu'ils étaient les chefs des gens qui occupaient ces terres. Or, ceci montre que les liens qui unissaient leurs gens à la terre qu'ils habitaient devaient être le résultat d'une succession d'événements historiques. En outre, l'organisation des groupes de gens d'après leur profession ou métier doit avoir constitué un progrès sur l'ancienne coutume de réunir des gens de professions ou de métiers divers ? Il y a aussi un autre fait important qui doit être pris en considération, à savoir que, pour la plus grande partie, les groupes professionnels étaient composés d'immigrants. Tout ceci nous permet de supposer que les chefs qui, dès le début, furent mis à la tête de certains groupes étaient probablement arrivés au Japon en même temps que la race conquérante ou même qu'ils étaient venus des mêmes régions que cette race, peu de temps après l'arrivée de cette dernière et que par la suite ils s'étaient distingués par leur fidélité à l'Empereur. Bref, il est possible que la plupart de ces chefs ait eu la même origine que la famille impériale, sauf toutefois dans le cas des groupes formés ultérieurement d'immigrants venus de la péninsule coréenne. L'augmentation du nombre de ces groupes a donc dû contribuer à l'accroissement de la puissance de la famille impériale, mais le même danger que nous avons signalé se présenta, à savoir le relâchement des liens qui unissaient l'Empereur à ceux des chefs qui étaient de même sang que lui.

Tels sont les principaux faits d'ordre général touchant la vie sociale et la vie politique du Japon au viie siècle. Si le Japon avait continué à se développer dans le même sens, le pays n'aurait point manqué d'être divisé entre un certain nombre de petits chefs de races différentes dont la puissance aurait été de nature différente et qui n'auraient plus eu avec l'Empereur que des rapports très éloignés. C'est d'ailleurs ce que nous pouvons observer aujourd'hui dans certaines tribus non civilisées, comme, par exemple, les indigènes de Formose et ceux de quelques îles de l'Australasie. Tel ne devait point être, cependant, le destin du Japon. Comment le Japon parvint-il à réaliser son unité ? Tout effort de centralisation peut être un individu ou un corps organisé. En ce qui concerne ce dernier, toutefois, pour qu'un noyau de centralisation pût se développer, il fallait qu'il fût très solidement organisé, chose possible seulement lorsque le centre était parvenu à un degré assez avancé de civilisation. Or, pendant la période dont je parle maintenant, un tel centre n'aurait pu créer au Japon qu'une centralisation assez vague et qui se serait facilement désagrégée. Pour que le Japon pût être centralisé, il était nécessaire que le noyau de sa centralisation fût un individu, c'est-à-dire l'Empereur.

Nous avons vu comment l'élément prédominant accrut sa puissance et son influence, soit en exploitant de nouveaux territoires et en y créant des seigneuries pour des hommes de sa propre race, soit en organisant des groupes de plus en plus nombreux parmi les nouveaux immigrants et peut-être aussi un certain nombres de groupes parmi les habitants primitifs. Dans cet élément dominant, la famille impériale était sans nul doute la première de toutes et la plus puissante. La plupart des nouveaux seigneurs avaient été choisis parmi les membres de cette famille et un grand nombre de groupes commémoratifs furent constitués soit en leur honneur, soit pour subvenir à leurs besoins. Les terres qui étaient exploitées par les membres de ces groupes et qui, par suite, appartenaient à certaines familles, ne cessèrent de s'accroître. Ces domaines furent nommés *miyake*, ce qui veut dire grenier impérial ou domaine impérial. Le nombre de ces domaines augmenta au cours des temps, non seulement dans le voisinage de la province de Yamato où les empereurs d'autrefois avaient leur résidence, mais encore, dans plusieurs provinces éloignées où l'on en constitua de nouveaux. Il n'est donc pas étonnant que de nouveaux *miyake* aient été créés dans les provinces occidentales, surtout dans la province riveraine de la mer intérieure et dans l'île de Kyûshû, plutôt que dans les autres provinces, car il est naturel que la Maison Impériale, qui s'était établie tout d'abord dans l'ouest, ait eu une plus grande influence dans ces régions que dans les provinces proches des terres encore aux mains des *Aïnous*. Cependant, et c'est tout à l'honneur de la Maison Impériale, pendant la première partie du VIIe siècle, il y eut des domaines impériaux jusque dans les provinces extrême-orientales de Suruga et de Kôtsuke.

Ce n'était pas toujours de la mise en valeur de terres antérieurement en friche que les nouveaux *miyake* étaient créés. Quelques-uns des chefs étaient assez loyaux pour faire présent à l'Empereur d'une partie de leurs domaines ou d'un certain nombre de leurs sujets, avec ou sans les terres qu'occupaient ces derniers ; les confiscations étaient, en outre, assez fréquentes et avaient lieu lorsque certains seigneurs avaient commis un crime, s'étaient rendus coupables de rébellion, avaient insulté un haut personnage de la famille impériale, etc. et avaient ainsi encouru leur déchéance. Quelquefois, des coupables repentants offraient à l'Empereur leurs terres ou leurs gens, soit pour ne point perdre, soit pour regagner la faveur impériale. C'est de ces diverses façons que la famille impériale put augmenter ses domaines dans une très large mesure, domaines qui, ceci ne doit point être oublié, étaient cultivés surtout par des groupes d'immigrants, généralement commandés par des membres de ces groupes qui savaient lire, écrire et tenir la comptabilité des recettes domaniales.

Cette augmentation des *miyake* fut la source de l'accroissement de la richesse de la famille impériale et, par suite, de l'accroissement de sa puissance ; ce fut donc une étape vers l'établissement d'un pouvoir central. Toutefois, avec une seule famille comme noyau, il était impossible d'avoir une solide centralisation à une époque où les lois de succession n'étaient pas encore bien établies, où le droit d'aînesse n'avait point encore été reconnu et où les princesses pouvaient fort bien succéder au trône. Si une centralisation très puissante, ayant comme noyau la famille impériale, avait été possible, il en serait résulté de constantes luttes intérieures, car les intérêts de certains membres de la famille impériale seraient entrés en conflit avec ceux de l'Empereur régnant. En fait, les conflits de ce genre furent assez fréquents.

C'était là le point faible de cette centralisation, mais il y avait encore un autre obstacle à l'accroissement de la puissance impériale. C'étaient la puissance et l'influence sans cesse grandissantes de certains chefs. Au début, il y avait eu un grand nombre de chefs à peu près égaux et, comme aucun n'avait assez d'influence pour s'élever au-dessus des autres, il n'était pas difficile pour la famille impériale de tirer parti de la rivalité qui existait entre eux et de s'en servir pour gouverner. Plus tard, certaines des grandes familles commencèrent à s'enrichir et à devenir aussi puissantes que la famille impériale elle-même, alors que d'autres, celles-ci étant en majorité, demeurèrent plus ou moins stationnaires ; la distance entre ces deux catégories de familles ne fit d'ailleurs que s'accroître avec le temps. Ainsi cinq grandes familles, celles des Otomo, Mononobe, Nakatomi, Abe et Wani, furent les premières à s'élever au-dessus des nombreuses familles de chefs. La famille des Soga, issue de Takeshiuchi, ministre de l'Impératrice Jingô, devint ensuite très puissante, si puissante même que, seules parmi les familles que nous venons de mentionner, celles des Otomo et des Mononobe purent rivaliser avec elle. De ces trois familles, qui avaient ainsi pris la place des cinq premières, les deux plus anciennes continuèrent à se consacrer exclusivement à la carrière des armes, alors que la troisième fournit à l'Empereur des ministres aussi bien que des généraux. On peut se faire une idée de son influence du fait que, dans la deuxième partie du ve siècle, l'Empereur Yûryaku se plaignait, sur son lit de mort, que les domaines privés de son vassal étaient devenus beaucoup trop importants. Tels furent les résultats, d'ailleurs faciles à prévoir, de l'agrandissement du Japon au profit d'un élément prédominant. On ne saurait affirmer toutefois qu'une telle évolution ait été très avantageuse à l'empire et ait permis son unification réelle. En effet, un souverain, même s'il avait été assez fort pour exercer le pouvoir absolu, devait trouver beaucoup plus difficile de gouverner quelques grands chefs que de régner sur un grand nombre de chefs peu influents. C'est ce qui eut lieu dans cette époque éloignée où les

rapports entre l'Empereur régnant et la famille impériale n'étaient point réglés à l'avantage du premier. Il
ne manque pas d'exemples semblables dans l'histoire
des premiers Francs, surtout dans celle des dynasties
mérovingienne et carolingienne où, parmi quelques
chefs influents, celui d'une certaine famille, *primus
inter pares*, pouvait devenir par trop puissant et éclip-
ser tous les autres. Il en était de même au Japon où fréquemment un « maire du palais » s'élevait aux dépens
de la Maison Impériale. Cette tendance devint trop
apparente pour échapper aux sagaces empereurs des
temps qui suivirent. Ils pensèrent donc que le meilleur
moyen de consolider leur puissance et de se défendre
contre d'ambitieux vassaux prêts à usurper leur pouvoir
était d'augmenter leurs propres domaines et leurs propres richesses. Longtemps avant l'expédition faite en
Corée par l'Impératrice Jingô, ils avaient fait de l'augmentation constante des domaines impériaux leur
principal but politique et l'expédition coréenne elle-
même peut être considérée comme une des tentatives
ayant pour objet d'accroître la puissance impériale. En
effet, l'envoi d'une expédition outre-mer indique que
déjà l'empire avait des bases solides. Une guerre, si
peu civilisée que soit l'époque pendant laquelle elle
a lieu, doit être, plus que tout autre genre d'entreprises,
conduite par une seule personne. Nous ne courrons
donc que peu de risques de nous tromper si nous supposons que, à l'époque où eut lieu cette expédition, la
centralisation qui s'était effectuée autour de l'Empereur
était déjà assez avancée. Si la société n'avait point alors
été organisée sur des bases à peu près solides, il aurait
été fort difficile d'appeler aux armes une population
insuffisamment organisée au point de vue politique.
C'est à peu près vers ce temps qu'il fut décrété que
tous les greniers impériaux ou domaines impériaux

situés dans la province de Yamato, où les Empereurs avaient toujours eu leur résidence, deviendraient la propriété inaliénable de l'Empereur régnant, et que même l'héritier du trône ne pourrait en posséder aucun. Ce décret marque en quelque sorte le moment où les intérêts de l'Empereur régnant commencèrent à se séparer des intérêts de la famille impériale. Ainsi, à partir de cette grande date historique, le travail de centralisation eut pour noyau, non plus une famille, mais un individu.

Résumons tout ce qui précède : 1° Pour organiser puissamment l'Empire, il était, avant toute autre chose, nécessaire à cette époque de mettre un terme à l'enrichissement des principaux chefs, car la diminution du nombre des chefs ne faisait que rendre les survivants plus forts et plus dangereux. 2° Ce n'était plus seulement la famille impériale, mais bien l'Empereur régnant lui-même qui devait servir de noyau au travail de centralisation ; ceci était devenu une nécessité pour notre pays et ce fut le but de tous les efforts des empereurs suivants.

Mais ce qui hâta encore cette centralisation, ce fut l'introduction du bouddhisme au Japon et l'adoption méthodique de la civilisation chinoise, civilisation importée cette fois non plus par l'intermédiaire des États péninsulaires, mais venue directement de la Chine elle-même. Le bouddhisme contribua à changer le caractère de cette époque de telle façon qu'il fut possible d'innover sans risquer de précipiter la dissolution d'un empire encore insuffisamment uni. Grâce à la civilisation chinoise, d'autre part, on put organiser l'exploitation des ressources dont on disposait alors, tout en se préparant à en acquérir de nouvelles.

La date généralement indiquée comme celle de l'introduction du bouddhisme au Japon est l'année 552 après J.-C., c'est-à-dire la 13e année du règne de l'Empereur Kimmei, car ce fut pendant cette année que l'on s'occupa officiellement du bouddhisme à la Cour Impériale. Cependant, les recherches des historiens modernes ont prouvé que cette date doit être considérée comme postérieure à celle de l'introduction du bouddhisme au Japon. Le bouddhisme, en effet, qui avait commencé à pénétrer en Chine vers le milieu du 1er siècle de l'ère chrétienne, s'étendit dans la péninsule coréenne quelque 300 ans plus tard. Des trois États péninsulaires, ce fut celui de Corée ou de Kokuri, alors proche voisin de la Chine, qui le premier adopta la nouvelle religion. Les chroniques coréennes disent qu'en 364 après J.-C., Fou-Tsien, puissant potentat de la dynastie des Tsin, qui régnait alors sur la Chine septentrionale, envoya en Corée un ambassadeur accompagné d'un prêtre bouddhiste. Douze ans plus tard, le bouddhisme, venant de la Chine méridionale, pénétra dans l'État de Kudara. L'État de Shiragi fut le dernier à adopter la nouvelle religion, car ce ne fut qu'en 527 après J.-C. que le bouddhisme y obtint droit de cité. Il est cependant probable que les habitants de Shiragi l'aient connu depuis quelque temps, mais le contraire ne nous surprendrait pas. La situation géographique de l'État de Shiragi était telle que pendant longtemps cet État fut le dernier à recevoir la civilisation chinoise. Ce n'est donc point le bouddhisme de l'État de Shiragi, mais celui des États de Corée et de Kudara qui joua un rôle dans l'histoire de notre pays. A cette époque, dans la partie méridionale de la péninsule, il y avait un grand nombre de petits États semi-indépendants qui étaient protégés par le Japon. Un résident général, venu du Japon, était chargé des affaires du protectorat. Il n'existe aucune preuve écrite de l'existence, dans la péninsule, d'un dominion japonais, c'est-à-dire d'une région sujette directe de l'Empereur du Japon ; pourtant il est fort difficile d'expliquer les premiers rapports qui eurent lieu entre le Japon et la péninsule coréenne si nous ne supposons pas qu'il s'y soit trouvé jadis un domaine impérial, foyer d'influence japonaise et noyau de centralisation, autour duquel se seraient groupés ces petits États semi-indépendants dont nous avons parlé plus haut. L'État de Kudara, sorte d'État tampon entre la Corée et la sphère d'influence japonaise, souffrait depuis longtemps des empiétements des Coréens, lesquels étaient, au nord, leurs voisins immédiats. Pour faire contrepoids à la Corée, qui s'était alliée au cours des temps avec les dynasties successives de la Chine septentrionale, Kudara avait essayé de gagner les bonnes grâces des États qui, l'un après l'autre, s'étaient élevés dans la Chine méridionale. Dans l'État de Kudara, ce furent des prêtres venus de la Chine méridionale qui répandirent le bouddhisme, et ceci peut expliquer l'intimité des rapports qui s'établirent entre cet État péninsulaire et le sud de la Chine. Toutefois, quel que pût être le désir de Kudara d'obtenir de l'aide de ce côté, la Chine méridionale était trop éloignée pour pouvoir lui envoyer des secours efficaces, même si les Chinois du Sud l'avaient voulu. C'est pourquoi Kudara fut obligé en dernier ressort de faire appel au Japon, qui, à cette époque, était tout-puissant au sud de ses frontières. C'est pourquoi aussi, peu après l'expédition entreprise par l'Impératrice Jingô, Kudara entra en relations très étroites avec notre pays. Des princes du sang furent envoyés au Japon comme otages, un ministre indiscipliné fut appelé à se justifier devant l'Empereur du Japon, des fonctionnaires japonais levèrent un plan topographique du pays et, à plusieurs reprises, nous y envoyâmes des renforts. Somme toute, le Japon n'était point sans tirer profit de cet état de choses. Le plus

important de ces avantages fut qu'il apprit à connaître
les classiques chinois et se familiarisa avec le bouddhisme. Il est douteux que le bouddhisme, ayant pénétré dans l'État de Kudara dès 376 après J.-C., n'ait pu
être introduit au Japon qu'en l'an 552, alors que les
deux pays entretenaient des rapports aussi intimes. Le
culte de Bouddha doit avoir eu des adeptes au Japon
longtemps avant cette dernière date, bien qu'il n'ait
probablement pas été célébré en public, et ces adeptes
devaient être des immigrants venus d'un État péninsulaire, mais ayant déjà appris dans leur patrie les rudi-
ments de la nouvelle religion. D'autre part, lorsque
nous parlons de la façon dont le bouddhisme s'est pro-
pagé au Japon, il nous faut jeter un coup d'œil sur
l'histoire de nos relations avec la Chine méridionale.
Dans le chapitre précédent, j'ai parlé du passage du
San-Kouo-Tche dans lequel notre pays se trouve décrit ;
nous apprenons que jadis les provinces chinoises de la
péninsule coréenne servaient d'intermédiaires entre le
Japon et la Chine septentrionale. Les deux États péninsulaires qui leur succédèrent servirent d'intermédiaires
entre le Japon et la Chine méridionale. Non seulement
c'est par Kudara que nous apprîmes à connaître la
Chine méridionale de la dynastie de Tsin, mais, en
outre, les premiers ambassadeurs japonais envoyés
dans cette partie de la Chine au commencement du
ve siècle durent s'adresser à la Corée qui leur fournit
des guides et leur permit ainsi d'arriver au terme de
leur voyage. Par la suite, malgré les rapides changement de dynastie dans cette région, il y eut de fréquents
échanges de visites entre les Chinois du Sud et les
Japonais. Ce fut grâce aux relations ainsi établies que
plusieurs industries, jusqu'alors inconnues des Japonais, furent importées dans notre pays ; par exemple,
le tissage ; ces nouvelles industries eurent une très

grande et très durable influence sur l'histoire du Japon. D'autre part, des Chinois du Sud vinrent s'établir au Japon ; quelques-uns d'entre eux y construisirent des temples qu'ils consacrèrent au culte de Bouddha, culte qu'ils avaient importé de leur patrie d'origine. Sseuma-Tateng, de la dynastie Leang, qui débarqua au Japon en 552 après J.-C., est un des plus connus de ces immigrants. Telle est en résumé l'histoire du bouddhisme au Japon avant cette mémorable 13e année du règne de l'Empereur Kimmei. Le grand événement qui eut lieu en cette année est donc réellement important, puisqu'il constitue une reconnaissance officielle du bouddhisme. En effet, c'est à cette date que Kudara remit en grande pompe à la Cour Impériale des images et des sutras bouddhiques.

Quels furent ceux des Japonais qui, les premiers, encouragèrent et protégèrent la nouvelle religion, et quels furent ses premiers adeptes ? — Sans aucun doute, l'élément le plus avancé à cette époque, dont la grande famille des Soga. Alors que les deux autres grandes familles des Otomo et des Mononobe se consacraient exclusivement à la carrière des armes, la famille Soga fournissait à l'Empereur des fonctionnaires civils et des diplomates. Ceci donnait fréquemment à ses membres l'occasion de se mettre au courant de la nouvelle civilisation récemment importée, alors que les militaires semblaient s'y intéresser fort peu, ces derniers étant en général beaucoup plus conservateurs que ne le sont les fonctionnaires civils occupant les plus hauts postes administratifs et financiers de l'Empire. Les membres de la famille Soga ne pouvaient se dispenser d'employer des secrétaires qui, comme nous l'avons dit antérieurement, étaient pris dans des groupes de scribes d'origine étrangère. De cette façon, les immigrants venus de la péninsule, dont le nombre fut augmenté plus tard par ceux qui arrivaient directement de la Chine méridionale, ne tardèrent pas à remplir les palais des Soga et ils ne manquèrent point d'y travailler à la grandeur de leur chef. Bref, un grand nombre d'hommes ayant reçu une éducation littéraire bien supérieure à celle des Japonais devinrent en quelque sorte les « clients » de cette famille. Quant aux deux autres familles rivales, celle dont le pouvoir déclina le premier fut la famille des Otomo ; peu après, l'importance de la famille Mononobe diminua. La chute de ces deux familles résulta surtout de l'agrandissement des Soga, agrandissement dû en grande partie à l'appui que lui donnèrent les immigrants mentionnés plus haut. Or, comme les premiers bouddhistes étaient, en général, des immigrants, il est fort naturel que la famille Soga ait été une des premières à se convertir à la nouvelle religion. Ainsi, l'accroissement de l'influence des Soga, l'extension de ce bouddhisme qu'ils favorisaient et les rapides progrès de la civilisation en général, furent contemporains. Au milieu du vi⁰ siècle, c'est-à-dire sous le règne de l'Empereur Kimmei, alors qu'Iname était le chef de la famille des Soga, la famille Mononobe réussissait encore à se maintenir, quoique avec quelque difficulté ; mais plus tard, Umako, fils d'Iname, détruisit l'influence de la famille Mononobe après avoir vaincu et tué son rival Moriya, cela avec l'aide du prince Shôtoku qui était aussi un adepte de la nouvelle religion. Ainsi, pendant plusieurs siècles, une centralisation graduelle s'était lentement effectuée, et au commencement du vii⁰ siècle, les vieilles familles de l'ancienne aristocratie avaient toutes été éclipsées par la seule famille des Soga, beaucoup plus riche et beaucoup plus puissante que toutes les autres. D'autre part, ce n'était plus la famille impériale qui servait de noyau à .ce procédé de centralisation, mais bien l'Empereur lui-même, car il s'était élevé très haut au-dessus de tous les autres membres de sa famille. Il était alors propriétaire de très vastes domaines et d'une multitude de sujets appartenant à toutes les classes de la société. De plus, c'était lui le chef du culte ancestral ; l'emblème sacré de son origine divine, jadis gardé dans le camp impérial, avait été, par crainte de profanation, retiré du palais et transporté à l'endroit où il se trouve encore aujourd'hui, dans la province d'Isé. — Ceci, bien loin de nuire au caractère sacré du souverain, avait encore augmenté la vénération dont il était l'objet. Par contre, il courait le risque que son autorité fût usurpée par la famille toute-puissante des Maires du Palais, c'est-à-dire par la famille des Soga qui s'était trop agrandie pour que l'Empereur pût facilement s'en faire obéir. Les temps étaient donc devenus critiques : pour accélérer la centralisation et mieux unir l'Empire, il fallait un coup d'État. La transformation radicale qui devait se produire fut hâtée par la trop rapide élévation de la famille Soga, l'ouverture de rapports réguliers avec la Chine et surtout par la nécessité, d'ordre extérieur aussi bien que d'ordre intérieur, dans laquelle on se trouvait d'établir l'Empire sur des bases solides.

CHAPITRE V

RÉORGANISATION DE L'ÉTAT

Le Japon était à la veille d'une crise. Il n'évita une catastrophe que pour deux raisons : 1°) l'importation incessante d'une très haute civilisation chinoise continua à favoriser la concentration politique ; 2°) une centralisation de pouvoir devint de plus en plus nécessaire si l'on voulait mener vigoureusement la guerre contre les *Aïnous* encore très puissants.

Ainsi que je l'ai déjà dit plusieurs fois, les *Aïnous* avaient eu le dessous dans la lutte de races qu'ils avaient soutenue contre les Japonais. Pourtant leur résistance avait été très opiniâtre, et, à la fin du vi^e siècle, ils pouvaient encore se maintenir à la limite sud des provinces actuelles d'Iwaki et d'Iwashiro qui correspondent à peu près au 37° de latitude nord. Les régions septentrionales du Japon étaient donc encore exposées à leurs incursions. Pour un pays qui n'en était alors qu'à la première étape de sa consolidation, ce n'était pas une tâche aisée que de repousser les fréquentes attaques de ses ennemis et de continuer en même temps à organiser entièrement l'État. Cette conclusion semblera quelque peu étonnante, puisque je suis parti de ce point de vue que les *Aïnous* n'étaient pas dangereux au point de retarder la croissance naturelle d'un État formé par une race plus forte qu'eux-mêmes. Mais il ne faut point oublier que la phrase fameuse : *Delenda Carthago !* ne fut prononcée qu'après la première guerre punique. Ce n'est pas à vraiment parler la présence d'une nécessité qui donne aux gens le désir de faire ce qui est nécessaire. Le désir d'atteindre un but donné ne devient réellement conscient que lorsqu'on se sent assez fort pour essayer de l'atteindre. Lorsque les *Aïnous* étaient très puissants, les Japonais devaient lutter contre eux simplement pour défendre les terrains déjà conquis. Il ne leur fut pas moins nécessaire de continuer à combattre les *Aïnous* quand eux-mêmes devinrent assez puissants pour se mesurer avec eux à force égale. Enfin, l'heure sonna où il fut urgent pour les Japonais d'écraser les *Aïnous,* simplement pour pouvoir compléter en paix leur organisation politique dans le domaine où ils s'étaient établis entre les quatre mers. Bref, quand les Japonais devinrent conscients de leur force, ils ne purent tolérer aucun rival dans les îles principales du Japon et trouvèrent qu'il leur était plus nécessaire que jamais de s'organiser d'une façon aussi homogène que possible sous un seul chef suprême.

Ce qui favorisa surtout cette centralisation sous le gouvernement impérial, ce fut, cela va sans dire, l'importation de la civilisation chinoise. A vraiment parler, cette civilisation, qui s'était infiltrée lentement au Japon au cours de plusieurs siècles, avait déjà une très grande influence ; mais, jusqu'alors, elle était, en quelque sorte, entrée en contrebande et n'avait pas constitué une importation officiellement reconnue. En outre, la Chine elle-même, source de cette civilisation, depuis longtemps déjà était démembrée : et jusqu'en l'an 581 de notre ère, on ne put guère la considérer comme un seul État bien uni. L'ordre était loin d'y

régner et ce n'était pas là le modèle qui pouvait servir
à établir une réforme politique durable. Il n'est donc
point étrange que, en dépit d'un très long commerce
entre les deux pays, l'influence chinoise n'ait encore
causé dans l'organisation politique du Japon que des
changements assez minimes. En effet, toutes les modifications qui en étaient résultées jusqu'alors avaient eu
des causes indirectes, l'influence chinoise s'étant plutôt
manifestée par de multiples petites modifications dans
la vie sociale japonaise, modifications dues surtout au
contact de notre civilisation avec une civilisation étrangère plus raffinée. Dans l'ordre politique, on ne peut
retrouver de traces directes de l'influence de la Chine.
Ce ne fut que beaucoup plus tard que nous emprun-
tâmes à la Chine les éléments nécessaires à la reconstruction du Japon politique ; il nous fallut attendre
que des rapports réguliers se fussent établis entre le
Japon et une Chine unie politiquement et centralisée.

C'est ce qui se produisit en l'année 607 de l'ère chrétienne quand Ono-no-Imoko fut envoyé en mission
officielle en Chine où régnait alors le deuxième empereur de la dynastie de Souei. Mais déjà avant cette
date, dès l'avènement de l'impératrice Suiko, par suite
de rapports très intimes existant entre le Japon et les
États péninsulaires, divers arts et sciences d'origine
chinoise avaient été introduits au Japon ; parmi ces
derniers, il nous faut mentionner l'astronomie, la plus
ancienne des sciences, peut-être, dans tous les pays du
monde. En même temps que l'astronomie, on apprit
au Japon l'art de faire un calendrier. Il serait absurde
de croire d'ailleurs que, jusqu'à cette époque, on n'avait
eu aucun moyen de déterminer les dates des événements. Bien que nous n'eussions pas encore eu l'occasion d'établir un calendrier qui nous fût propre, les
Japonais, tout au moins les scribes naturalisés, con-

naissaient déjà deux méthodes de chronologie. La première permettait de déterminer une date en comptant les années à partir de l'avènement de l'empereur alors régnant ; la deuxième, qui avait longtemps été utilisée en Chine, était la méthode zodiacale qui consistait à déterminer une date en comptant d'après l'ordre circulaire des douze signes du zodiaque et d'après celui de ses attributs, chaque cycle comprenant 60 années. Ces deux méthodes avaient chacune leurs partisans parmi les scribes. Certaines des contradictions ou des répétitions que l'on trouve en telle abondance dans les *Nihongi* sont dues au fait que les documents historiques de ces chroniques étaient datés d'après ces deux systèmes chronologiques ; tantôt les compilateurs des fameuses chroniques prirent pour deux événements différents n'ayant entre eux que des ressemblances superficielles un seul et même événement mentionné sous deux dates différentes dans des documents divers ; tantôt, au contraire, ils crurent que deux événements tout à fait distincts mais ayant la même date zodiacale, n'étaient qu'un seul fait narré de deux façons différentes. Ils ignoraient que deux événements semblables auraient très bien pu se produire à un intervalle de soixante années ou même d'un certain nombre de fois soixante années, puisque soixante années représentaient la période cyclique du zodiaque. Ces erreurs étaient d'ailleurs inévitables à une époque où il n'y avait aucune méthode définie de déterminer une date historique. Ce fut donc un grand avantage quand l'astronomie et, par suite, le calendrier pénétrèrent au Japon en 602 de l'ère chrétienne, dans la dixième année du règne de l'impératrice.

Un autre don important que nous fit la Chine par l'intermédiaire des États péninsulaires fut la hiérarchie officielle. Jusqu'à cette période, nous avions une hiérarchie ayant à son sommet l'Empereur, chef politique et social suprême, mais ce système, si nous pouvons l'appeler ainsi, dépendait entièrement de liens de pseudo-vasselage plus ou moins lâches. Il n'existait donc point d'ordre de préséance défini, car un tel ordre n'est en réalité que le commencement de l'établissement de l'égalité entre individus du même rang et ne peut être imposé que par un pouvoir central très puissant. La dignité de l'Empereur ne souffrait point d'avoir sous ses ordres des sujets occupant à son égard des rangs divers, mais cette hiérarchie en elle-même n'empêchait point ces sujets de penser qu'en tant que sujets ils étaient tous égaux devant l'Empereur. Les règles hiérarchiques ne furent appliquées qu'à partir de l'année 604 de notre ère.

C'est en cette même année que les célèbres dix-sept articles furent promulgués. Ces dix-sept articles étaient un recueil de maximes morales adressées à tous les sujets de l'empereur et destinées plus particulièrement aux fonctionnaires des diverses administrations. Leur esprit même indique de façon évidente que la plupart de ces préceptes avaient été empruntés au code de morale et de politique chinois. La seule exception que nous puissons mentionner est le second article qui encourageait le culte de Bouddha. Il est compréhensible que ces articles aient été promulgués par le prince Shôtoku, qui avait eu comme maître un savant prêtre coréen naturalisé Japonais.

Ayant jusqu'alors adopté les éléments de la civilisation chinoise d'une façon indirecte, c'est-à-dire par l'intermédiaire des États péninsulaires, nous pouvions goûter pleinement les raffinements de la nation continentale déjà si cultivée et nous pouvions en embellir la vie de la cour et des hautes sphères ainsi que travailler quelque peu à notre propre centralisation politique. Nous nous trouvions dans la situation d'un homme dont la soif est augmentée parce qu'il a avalé une gorgée d'eau. A la tête du gouvernement se trouvait alors un homme très intelligent, le prince Shôtoku, neveu et gendre de l'impératrice et héritier présomptif du trône. Il est naturel que ce prince, et le ministre fort progressiste qu'il avait alors, Umako, de la famille des Soga, fussent très désireux de se mieux pénétrer encore de la science et de la culture chinoises. Les États péninsulaires qui ne s'étaient jamais élevés à un très haut degré de civilisation nous avaient transmis tout ce qu'ils pouvaient nous enseigner, et, à cette époque, ils n'étaient guère plus avancés que nous. Dans ces conditions, à qui pouvions-nous nous adresser pour élargir le champ de nos connaissances et travailler notre culture, sinon à la Chine elle-même ?

Ces considérations d'ordre diplomatique nous engagèrent d'ailleurs à nous rapprocher de plus en plus de la Chine. En effet, vers cette époque, nous perdions du terrain dans la péninsule par suite des empiétements constants faits dans les protectorats japonais par l'État de Shiragi dont la puissance allait sans cesse croissant, et de la politique perfide de l'État de Kudara ; ce dernier ne feignait d'être notre allié que pour pouvoir jouer un double jeu avec ses voisins et respectait beaucoup plus la Chine que le Japon. Dans le Nord, l'État de Kokuri, le plus puissant des trois et, par suite, la plus grande menace pour l'État de Kudara, alors en décadence, était, à ce moment critique, en danger d'être attaqué par la Chine, alors sous le gouvernement de la dynastie des Souei qui s'y était établie depuis peu. Il n'est pas étrange que le Japon ait voulu mieux connaître la Chine, pays avec lequel il avait eu, soit directement, soit indirectement, des relations jusqu'alors très intermittentes, et c'est pourquoi un envoyé japonais partit pour la Chine.

Yang-Ti, deuxième empereur de la dynastie des Souei, était un homme ambitieux et très entreprenant. Bien qu'il ait échoué dans sa tentative d'invasion de l'État de Kokuri, cette expédition avait été organisée avec tant de magnificence qu'elle évoque la description qu'Hérodote a faite de l'invasion de la Grèce par les Perses de Xerxès. Yang-Ti fut très flatté de recevoir un envoyé venu d'une île lointaine ; peut-être se réjouit-il plus encore de trouver un allié capable de menacer les derrières de Kokuri qu'il avait alors l'intention d'envahir. Il reçut donc l'envoyé japonais avec la plus grande cordialité, et, lorsque ce dernier retourna dans son pays, il le fit escorter par un de ses courtisans ; ce courtisan, lors de son retour en Chine, fut de nouveau accompagné par l'envoyé lui-même. Ainsi Ono-no-Imoko fit deux fois le voyage de Chine en tant qu'envoyé officiel. Il dut voir dans ce pays beaucoup de choses intéressantes et rapporta probablement un grand nombre d'objets qui plurent aux aristocrates japonais, alors très amateurs de tout ce qui était étranger. L'événement d'ailleurs le plus important du second voyage de Ono-no-Imoko fut l'envoi en Chine d'étudiants qui l'y accompagnèrent pour y apprendre les principes du bouddhisme et même y recevoir une éducation laïque. Ces étudiants séjournèrent fort longtemps en Chine, beaucoup plus longtemps que ne l'ont fait en Europe et en Amérique les jeunes gens que le Gouvernement japonais y a envoyés dans le cours de ces dernières années. Ils vécurent de la vie chinoise et se pénétrèrent des idées et des pensées chinoises. Deux des huit étudiants qui accompagnèrent Ono-no-Imoko en Chine revinrent au Japon trente ans plus tard. Pendant ces trente années, ils avaient assisté à un changement de dynastie et vu s'élever la famille des T'ang, sous le règne de laquelle la civilisation chinoise atteignit son apogée. L'un de ces deux étudiants, qui était devenu beaucoup plus Chinois que Japonais, fut nommé précepteur d'un prince, lequel devint plus tard empereur sous le nom de Tenchi. L'empereur Tenchi fut le grand réformateur de son époque. A ce propos, nous mentionnerons que ces huit étudiants étaient tous d'origine chinoise, scribes naturalisés ou descendants de scribes naturalisés.

Les États péninsulaires se montrèrent quelque peu jaloux de ces rapports directs que nous avions établis avec la Chine, car ils ne pouvaient s'empêcher de craindre qu'il leur fût impossible par la suite d'opposer la Chine au Japon comme ils l'avaient fait jusqu'alors. Ils essayèrent donc de nous flatter et nous envoyèrent des missions beaucoup plus fréquemment qu'auparavant. Ce fut au cours d'une des cérémonies de réception de l'un des Kokuri que Soga-no-Iruka, fils de Emishi de la famille des Soga, et petit-fils d'Umako, fut tué par le prince Naka-no-Oe qui devint plus tard Empereur sous le nom de Tenchi, et par Nakatomi-no-Kamako, par la suite connu sous le nom de Kamatari. Le père d'Iruka suivit bientôt son fils dans la tombe et ainsi s'éteignit la branche principale de cette famille des Soga, naguère toute-puissante.

La chute de la maison des Soga fut due à plusieurs causes. En premier lieu, il était devenu absolument nécessaire, si la puissance impériale voulait continuer à s'agrandir, que l'Empereur se débarrassât des ministres trop arrogants de la famille Soga, car il n'aurait pu les supporter sans mettre en péril le prestige de la maison impériale ; en deuxième lieu, dès que la famille des Soga eut cessé de craindre ses rivaux, elle commença à être divisée par des luttes intestines. Enfin, à ces deux premières causes, une troisième vint servir de trait d'union : une querelle éclata au sujet de la succession

7

au trône impérial. Le prince Naka-no-Oe, fils aîné de l'empereur Jomei, était un des candidats au trône, mais comme sa mère l'impératrice Kôgyoku, n'était pas de la famille des Soga, le prince craignait qu'on n'écartât sa candidature. En outre, il était fort mécontent de l'attitude arrogante d'Emishi et de son fils. D'autre part, la famille Nakatomi, à laquelle appartenait Kamatari, était une des cinq anciennes grandes familles et depuis longtemps ne s'occupait plus guère que de questions religieuses. Kamatari regrettait profondément que sa famille eût été pendant si longtemps éclipsée par celle des Soga, et, en homme d'État averti, il prévit le danger politique auquel le Japon était exposé. Les branches latérales de la famille des Soga, mues sans doute par la jalousie qu'elles ressentaient contre la branche principale, s'unirent au prince Kamatari pour détruire une puissance qui mettait le trône en danger. Le Japon sortit plus fort de cette crise politique. Il fallut ensuite reconstituer entièrement les organismes sociaux et politiques afin d'établir dans tout l'Empire un système uniforme d'administration. Une série de réformes importantes commença en l'année 645 de notre ère ; elles furent promulguées au nom de l'Empereur alors régnant, Kôtoku, un des oncles du prince, du côté maternel, qui n'était devenu empereur qu'à la suite du prudent renoncement du jeune prince. La première réforme fut celle qui consista à donner un nom à chaque période, coutume établie en Chine au commencement de la dynastie des Han. La première période de l'histoire du Japon fut celle connue sous le nom de Taikwa. Cet usage chinois, une fois introduit dans notre pays, s'est perpétué jusqu'à nos jours, quoique avec quelques courtes interruptions. L'étape suivante fut la nomination de gouverneurs pour les provinces orientales. Jusqu'alors il n'existait guère de gouver-

neurs provinciaux que dans les régions qui étaient
placées sous la juridiction directe de l'empereur, c'est-
à-dire dans les provinces où les domaines impériaux
étaient importants et où se trouvaient les résidences
impériales. Ces gouverneurs provinciaux dépendaient
entièrement de l'empereur et pouvaient être rappelés
par lui si tel était son bon plaisir. Le fait que des
gouverneurs furent envoyés dans les provinces
extrême-orientales limitrophes des régions encore habitées par les *Aïnous* prouve que dans ces provinces,
récemment organisées, il était plus facile de mettre
en vigueur une nouvelle réforme que dans les
anciennes provinces où les vieilles coutumes s'étaient
enracinées, où les chefs régnaient presque en maîtres
et où les réformateurs les plus radicaux, tels que le
prince Kamatari, hésitèrent à porter atteinte aux traditions. Dans la même année, un autre événement
remarquable eut lieu : la résidence impériale fut
transférée dans la province de Settsu, tout près de l'endroit où se trouve actuellement la grande métropole
commerciale d'Osaka. Jadis les résidences impériales
avaient été changées de temps à autre lorsqu'un nouvel empereur montait sur le trône ; aucune d'entre
elles toutefois, même si nous remontons jusqu'au
temps de Jimmu, le premier empereur, ne semble
avoir été établie en dehors de la province de Yamato,
à l'exception de celle de l'empereur Nintoku. Le transfert de la résidence impériale dans la province de
Settsu, d'où il était plus facile d'établir des relations
directes avec l'étranger, prouve que la Maison Impériale tournait vers l'ouest des regards beaucoup plus
attentifs qu'ils ne l'avaient été jusqu'alors. Pendant la
seconde année, des innovations plus radicales encore
furent faites. On abolit le système des groupes et de
la tenure des terres par les grands seigneurs terriens.

Toutes les terres qui auparavant avaient appartenu en
particulier aux chefs locaux et tous les gens jusqu'alors soumis aux chefs de groupes furent, aux
termes d'un décret, déclarés terres publiques et
hommes libres, soumis seulement à l'empereur. Les
titres des seigneurs et des chefs de groupes purent
être conservés par ceux qui les avaient jusqu'alors
portés, mais ce ne furent plus que des titres. Pour
faciliter la mise en vigueur de cette réforme, le prince
Naka-no-Oe lui-même donna l'exemple et renonça, en
faveur de l'empereur régnant, à tous ses droits sur ses
sujets, dont le nombre s'élevait à 524, et à ses
domaines particuliers comprenant 181 pièces de terre.

Avec les terres ainsi rendues publiques, on organisa
des provinces et on nomma des gouverneurs. Sous ces
gouverneurs, on plaça comme secrétaires ou gouverneurs de districts rétribués en nature, car il n'existait
point alors de monnaie, les anciens seigneurs locaux et
les divers chefs de groupes. Dans chaque province, il
fut ordonné qu'on effectuât un recensement, de façon
à pouvoir répartir entre les familles et d'après le nombre des membres de chaque famille, leur âge et leur
sexe, toutes les terres arables. Une nouvelle distribution
des terres devait avoir lieu régulièrement après un certain nombre d'années, à la suite d'un nouveau recensement. L'impôt, payable en riz, devait être proportionnel
à la surface des terres ainsi distribuées. Les impôts
additionnels, payables en soie, en chanvre ou en coton,
étaient établis par famille et proportionnels à la superficie des terres possédées par chacune d'entre elles. On
décréta également la corvée ; et tous ceux qui ne pouvaient s'en acquitter en personne furent obligés de
payer un impôt équivalant en riz, soie, chanvre ou
coton, etc.

En plus de ces impositions on institua, suivant les

circonstances, de nouveaux règlements touchant à la fourniture de chevaux, à l'équipement des soldats, à l'emploi de chevaux pour les services postaux, à l'enterrement des morts de classes diverses, et ainsi de suite.

L'ensemble de ces lois et de ces règlements fut appelé les lois Omi, Omi étant le nom de la province où l'empereur Tenchi avait transféré sa résidence.

Pendant plus d'un demi-siècle, après la promulgation de la réforme de Taikwa, il y eut, dans l'état politique, de nombreuses fluctuations, tantôt réactionnaires, tantôt progressives, et plusieurs additions ou amendements furent faits au premier texte de ces lois. En général, cependant, elles ne furent point changées. On les réunit en code pendant la seconde année de l'ère de Taihô, c'est-à-dire en 702 après J.-C. Les historiens japonais donnent à ce système le nom de code Taihô. Si nous comparons en toute impartialité ce code à l'ensemble compliqué des lois de la dynastie de T'ang, nous ne pouvons nier que le code japonais n'ait été une imitation très fidèle du code chinois. Les préambules et les épilogues, rendus publics au moment de la première proclamation des lois japonaises, étaient en fait empruntés à certains passages des classiques chinois : plusieurs de leurs phrases trahissent d'ailleurs leur origine chinoise. Un grand nombre de règlements furent plus tard insérés, non parce qu'ils étaient réellement nécessaires au Japon, mais tout simplement parce qu'ils se trouvaient dans les lois de la dynastie des T'ang.

Il faut reconnaître d'ailleurs que les lois japonaises contiennent un certain nombre de modifications des lois chinoises et que ces modifications apparaissent quand on étudie séparément les textes. Dans presque tous les cas, elles furent faites lorsqu'il fut jugé impossible d'appliquer telles quelles dans notre pays certaines

lois chinoises ; en effet, quelques-unes de ces dernières,
ayant été conçues dans ce qui était alors le plus grand
empire du monde à une époque de très haute civilisation
comme celle des T'ang, avaient une portée beaucoup
trop étendue et durent être adaptées à nos îles. D'autres
étaient par trop essentiellement chinoises pour pouvoir
être appliquées dans un pays comme le Japon dont certains traits caractéristiques ne pouvaient être éliminés
par une législation d'origine étrangère. C'est ce qui
arriva surtout en ce qui concerne les affaires religieuses.
Bien qu'il soit douteux encore que le shintoïsme puisse
être considéré comme une religion dans le sens scientifique et moderne du mot, il est indéniable qu'il contient
un très fort élément religieux. C'est pour cette raison
que le shintoïsme fut tout d'abord le principal obstacle
à la propagation du bouddhisme, religion qu'avaient
adoptée au début, non point les basses classes de la société,
mais l'aristocratie ? C'est pourquoi aussi les nobles-
qui encourageaient sincèrement le bouddhisme furent
longtemps obligés de ne pas montrer une trop grande
indifférence à l'égard des anciennes divinités. Pour
représenter le culte shintô, de grands dignitaires furent
nommés ; le chef de ces dignitaires jouait au Japon le
même rôle que le « Pontifex Maximus » de l'ancienne
Rome. Or, cette institution est d'origine purement japonaise et ne se rencontre point dans la législation chinoise. En dehors de ces exceptions, nous devons reconnaître que la réforme de Taikwa constitue, dans son
essence, une imitation japonaise de la législation chinoise. Quel fut donc le résultat de cette réforme, réforme
entreprise en partie parce qu'elle était nécessaire à la
nation en général, en partie parce que les Japonais
cherchaient à imiter la Chine ? Prenons d'abord le premier point de cette question. Quels que pussent être les
mérites intrinsèques de cette réforme, il n'est point

douteux qu'elle ait été nécessaire. Il était en effet indispensable que le Japon, pour que les progrès qu'il pouvait accomplir fussent durables, fût centralisé, politiquement parlant. Le modèle que le réformateur choisit fut la législation d'une monarchie fortement centralisée. A ce point de vue, tout au moins, elle répondait admirablement aux besoins de l'époque. En l'année 659, quinze ans après la promulgation de la réforme, on organisa une expédition comprenant un assez grand nombre de petites flottes et on les envoya vers le nord le long des côtes de la mer du Japon jusqu'à l'île connue aujourd'hui sous le nom de Hokkaïdô. L'année suivante, une autre expédition traversa la mer et atteignit les côtes du continent asiatique, probablement aux environs de l'Amour. Bien que la frontière qui, dans notre île principale, séparait les Japonais des *Aïnous* n'ait point encore été modifiée à notre avantage, par suite de la résistance opiniâtre des tribus de la côte orientale, la victoire n'en favorisait pas moins les Japonais. En 667, l'Empereur Tenchi transféra sa résidence aux rives du lac Biwa dans la province d'Omi ; cet événement marque une étape dans le progrès réalisé par la conquête dans la direction nord-est, car le nouveau site choisi, qui se trouve à quelque distance de la ville moderne d'Otsu, était beaucoup mieux situé que ne l'avaient été toutes les autres résidences impériales antérieures, non seulement pour surveiller ou modifier la frontière vers le nord-est, mais encore pour maintenir les communications par la mer du Japon. Le lac intérieur de Biwa, bien que d'une grandeur moyenne, peut être considéré comme très important dans un pays aussi petit que le Japon. Jusqu'à nos jours, les communications entre Kyôto, l'ancienne capitale, et les provinces septentrionales du Hontô et l'île Hokkaïdô s'effectuaient non par le Pacifique, mais par le lac Biwa et la mer du Japon ; la

côte orientale de la province Mutsu elle-même semble
n'avoir pas eu de communications directes par mer
avec le centre de l'empire, et les hommes de cette province qui voulaient se rendre à la capitale étaient
obligés de prendre un chemin détourné et fort long,
c'est-à-dire de passer par la côte occidentale et le détroit
de Tsugaru et de se diriger ensuite vers le sud le long
de la côte du Pacifique.

Cette artère importante de la route maritime du
vieux Japon était reliée à Kyôto grâce au service de
navigation établi sur le lac Biwa. Le transfert de la
résidence impériale dans le voisinage d'Otsu, centre de
tous les services de navigation du lac, a donc une grande
portée au point de vue historique. Un autre événement
remarquable contribua à la réorganisation de l'État :
ce fut la disparition complète de l'influence japonaise
dans la péninsule coréenne. Vers le milieu du vɪᵉ siècle,
Mimana fut pris par les troupes de l'État Shiragi et
notre prestige souffrit énormément de cette défaite.
Pourtant, pendant quelque temps encore, le Japon
conserva une ombre de puissance tant que subsista l'État
de Kudara, bien que ce dernier ne fût point un allié très
fidèle ; mais l'État de Kudara ne tarda point à être
menacé par Shiragi et nous demanda du secours. A plusieurs reprises, nous lui envoyâmes des renforts, quelquefois même plus de 20,000 soldats ; nous lui fîmes
passer des armes et des vivres, mais par suite de l'incapacité des généraux japonais qui furent envoyés en
Corée et de la politique perfide de Kudara, notre aide
fut inefficace. Comme contrepoids aux secours que
nous donnions à Kudara, Shiragi demanda l'assistance
des T'ang qui cherchaient alors à établir leur domination dans la péninsule. En l'année 65o, Kudara fut enfin
détruit, grâce à la coopération de l'armée de Shiragi et
de la flotte des T'ang. Peu après, Kokuri fut à son

tour envahi par l'armée T'ang. Nous envoyâmes alors
une armée japonaise de plus de 10.000 hommes pour
restaurer l'État de Kudara et secourir celui de Kokuri.
En l'année 663 eut lieu une grande bataille navale au
cours de laquelle notre flotte, bien inférieure à la flotte
chinoise, laquelle comptait 170 navires, fut battue. Cette
défaite détruisit tout espoir de rétablir jamais l'État de
Kudara. Les survivants de la famille royale de Kudara
et une partie de sa population, soit plus de 3.000 personne, immigrèrent au Japon. Peu après, en 668, Kokuri
se soumit aux T'ang. Quant à l'État de Shiragi, il était
depuis longtemps devenu tributaire de la Chine. Les
T'ang avaient donc réussi à établir leur pouvoir dans
toute la péninsule. Nous en fûmes donc réduits à défendre
nos intérêts, non plus dans la péninsule coréenne, mais
bien sur la mer, et les îles de Tsushima et d'Iki qui se
trouvent au nord de Kyûshû furent fortifiées. La paix
ne fut d'ailleurs point rompue entre le Japon et la
Chine après la bataille navale de l'année 663, car, Kudara n'existant plus, il n'était plus nécessaire pour nous
d'envoyer une armée à l'étranger et nous n'avions plus
aucune occasion d'entrer en conflit avec l'armée chinoise
qui se trouvait dans la péninsule. La Chine, d'autre
part, ne cherchait nullement à se faire du Japon un
ennemi. La mer, très agitée, qui sépare les deux pays,
aurait rendu toute tentative d'invasion assez périlleuse,
même pour les empereurs de la grande famille des
T'ang. Un général chinois, qui était chargé de gouverner notre ancien protectorat de Kudara, envoya plusieurs ambassades au Japon ; une d'entre elles fut même
escortée par 2.000 soldats, mais ce n'était là qu'une
simple démonstration de force. Nous continuâmes de
notre côté à envoyer des ambassades en Chine, et la
paix fut ainsi rétablie sur notre frontière occidentale,
bien que dans des conditions peu flatteuses pour notre

amour-propre national. Mais, quelque regret que l'on ait pu avoir de l'évacuation de la péninsule, le repos qui s'ensuivit fut bienfaisant pour notre énergie nationale. En premier lieu, le Japon n'était nullement de taille à lutter contre la Chine des T'ang. D'autre part, il eût été beaucoup trop coûteux pour nous de chercher à maintenir notre prestige dans la péninsule, même si nous avions pu le faire. En évacuant les provinces péninsulaires, nous évitâmes ainsi de gaspiller nos ressources nationales, lesquelles étaient loin d'être arrivées à leur maximum. Après tout, ce qu'il y avait de plus nécessaire pour le Japon, ce n'était point de s'étendre en dehors, mais bien de consacrer ses forces à chasser les *Aïnous* hors du Hontô. S'il nous était relativement facile de nous défendre contre un ennemi venu de l'ouest, la mer dangereuse qui nous séparait de la Chine étant pour nous un puissant rempart, il nous était fort pénible de continuer à partager le Hontô avec les *Aïnous*. Il fallait donc que le Japon s'étendît, non point à l'extérieur, mais bien à l'intérieur de ses frontières géographiques. L'abandon de nos possessions orientales eut un effet salutaire sur notre situation politique et accéléra la concentration du pouvoir. Nos rapports antérieurs avec la péninsule avaient certes servi de stimulant à notre évolution nationale et à la marche de notre concentration politique, mais, si nous avions continué à nous occuper trop longtemps des affaires de Corée, nous n'aurions pu consacrer toute notre attention aux affaires intérieures. Les réformes venaient d'être rendues publiques et il fallait du temps pour qu'elles pussent être parfaitement assimilées. Cette paix rendit possible l'excellente mise en œuvre de la nouvelle législation. Si elle n'ajouta point à son mérite, elle permit tout au moins aux réformes de porter tous leurs fruits et empêcha une grande partie des maux qui auraient pu en résulter. D'autre part, il ne faut pas que nous négligions les ombres de ce tableau, car la nouvelle législation n'était point parfaite. En vérité, la civilisation chinoise de la dynastie des T'ang était trop avancée alors pour que le Japon pût l'adapter avec un plein succès, car le Japon était encore un pays jeune, tout au moins au point de vue de son évolution politique. En général, le fait qu'un pays peut établir un code marque une époque dans l'évolution de sa civilisation ; c'est à ce moment en effet qu'il faut jeter un regard en arrière afin d'ériger en système les principes divers qu'on a antérieurement expérimentés. En d'autres termes, toute codification est, en tout lieu, un acte rétrospectif et, avant qu'elle puisse être entreprise, il faut que la civilisation d'un pays ait atteint un point que l'on pourrait considérer comme le plus haut point qu'il soit possible à sa population d'atteindre pendant une période donnée. S'il n'en est pas ainsi, la réforme ne peut qu'être mauvaise dans ses effets. Quand un système de lois est trop avancé pour la civilisation d'un pays, ce pays est obligé de se hâter d'atteindre le degré de civilisation auquel conviendrait ce système de lois, et c'est pendant ces étapes forcées que se produit le plus souvent la désagrégation de la structure sociale et politique de l'État. Bref, le fait de posséder une législation en avance sur son temps est, en quelque sorte, le signe d'une précocité nationale fort nuisible à la croissance normale d'un pays. La législation de la dynastie des T'ang était en réalité trop avancée, trop intellectuelle, trop idéaliste et trop détaillée pour la Chine elle-même, et sa mise en vigueur ne procura aucun bénéfice réel à l'État. Cependant, cette législation était produit du sol chinois ; notre réforme n'en fut qu'une imitation. Il eut donc été extraordinaire que le Japon pût en tirer tout le profit possible, puisque sa civilisation était presque aussi avancée et presque aussi compliquée que celle des T'ang. Ce que nous venons de dire s'applique surtout au système militaire. A ses débuts, la dynastie des T'ang avait été avant tout une puissance militaire très forte. Son système militaire était donc assez bon et le demeura tant qu'il fut entre des mains très fortes, mais en somme le régime politique de la dynastie n'était pas destiné à entretenir un esprit martial. Après avoir subjugué les tribus sauvages qui entouraient son empire, l'ardeur militaire de la nation chinoise se ralentit très vite et le pays fut en proie aux invasions de ces mêmes barbares que les Chinois avaient coutume de mépriser. Nous trouvons en cette page de l'histoire de la Chine la contrepartie de la destruction de l'Empire romain par les Germains. En ce qui concerne la dynastie des T'ang, il aurait mieux valu qu'elle conservât plus longtemps son esprit guerrier de façon à pouvoir protéger la civilisation qu'elle avait élevée à son zénith. Pour des raisons plus fortes encore, il était plus nécessaire même pour le Japon de nourrir chez les Japonais le goût des armes. La réforme japonaise, en ce qui concerne l'armée, prit pour modèle le système chinois mais le mit en vigueur sur une échelle réduite. Le principal défaut de cette adaptation fut l'accumulation de détails, les lois militaires étant encore plus minutieuses au Japon que ne l'avaient été en Chine celles qui lui avaient servi de modèle. Avant la réforme, nous avions quelques troupes de soldats de métier qu'il était facile de mobiliser ; cet ancien système disparut. Or, nous avions encore à soutenir contre les *Aïnous* une lutte constante ; nous dirons même que la guerre fut reprise avec une nouvelle ardeur et nous dûmes instruire des gens qui, jusqu'alors, n'avaient été nullement accoutumés à la discipline militaire. Comme nous avions adopté un système assez proche de celui de la conscription, il nous fallut établir un recensement exact. Mais l'établissement d'un recensement de ce genre est très difficile, même dans une nation arrivée à un très haut point de civilisation ; cela doit avoir été encore beaucoup plus pénible dans l'ancien Japon. D'après les lois nouvelles, le recensement devait servir de base et à la répartition du service militaire et à la distribution des terres, voire même à l'établissement des impôts qui en dépendaient. Le système de distribution des terres, bien qu'il y ait vraisemblablement eu quelque chose d'à peu près semblable dans les anciennes coutumes du Japon, était en fait une institution chinoise que nous avions imitée et même compliquée. En outre, bien que cette réforme semble avoir été immédiatement appliquée dans toutes les provinces, excepté dans celles d'Osumi et de Satsuma, nos deux provinces de l'extrême-sud, il n'en est pas moins probable que l'étendue des terres arables recensées ait alors été assez peu importante. Il est possible que les terres arables n'aient été distribuées à des dates régulières que dans le voisinage des capitales provinciales. En outre, l'accroissement de la population et l'augmentation des terrains qu'on pouvait cultiver obligeaient à redistribuer ces terres assez fréquemment, tous les six ans, aux termes de la loi. Pour que ces distributions pussent être faites régulièrement et convenablement, il fallait que le Gouvernement fût puissant et secondé par des fonctionnaires compétents et sages, sinon les résultats eussent été mauvais, car, ou bien le système aurait échoué, ou bien les terres n'auraient point été cultivées. Si nous envisageons ces faits du point de vue de la population, nous devons reconnaître que la nouvelle législation ne fut pas toujours bien accueillie. En fait, les impôts nouveaux semblent toujours plus pesants que ceux auxquels on est accoutumé. Or, en plus de ces nouveaux impôts, on instituait le service militaire ce qui était une nouveauté pour la plupart des gens. En réalité, le fardeau qu'ils devaient porter était plutôt pesant, car ils ne pouvaient, par suite de l'interminable guerre que nous faisions aux *Aïnous*, espérer une paix durable. Bien des hommes commencèrent à mener une vie nomade; d'autres cherchèrent à échapper au recensement de façon à ne point avoir à payer d'impôts et à ne point être soldats. En peu de temps, les principes fondamentaux de cette grande réforme furent oubliés et il ne nous resta qu'un système de Gouvernement très dispendieux, qu'il devint de plus en plus difficile de maintenir. Un changement de régime semblait donc inévitable.

CHAPITRE VI

APOGÉE DU NOUVEAU RÉGIME — PÉRIODE DE STAGNATION
NAISSANCE DU RÉGIME MILITAIRE

Quels que fussent les mérites ou les défauts de la réforme Taikwa, le fait que nos ancêtres aient osé l'entreprendre est tout à l'honneur de la nation japonaise. Non seulement ils purent ainsi faire face aux besoins de l'État, mais encore ils eurent l'audace, je dirai presque la témérité, de vouloir imiter le système législatif compliqué de la Chine des T'ang, alors parvenue à un très haut degré de civilisation. Certes, lorsqu'un peuple encore peu civilisé entre en contact avec un peuple d'une haute civilisation, il a tendance à vouloir l'imiter. Cette imitation est quelquefois d'un ordre inférieur, c'est-à-dire que ce n'est alors qu'une grimace qui a pour effet de diminuer l'énergie de la race imitatrice. Très rarement l'imitation est poussée à un tel point que le peuple inférieur adopte les institutions politiques d'un peuple supérieur ; d'ailleurs, même s'il essaye de le faire, il en souffre encore davantage. Or, dans le cas du Japon, imitateur de la Chine, ce fut tout le contraire qui se produisit. A première vue, comme la Chine des T'ang était tellement plus avancée que le Japon de cette époque, il semblerait que la tentative de nos pères eût été pure folie. Or, si nous sommes obligés de reconnaître que cette tentative échoua ainsi qu'il fallait s'y attendre, nous ne devons point oublier de mentionner que le système des T'ang échoua également dans son pays d'origine ; dans ces circonstances, il eût été surprenant qu'il réussît au Japon. Ce qui est tout à l'honneur des Japonais, en tant que nation, c'est que, après avoir osé imiter la Chine, nos ancêtres ne perdirent ni leur esprit national, ni leur énergie vitale. Ceci prouve que le Japon d'antan était une nation ambitieuse, prête à s'attaquer à toutes les difficultés et non à les éviter. Cet esprit ambitieux de la nation ne se manifesta point seulement dans l'importation de la législation chinoise, mais encore dans son adoption des arts et de la littérature de la Chine. En ce qui concerne les arts, il est difficile de déterminer à quel degré nos pères s'étaient élevés avant de recevoir l'influence du Continent Asiatique. Ils s'étaient, très probablement, bornés jusqu'alors à tracer de naïfs dessins sur des ustensiles de ménage, à façonner des *haniwa* (statuettes de terre cuite) et à fabriquer quelques instruments de musique rudimentaires. Quant à la littérature, ils possédaient des ballades, dont quelques-unes sont mentionnées dans le *Nihongi*. Des récits d'exploits héroïques étaient pourtant encore transmis de génération en génération, non sous une forme poétique, c'est-à-dire en tant que poèmes épiques, mais simplement par la tradition verbale et en prose. A ce point de vue, les anciens Japonais étaient inférieurs aux *Aïnous* qui avaient, dès la plus haute antiquité, fait preuve d'un réel talent épique. En résumé, les anciens Japonais ne laissaient guère prévoir qu'il fussent destinés un jour à s'élever (dans le domaine des arts et de la littérature) au-dessus de beaucoup des peuples qui se trouvaient alors au même degré de civilisation.

Dans l'histoire de l'art japonais, l'introduction du

bouddhisme est un événement important, car, en même temps que le bouddhisme pénétrait au Japon, des tableaux et des statues chinoises, célébrant la religion bouddhiste, étaient envoyés à notre Cour impériale par les chefs des États péninsulaires. Non seulement des objets de piété, mais encore d'habiles artistes eux-mêmes arrivèrent au Japon et y construisirent des temples, peignirent ou sculptèrent les images des divinités, décorèrent de fresques les autels, etc. A leur école, quelques Japonais de talent apprirent à exceller dans les diverses branches de l'art et des industries d'art. De tous les arts plastiques, la peinture fut le plus long à se développer, bien que nous possédions quelques spécimens de cette époque, dont le style est fort semblable à celui des tableaux et des fresques récemment exhumés du grand désert du Nord-Ouest de la Chine. Ces œuvres ont une très grande valeur historique et nous permettent de nous faire une idée de l'art des T'ang. L'architecture fut fort encouragée par la Cour et l'on construisit à cette époque de nombreux palais. C'est un fait avéré que, avant l'avènement de l'impératrice Gemmyô (une des filles de l'empereur Tenchi, lequel monta sur le trône après l'empereur Mommu), les empereurs, l'un après l'autre, établirent leur Cour dans la résidence qu'ils préféraient, chaque empereur délaissant le palais de son prédécesseur. Nous en pouvons déduire que les palais impériaux de ces temps anciens étaient non point des édifices imposants, mais de vastes maisons d'une architecture fort simple. Les endroits, d'ailleurs, où ces diverses résidences furent construites ne méritent guère le nom de métropoles, bien qu'ils aient pu servir de centre politique pendant une certaine période. Ce fut dans la troisième année du règne de l'impératrice Gemmyô, c'est-à-dire en 710 après Jésus-Christ, que, pour la première fois, Nara fut choisie comme capitale, cette capitale devant, contrairement à la coutume des empereurs précédents, être permanente. En fait, Nara, pendant plus de quatre-vingts ans, fut la principale ville du Japon. Pour la première fois également, on se donna la peine de tracer le plan de la future cité ; ce plan, pour lequel on avait pris pour modèle la capitale chinoise de cette époque, a l'apparence d'un échiquier. On imita également, dans la construction des nouveaux palais, le style architectural alors en faveur en Chine. La seule différence que nous puissions mentionner, c'est qu'au Japon on se servit beaucoup plus de bois que de briques, alors qu'en Chine on utilisait surtout les briques. On conseilla aux nobles de recouvrir leurs maisons de toits de tuiles et non plus de chaume. C'est vers ce moment qu'on commença à employer les tuiles pour les toits et à carreler le sol des maisons. Bien que le plan par trop régulier de la ville de Nara n'ait peut-être jamais été exécuté dans tous ses détails et que bien peu de palais de cette époque aient pu survivre aux incendies et à l'usure du temps, quelques-uns ont subsisté ; d'après eux, nous pouvons nous faire une idée assez juste de cette ère grandiose. C'est le célèbre trésor impérial Shô-sô-in de Nara qui nous renseigne le mieux sur les mœurs de l'aristocratie japonaise de cette période. De nos jours, chaque année, en automne, c'est-à-dire pendant la belle saison japonaise, les portes de ce trésor s'ouvrent devant quelques visiteurs de marque, mais c'est là une faveur exceptionnelle. Ce trésor contient des objets d'un usage quotidien et d'autres employés seulement aux jours de grande cérémonie. Ces objets datent du règne de l'empereur Shômu, fils aîné de l'empereur Mommu, qui mourut en l'an 749 de l'ère chrétienne, après un règne de vingt-cinq années. Étant donné la multiplicité des dits objets et leur merveilleux état de conservation, — car ils ont été abrités pendant des siècles dans un édifice de bois, — ces objets du trésor impérial, étudiés en même temps que de nombreux documents de l'époque que nous avons retrouvés, nous permettent de dépeindre assez exactement la société de cette époque.

On ignorait encore l'art de natter les *tatami*, et le sol des maisons des membres de l'aristocratie était recouvert de carreaux. Cela nous fait supposer que la façon dont on vivait à l'intérieur des maisons se rapprochait beaucoup plus de celle des Chinois ou des Européens que de celle des Japonais modernes; la vie au grand air était d'ailleurs, elle aussi, vraisemblablement différente de ce qu'elle est aujourd'hui. Les goûts en général semblent avoir changé. Ainsi, de nos jours, les Japonais aiment à disposer les fleurs de certaines façons; ils mettent deux ou trois rameaux ou tiges dans un petit vase ou dans un tube court de bambou et les y disposent d'après des méthodes qui, quelque jolies qu'elles soient, n'en sont pas moins conventionnelles. Ce qui leur plaît surtout, c'est de reproduire, en aussi petit que possible, un certain aspect de la nature. Au temps des empereurs de l'ère de Nara, au contraire, on a dû employer à profusion de grandes gerbes de fleurs pour décorer les chambres et les tables et peut-être même en joncher le sol. Le nombre des paniers à fleurs qui se trouvent dans le trésor Shô-sô-in, et dont la forme n'est point celle des paniers d'aujourd'hui, en est la preuve. D'autre part, alors que les dames japonaises du vingtième siècle jouent du *koto* à l'exclusion de tous autres instruments (le *koto* est un instrument à cordes que l'on pose à plat sur le *tatami* quand on veut en jouer), les musiciens de l'ère de Nara ont probablement joué de la harpe, car le trésor en contient une. On ne se servait guère de tapis qu'à l'occasion de processions solennelles, les jours de grande cérémonie.

La chasse, le canotage, l'équitation, étaient alors les passe-temps favoris des nobles. Les femmes, au contraire des Japonaises modernes, montaient aussi bien à cheval que les hommes. Ceci nous porterait à croire que la vie de société de cette époque avait un caractère de gaîté et de spontanéité tout particulier.

Jetons un coup d'œil maintenant sur la littérature. C'est peut-être dans cet art que les Japonais firent alors le progrès le plus rapides. Les temps antérieurs nous ont laissé des ballades ; pendant l'ère de Nara on commença à écrire de courts poèmes épiques. Cette nouveauté doit être attribuée à l'influence de la littérature chinoise que l'on avait appris à cultiver. En l'an 750, un recueil de cent vingt poèmes choisis, écrits en chinois par soixante-quatre courtisans de Nara, fut publié, et on appela ce recueil le *Kwai-fû-sò*. Ces poèmes sont d'inspiration et de style chinois et tout à fait semblables à ceux des grands poètes chinois. Ils pourraient même figurer dans un recueil purement chinois, sans qu'on reconnût en eux des imitations ou des pastiches. Si nous prenons en considération ce fait que les idéogrammes chinois étaient alors le seul moyen d'expression de la littérature japonaise, nous nous rendrons compte de l'énorme influence que la littérature chinoise, si florissante alors au Japon même, put avoir sur nos ancêtres. Il n'est point extraordinaire que, vers le même temps, la publication d'un recueil de poèmes japonais dont le premier fut composé par l'empereur Yûryaku (début du cinquième siècle), fut alors entreprise. Ce recueil est le célèbre *Man-yô-shû*. Les poèmes choisis, longs ou courts, qu'il contient n'ont point cependant, comme dans le cas du *Kwai-fû-sò*, été écrits uniquement par des courtisans. Bien au contraire, il s'y trouve un grand nombre de poèmes populaires dans lesquels il est impossible de découvrir la moindre trace

de l'influence chinoise. Le *Man-yô-shû* est, par conséquent, considéré par les historiens japonais comme un
document précieux pour l'étude de l'histoire de la
société japonaise de cette époque. Nous ne saurions nier
que quelques-uns des poèmes japonais de ce temps
aient été composés et écrits, non plus pour être chantés,
mais bien pour être lus, comme le sont presque toutes
les œuvres des poètes japonais modernes. D'autres, au
contraire, devaient être seulement chantés. Les hommes
de ce temps, nobles ou non, aimaient beaucoup le chant,
et le chant était généralement accompagné de danses.
Les joyeuses réunions de danseurs et de chanteurs, connues sous le nom de *utagaki* (littéralement « la haie
chantante »), ont donné naissance à beaucoup d'his-
toires d'amour fort touchantes. Ces réunions se tenaient
d'habitude dans une rue, dans un champ, sur le sommet d'une colline. La tradition nous rapporte même
que la famille impériale prenait parfois part, dans la
cité de Nara, aux *utagaki* et se mêlait aux citadins,
même à ceux de la plus humble condition. L'origine de
ces danses semble être purement japonaise. Cependant,
il y avait aussi des danses étrangères, venues, ainsi que
la musique qui leur servait d'accompagnement, de
Chine ou des États péninsulaires. Ces danses, aujour-
d'hui inconnues dans ces régions, sont encore dansées
dans notre pays. C'est là un curieux exemple de la survivance d'une ancienne civilisation. Certes, même dans
notre pays, ces danses exotiques et anciennes ne sont
point dans le goût moderne et sont par conséquent
assez rares. Elles nous ont été transmises de génération
en génération par l'orchestre de la Cour et on ne les
danse plus que lors de certaines cérémonies archaïques.
D'après ce que nous venons de dire, nous pouvons aisément croire que, à certains points de vue, le Japon de
l'âge de Nara ressemblait fort à la Grèce au moment

de l'invasion des Perses. Quoi que ces Japonais d'antan se fussent mis en tête de faire, ils le faisaient avec entrain et gaîté, leur enthousiasme n'étant même point affaibli par la crainte d'un échec possible. Etant donné leur naïveté, ils ne savaient point quels obstacles inévitables s'opposent à l'évolution normale d'un peuple et, le cœur empli de brillants espoirs, ils s'élevaient de plus en plus haut. Ils avaient l'ambition d'essayer de faire de grandes choses et c'est ce que nous prouve cette colossale statue de Bouddha, le Daibutsu, qui se trouve dans le temple de Tôdaiji à Nara. Cette statue, qui s'élève à une hauteur de 18 mètres, fut terminée en 749 après Jésus-Christ, au bout de quatre ans de travail et en dépit de nombreux obstacles. C'est la statue la plus grande qui ait jamais été faite au Japon. Non seulement le dessin de cette statue, mais encore le travail d'exécution furent faits au Japon par des sculpteurs japonais dont certains descendaient peut-être d'anciens immigrants. Cela prouve et l'esprit entreprenant de nos ancêtres et les progrès qu'ils avaient déjà faits. Mais ils ne firent de tels progrès dans le domaine artistique qu'au préjudice d'autres branches de l'activité humaine. D'une part, il est certain que le Japon profita énormément de la proximité d'un pays aussi civilisé que l'était la Chine des T'ang ; d'autre part, nous ne pouvons nous empêcher de reconnaître que ce fut un grand malheur pour nous d'avoir un voisin dont l'influence était tellement prédominante. A cette époque, la Chine était trop avancée pour que nous pussions même essayer de rivaliser avec elle : nous ne pouvions que l'imiter. Nul ne saurait d'ailleurs blâmer les Japonais de l'époque de Nara d'avoir pensé qu'il était indispensable pour eux de marcher sur les traces de la Chine et d'essayer de la rattraper en suivant le seul et unique chemin que leur avaient depuis longtemps frayé les Chinois. La gloire

et la splendeur de la Chine des T'ang les attiraient trop
pour qu'ils pussent regarder d'un autre côté et chercher
des voies nouvelles. Il ne faut donc point nous étonner
qu'ils se soient contentés de s'efforcer d'imiter la Chine
et aient pris plaisir à se conduire comme s'ils avaient
été eux-mêmes des Chinois. Nous pouvons ajouter d'ailleurs, et ceci est à leur honneur, que cette imitation fut
élégante et la ressemblance parfaite. Un des étudiants
qui avaient été envoyés à l'étranger séjourna dix-huit
ans en Chine et, à son retour, devint un excellent
ministre du gouvernement japonais, bien qu'il fût
d'humble origine, fait fort rare à cette époque. Certaines branches de la littérature chinoise, un grand
nombre de cérémonies raffinées, plusieurs jeux chinois, bien des choses chinoises enfin, dont notre peuple
sut tirer plaisir et profit, existent encore de nos jours
au Japon et furent importés de Chine en ces temps
anciens. Un autre savant, qui resta en Chine plus d'un
demi-siècle, se fit connaître dans les milieux littéraires
de la métropole chinoise, obtint, sous un nom chinois,
une fonction très importante au service d'un empereur
T'ang, et mourut en Chine, regrettant encore son pays
natal. Quelque avantage que cette imitation ait pu présenter pour notre pays en général, elle força le Japon,
nation encore jeune, à dépenser sans compter son énergie, à tel point qu'arrivés à la limite même de leurs
forces les Japonais firent preuve d'une extrême nervosité. Ils n'eurent point la patience de laisser mûrir les
effets de lois et de règlements qui avaient été quelque
peu prématurément promulgués et en abrogèrent
quelques-uns qu'ils crurent inutiles pour les remplacer
par de nouvelles lois, tout aussi embrouillées que les
précédentes. Ainsi, des lois, basées sur des principes
contradictoires, se succédèrent rapidement sans qu'aucune d'entre elles ait eu le temps de faire ses preuves.

D'autre part, comme cet amour de l'imitation n'avait
point laissé de causer une réaction très puissante, un
élément conservateur luttait incessamment pour préserver ce qu'il pouvait y avoir d'original et de précieux
dans les lois et les traditions japonaises. Il était cependant fort difficile aux gens de cette époque de déterminer ce qui était digne d'être conservé, car ils ne tenaient
point à s'opposer ouvertement à l'influence de la Chine.
De cette incertitude était né un état d'irritation et de
nervosité tel que l'on ajoutait foi aux augures et aux
auspices les plus ridicules. La découverte d'une plante
ou d'un animal de couleur ou de forme anormale était
accueillie avec enthousiasme comme le présage d'un
règne long et pacifique. Cet événement était même
célébré par un message impérial assez long, tout à l'éloge
du gouvernement, et des largesses étaient faites au
peuple pour le commémorer. Les personnes qui avaient
découvert ces phénomènes étaient récompensées. On
allait même, en de semblables occasions, jusqu'à gracier
les criminels ou tout au moins réduire leur peine. Il va
sans dire que la plupart de ces présages étaient faux,
mais ils flattaient toujours l'amour-propre des ministres
responsables ou servaient même à apaiser les mécontents, si tant est que les mécontents pouvaient exprimer
leur opinion dans le « bon vieux temps ». Ce qu'il y
avait de néfaste dans cette vaine recherche de présages
flatteurs, c'était qu'une foule d'escrocs et de sycophantes
rivalisaient entre eux à qui découvrirait ou inventerait
de bons présages pour mériter la faveur impériale. Ces
superstitions auraient parfaitement convenu à un
peuple, soit encore à l'état sauvage, soit déjà trop civilisé pour s'occuper des choses raisonnables. Mais chez
les Japonais, peuple jeune et déjà évolué, rempli d'espé-
rance, ces croyances puériles étaient une entrave intolérable. Ne fût-ce qu'à ce point de vue, le régime aurait

déjà dû être changé. Un autre des maux de cette époque, plus grave encore, c'était le conflit d'intérêts entre les différentes classes de la population. La civilisation chinoise n'avait pu pénétrer que dans les classes les plus hautes, les plus puissantes. Bien qu'on eût enlevé leurs pouvoirs aux chefs et aux seigneurs, naguère si forts sous l'ancien régime, et qu'on eût déclaré leurs terrains et leurs sujets propriété d'empire, une nouvelle classe de nobles n'avait pas tardé à se constituer, et parmi ces derniers se distinguaient surtout les descendants de Nakatomi-no-Kamatari. Ce sage ministre, dont j'ai déjà parlé dans les chapitres précédents, en récompense du grand service qu'il avait rendu à l'empereur lorsqu'il avait détruit la puissance des Soga et promulgué la réforme la plus radicale qui ait jamais été faite au Japon, avait été nommé conseiller privé de l'empereur sous le nom de Fujiwara, nom qui devint celui de sa famille. Parmi ses nombreux descendants, on compte encore aujourd'hui plus de la moitié des nobles de Cour. La faveur que les empereurs montrèrent aux Fujiwara ne cessa de grandir, génération après génération. Le signe distinctif de l'élévation soudaine de cette famille fut le mariage d'une des petites-filles du ministre avec l'empereur Shômu. Au cours des siècles précédents, l'usage avait voulu que l'impératrice fût choisie parmi les familles de sang impérial, et jamais la fille d'un sujet, quelque élevé qu'ait pu être le rang de son père, n'avait été reconnue digne d'un tel honneur. Ainsi, le choix d'une impératrice du sang des Fujiwara établit d'une façon manifeste que cette famille venait dans l'empire immédiatement après la famille impériale et qu'aucune autre ne devait songer à l'égaler. Les liens qui unissaient la famille Fujiwara à la famille impériale devinrent de plus en plus étroits et, peu à peu, les affaires d'État furent traitées comme si elles n'étaient que les affaires de la famille Fujiwara. Cette situation présentait un très grave danger, mais les rivalités qui existèrent toujours entre les membres de cette famille mirent un frein à l'ambition et à l'audace de certains d'entre eux.

La puissante famille des Fujiwara et certains autres nobles, dont quelques-uns étaient de sang impérial, monopolisèrent bientôt toutes les richesses, toutes les forces du pays. Ils eurent un grand nombre d'esclaves dans leurs maisons et possédèrent d'immenses domaines. Grâce à ces esclaves, ils purent, soit faire défricher ou cultiver leurs terres, soit les affermer. En outre, ils n'hésitèrent point à s'emparer de terres dont légalement ils n'avaient droit qu'à l'usufruit. D'après la réforme naguère promulguée, l'usufruit d'un domaine de l'État pouvait servir à récompenser de grands services rendus ; mais le droit à l'usufruit était limité à la vie de l'usufruitier, quelquefois à celle de son fils et rarement à celle de ses petits-enfants. Personne n'était autorisé à traiter un domaine de l'État en possession héréditaire permanente. Ce ne fut qu'en violant ces règlements que certains nobles purent établir arbitrairement leur autorité sur certaines terres.

Les nobles eurent encore un autre moyen d'agrandir leurs domaines ; ce moyen leur fut fourni, contrairement à la loi, par les gens du peuple eux-mêmes. Les propriétaires indépendants, ou même les tenanciers légaux de terres appartenant à l'État, étaient sujets à l'impôt, et comme les impôts et les contributions étaient alors assez lourds, ces propriétaires jugèrent plus sage de céder leurs terres en bonne et due forme et d'en faire présent à quelque noble puissant ou à des temples bouddhistes qui étaient alors exempts d'impôts ou prétendaient avoir droit à certaines exemptions. En fait, il va sans dire que ces propriétaires continuèrent à exploiter leurs terres et se trouvèrent fort heureux d'être déchargés d'une grande partie de leurs redevances, les tributs qu'ils étaient obligés de payer au propriétaire nominal qu'ils s'étaient choisi étant, en général, beaucoup moins importants que les impôts réguliers qu'ils auraient dû payer au gouvernement. En outre, en faisant ainsi présent de leurs terres, ils passaient sous la protection d'un noble ou d'un temple, ce qui lui permettait, le cas échéant, de ne point obéir aux lois. Ainsi le nombre des propriétaires indépendants ne tarda pas à diminuer et le montant des impôts décrut de plus en plus. Cependant, l'État ne pouvait réduire ses dépenses. Les frais d'entretien de la Cour ne pouvaient cesser de s'élever. De grandes cérémonies devaient être célébrées à des dates fixes et l'on ne pouvait songer à négliger la défense nationale. Les revenus de l'État auraient donc dû s'accroître sans cesse. Pour faire face au déficit, on doubla, on tripla même les impôts de ceux qui le plus longtemps consentirent à rester honnêtes et à s'acquitter de leurs redevances, mais bientôt le fardeau devint trop pesant pour eux. De cette façon le nombre des propriétaires libres qui étaient disposés à perdre leur indépendance et à se placer sous l'égide de protecteurs puissants ne cessa de s'accroître. Le service militaire fut aussi une cause de griefs pour les gens du commun. Ces derniers étaient obligés d'aller combattre dans les îles de l'Ouest contre des ennemis venus du continent ou sur la frontière du Nord contre les *Aïnous*. Non seulement ils risquaient leur vie, mais encore ils étaient obligés de s'équiper et de se nourrir à leurs frais, le gouvernement ne pouvant subvenir à leurs besoins. Si ces hommes libres renonçaient à leur indépendance et, de leur propre gré, menaient une existence de vagabonds, il leur devenait possible d'échapper et à l'impôt et à la conscription. C'est ce qui arrivait fréquemment, car, à cette époque, la conscience nationale n'était pas encore éveillée et les gens ne concevaient pas qu'il fût de leur devoir de s'exposer à un danger pour le salut de l'État. Cette transaction secrète entre les nobles et les petits propriétaires ressemble fort à celles par lesquelles les propriétaires d'alleu transformèrent leurs propriétés en fiefs de façon à éviter les impôts et à s'assurer la protection de personnages influents. On aurait tort de croire d'ailleurs que le recensement qui, conformément aux nouvelles lois, aurait dû avoir lieu à des dates fixes, aurait empêché, s'il avait été régulièrement effectué, l'augmentation du nombre de ces vagabonds. En effet, peu après la promulgation des lois concernant le recensement, ce dernier cessa d'être fait à dates fixes et, même lorsque les lois étaient respectées, l'étendue des terres dans lesquelles il pouvait être établi était forcément limitée. C'est vers cette époque que la grande statue de Bouddha fut terminée, dans la ville de Nara, et que dix mille prêtres furent invités à prendre part à la cérémonie et aux réjouissances de l'inauguration. Les palais et les temples de Nara, ainsi que les résidences impériales et celles des nobles, se trouvaient parsemés dans le pays et la plupart d'entre eux paraissent avoir été fort solidement construits et magnifiquement ornés. Leurs toits étaient couverts de tuiles, comme nous l'avons dit plus haut. Les nobles qui n'avaient point de résidence permanente dans la cité étaient tenus, de par leur rang, de faire des séjours plus ou moins longs à la Cour impériale où ils apprenaient à raffiner leur mode d'existence plutôt rustique et où ils adoptaient les usages de la métropole. Une partie des meubles qu'on trouvait alors dans les demeures des nobles et des membres de la famille impériale étaient importés de Chine. L'instruction que recevaient les gens des hautes classes leur permettait non seulement de lire et d'écrire

couramment le chinois littéraire, mais encore de se conduire dans le monde conformément à l'éducation chinoise, comme s'ils avaient été eux-mêmes des Chinois
pur sang. Voilà quels sont les brillants côtés de l'époque
de Nara. Toutefois, autour de la capitale et des résidences seigneuriales éparses dans la campagne, se trouvait groupée une population absolument illettrée et qui
n'avait tiré aucun profit de la civilisation chinoise. Ici,
nous pouvons nous demander si la religion bouddhiste
ne leur offrait aucune source de consolation. Aucune,
en vérité. Les Bouddhistes, fort rusés, s'étant aperçus que
le shintoïsme, bien qu'il n'eût ni système ni dogme,
avait été l'obstacle presque insurmontable à la propagation de leur foi, eurent la sagesse d'inventer une méthode
fort adroite pour maintenir leur influence même sur les
Japonais les plus conservateurs : ils y réussirent en
déclarant que les principales divinités bouddhiques
n'étaient autres que les dieux nationaux du Japon. C'est
ainsi que, dans une certaine mesure, les premiers missionnaires chrétiens du nord de l'Europe s'efforcèrent
de mêler la mythologie teutonique aux légendes chré-
tiennes, avec cette différence toutefois que les missionnaires chrétiens n'allèrent point aussi loin dans cette
voie que le firent les prêtres bouddhistes. Les efforts de
ces derniers, d'ailleurs, furent couronnés de succès. Le
bouddhisme devint ainsi une religion que les Japonais
purent embrasser sans abandonner le shintoïsme; le
bouddhisme, en d'autres termes, ne se risque plus à
s'attaquer aux traditions nationales. On en arriva même
à croire que non seulement le shintoïsme était compa-
tible avec le bouddhisme, mais encore que les intérêts
des deux religions étaient identiques. C'est pourquoi
dans l'enceinte de presque tous les temples bouddhistes
du Japon se trouve un autel shintô, la divinité Shintô
étant considérée comme protégeant la religion boud-

dhiste et son église. Cette alliance des deux religions se perpétua jusqu'aux temps modernes, et ce ne fut que pendant l'ère de Meiji, la restauration du pouvoir impérial ayant été accompagnée d'une réaction contre le bouddhisme, qu'on se mit, avec un très grand zèle, à purifier le shintoïsme de toute trace de bouddhisme. Or, comme on avait des doutes sur l'origine de certains temples, il arriva que plusieurs d'entre eux, ainsi que les œuvres d'art qu'ils contenaient, furent détruits, au grand regret des connaisseurs.

En l'année 794, l'empereur Kwammu transféra sa capitale dans la province de Yamashiro et lui donna l'heureux nom de Hei-an, qui veut dire «paix et tranquillité». Cette ville devint plus tard célèbre sous le nom de Kyôto (la capitale) et pendant plus de mille ans resta la grande métropole de l'Empire. Ce transfert eut vraisemblablement plusieurs causes. La ville de Nara était sans doute d'un accès assez difficile ; en outre, la vallée dans laquelle elle se trouvait était trop étroite pour que la ville pût s'étendre. Enfin, les querelles de certaines familles nobles peuvent avoir hâté la décision de l'empereur. En tout cas, le choix du nouveau site fut fort heureux. Les communications entre Kyôto et Naniwa (aujourd'hui Osaka) étaient meilleures que celles qui unissaient cette dernière ville à Nara. De Kyôto, il ne fallait que quelques heures pour arriver au port en descendant le cours de la rivière Yodo. Aucun obstacle naturel ne sépare ces deux villes, alors qu'une chaîne de montagnes s'élève entre les deux provinces de Yamato et de Settsu. En outre, Kyôto est tout près de Otsu, porte ouverte sur les provinces orientales qui, depuis longtemps déjà, avaient éveillé l'intérêt des hommes d'État les plus prévoyants.

L'empereur Kwammu, souverain très énergique, se consacra avec une nouvelle ardeur à la conquête des

régions encore occupées par les *Aïnous*. La partie du
Hontô qui fait face à la Mer du Japon était devenue
province japonaise avant l'avènement de ce souverain.
Pendant son règne, le général Sakanoue-no-Tamura-
maro pénétra fort avant chez les *Aïnous*. La frontière
de la province de Mutsu, voisine du Pacifique, fut
déplacée vers le Nord jusque vers le milieu de la province actuelle de Rikushû. D'ambitieux Japonais colo-
nisèrent ces terres ou commencèrent à y faire des
affaires. Les *Aïnous* cependant n'étaient pas encore
complètement subjugués et il fut fort difficile de les
chasser de l'île principale. Au delà de Shirakawa, ville
qui, fort longtemps, avait été considérée comme la
frontière septentrionale du Japon civilisé, de nombreuses tribus d'*Aïnous* à demi soumis continuèrent à
vivre comme par le passé. Toutefois, par suite du contact constant avec les Japonais, ils furent peu à peu
influencés par la civilisation que ces derniers avaient
déjà acquise. De temps à autre, des bandes d'*Aïnous*
s'unissaient sous les ordres de chefs courageux et se
soulevaient contre l'oppression des gouverneurs venus
de Kyôto. Bref, ils se montrèrent aussi intraitables
qu'auparavant et il fallut encore trois siècles pour que
les provinces du nord du Japon pussent être adminis-
trées comme les autres. Ces guerres interminables et
ces fréquentes escarmouches furent une des causes des
embarras financiers du gouvernement de Kyôto et
finirent par l'affaiblir.

La famille impériale et les nobles vivaient à Kyôto
tout comme ils avaient coutume de le faire à Nara. La
famille des Fujiwara était aussi puissante que par le
passé. Les intrigues de Cour étaient maintenant non
plus le résultat de haines entre plusieurs grandes
familles, mais bien plutôt des querelles entre différents
membres de la famille des Fujiwara ou des conflits

causés par la succession au trône Impérial. Presque toutes les impératrices étaient choisies parmi les filles des Fujiwara ; la régence devint en quelque sorte héréditaire chez eux et ils s'y succédèrent l'un après l'autre, quels que fussent l'âge et l'énergie de l'empereur régnant. Il était très rare en effet que d'autres que des Fujiwara fussent choisis pour les trois ministères les plus importants ; même les descendants de la famille impériale étaient obligés de leur céder le pas. Les Fujiwara se distinguèrent surtout dans la littérature où ils furent à peine inférieurs aux lettrés de profession, lesquels formaient une classe de second ordre et appartenaient généralement aux familles de Sugawara, Kiyowara, etc. Les Fujiwara envoyèrent en Chine, encore sous la domination T'ang, des navires avec des ambassadeurs, des étudiants et des prêtres, car ils étaient de plus en plus désireux de se tenir au courant des choses de Chine. Ils allèrent même jusqu'à déclarer que la beauté chinoise était l'idéal de la beauté humaine et tous les Japonais qui avaient le type chinois furent adorés comme ayant un visage idéal. L'envoi officiel des navires continua comme pendant l'ère de Nara, non plus peut-être à des dates régulières, mais généralement une fois au moins pendant le règne de chaque empereur japonais. L'ardeur avec laquelle on avait imité la législation chinoise se refroidit quelque peu, car, en fait, nous avions déjà emprunté à la Chine un nombre suffisant de règlements et de lois. Les rapports entre les deux pays devinrent alors des rapports internationaux ordinaires, entraînant un échange régulier de politesses. Il nous fallut cependant encore suivre la Chine dans tous ses changements politiques et nous ne pûmes nous empêcher d'observer ce pays, dont nous pensions alors que la civilisation était beaucoup plus avancée que la nôtre. La dernière de ces ambassades fut envoyée en l'année 843. Quelque cinquante ans plus tard, une autre flotte reçut l'ordre du départ et Sugawara-no-Michizane fut nommé ambassadeur, mais cette flotte ne partit point, car à ce moment la dynastie des T'ang était à la veille de sa chute et une guerre civile, qui devait durer un siècle, était sur le point d'éclater en Chine. Il ne s'y trouvait donc plus de gouvernement stable avec lequel nous aurions pu communiquer. D'autre part, nous craignions d'être mêlés aux troubles qui sévissaient dans l'Empire du Milieu. L'ambassadeur lui-même, Michizane, pensa qu'il n'y avait rien à gagner à envoyer la flottille et en dissuada le gouvernement.

Le Japon entre à présent dans une nouvelle période : il va assimiler la culture étrangère qu'il a importée. Jusqu'ici, il a été trop affairé pour faire un choix parmi toutes les choses de Chine qu'il a accueillies un peu au hasard. Maintenant, il peut juger quelles sont celles qui lui conviennent et celles qu'il doit modifier de façon à en tirer tout le profit possible. Bref, il lui faut assimiler ce qu'il a emprunté à la Chine. Après tout, ce fut sans doute une sage politique que celle qui mit une fin à cet état de nervosité qu'avait causé l'introduction incessante de lois, de manières et de coutumes étrangères. L'infiltration de la civilisation chinoise, quelque superficielle qu'elle ait pu être, laissa cependant des traces ineffaçables dans notre pays, car elle avait duré plusieurs siècles. L'essence même de la culture des classes dominantes devint purement chinoise. Bien que le vieux dicton : « Un esprit japonais et une érudition chinoise », fût alors très en vogue, il était encore difficile de déterminer très distinctement ce qui constituait l'esprit japonais, et la nation elle-même ne semble pas en avoir eu conscience.

Les traits dominants de cette période d' « assimilation » se manifestent dans l'histoire de notre littérature à partir de la deuxième moitié du neuvième siècle et y sont apparents jusqu'au commencement du onzième siècle. Au début, alors que les œuvres littéraires étaient écrites presque exclusivement en chinois, seul leur style portait la marque de l'esprit japonais; cette marque devint de plus en plus apparente au cours des années. En même temps que des œuvres écrites en chinois, des œuvres rédigées en japonais commencèrent à faire leur apparition, quoique en très petit nombre. Ensuite, graduellement, ces essais en japonais ce multiplièrent, à tel point que nous pouvons considérer la fin du dixième siècle comme la grande période classique de la littérature japonaise. Les œuvres de religion et de scolastique continuèrent cependant à être écrites en chinois, ainsi d'ailleurs que les décrets, les édits et toutes proclamations faites à l'occasion des grandes solennités. La poésie chinoise resta encore en faveur parmi les courtisans, longtemps après que des chroniques, des mémoires, des contes, des nouvelles, des satires et des poèmes écrits en japonais eurent fait leur apparition. Ce qu'il y a de plus remarquable, c'est que la plus grande partie de ces œuvres étaient écrites, non par des gentilshommes, mais par des dames de la Cour. Parmi ces dames dont l'esprit et le talent illuminèrent la Cour de l'empereur Ichijô, il faut citer d'abord Murasaki-Shikibu, auteur de *Genjimonogatari*, et Sei-Shônagon, auteur de *Makura-no-sôshi*.

La lecture de ces œuvres nous prouve que ces grandes dames, bien qu'elles aient écrit en japonais, connaissaient fort bien la littérature chinoise. Ainsi, les hommes n'avaient point, dans les hautes sphères de la société, le monopole de la culture, cette dernière étant essentiellement chinoise. Les dames de la Cour étaient d'ailleurs assez libres et n'étaient nullement soumises à l'autorité des hommes. On prétend, parfois, que la civilisation d'un pays peut être exactement déterminée par le rang que les femmes occupent dans la société. S'il en est ainsi, le Japon du début du onzième siècle fut un pays d'une haute civilisation, et ceci est vrai à certains points de vue. Le Japon civilisé, cependant, ne s'étendait guère au delà du petit cercle aristocratique de Kyôto, où l'influence chinoise se faisait même trop sentir. Les grands nobles de la famille Fujiwara étaient beaucoup trop raffinés, beaucoup trop efféminés pour être de bons chefs d'État, surtout d'un État jeune où il y avait encore tant à faire et qui devait être énergiquement gouverné.

Au Nord, les *Aïnous* étaient toujours menaçants, car s'ils avaient perdu une partie de leur territoire ils s'étaient civilisés à notre contact. Il était donc nécessaire qu'il y eût à la tête de l'État, non seulement des guerriers vaillants, mais encore des ministres énergiques ; or, les grands nobles étaient trop dégénérés pour remplir l'un ou l'autre de ces postes, surtout celui de chef militaire, car ils n'étaient plus accoutumés à la rude vie des camps. Les généraux, pour ne point parler des autres officiers, étaient le plus souvent des nobles d'un rang inférieur. C'est ainsi que, dans certaines familles, le métier des armes devint, en quelque sorte, héréditaire. D'autre part, comme le gouvernement, ne pouvait fournir à ses généraux un nombre suffisant de soldats, les nourrir et les armer, il fut obligé de laisser carte blanche à ses chefs militaires qui, tout comme le firent plus tard en Europe les chefs de bandes, durent se suffire à eux-mêmes et subvenir aux besoins de leurs troupes. Il s'établit, par suite, une sorte de vasselage entre les généraux et leurs soldats. Ce vasselage n'était point officiellement reconnu, mais, cet état de choses se perpétuant, il n'en devint pas moins héréditaire, sur-

tout dans les provinces où les *Aïnous* étaient encore
assez puissants pour se soulever fréquemment. Comme
ces généraux, ou certains membres de leur famille,
étaient très souvent nommés gouverneurs de provinces
éloignées où l'influence du gouvernement de Kyôto
était trop faible pour empêcher l'arbitraire, ce vasselage qui, au début, n'avait existé qu'entre les généraux
et les soldats, s'établit également entre les gouverneurs
et les habitants des provinces qui avaient besoin de leur
protection. Ainsi, les généraux devinrent non seulement les chefs militaires de troupes puissantes et guerrières, mais encore s'enrichirent considérablement en
s'emparant par divers moyens d'immenses étendues de
terres. S'ils ne se hasardèrent pas tout de suite à renverser le régime politique établi par les nobles de la
famille Fujiwara, c'est parce que le prestige ancestral
de ces derniers était encore très grand. Pendant longtemps encore, les guerriers consentirent même à rendre
hommage à l'un ou à l'autre des membres de la famille
Fujiwara et à se reconnaître leurs vassaux. Ainsi furent-
ils parfois mêlés à des luttes de partis et à des intrigues
de Cour. Les courtisans qui se servaient d'eux ne craignaient point alors que ces chefs militaires, après avoir
été un instrument entre leurs mains, ne devinssent un
jour des rivaux assez puissants pour les renverser. Ils
se figuraient qu'ils pourraient toujours les dominer. Or,
c'est une grave erreur que de penser qu'un serviteur
reste toujours docile et fidèle à celui qui l'emploie.
En fait, quand on fait trop souvent appel à lui et qu'on
le récompense mal, il finit par se rendre compte de son
utilité et de sa force, il commence à affirmer sa volonté ;
il ne tarde pas à vouloir se mesurer avec son maître et
n'hésite pas à prendre sa place lorsqu'il s'aperçoit que
ce dernier n'est pas aussi puissant qu'il le paraît.

Personne ne consentirait pendant longtemps à

s'acquitter d'un devoir qui lui est imposé sans revendiquer les droits que lui donne l'accomplissement de ce
devoir. Il était donc inévitable que les chefs militaires
prissent un jour la place des nobles par trop civilisés de
Kyôto et s'emparassent des rênes du gouvernement. Le
pouvoir devait passer de la classe la plus élevée à la
classe immédiatement au-dessous. Ces généraux, bien
que d'un rang inférieur à celui de l'aristocratie de la
Cour, appartenaient eux aussi à la noblesse, et le temps
était encore fort éloigné où le bas peuple demanderait
à prendre part à l'administration politique du pays.

CHAPITRE VII

LE RÉGIME MILITAIRE. — LES TAIRA ET LES MINAMOTO
LE SHOGUNAT DE KAMAKURA

Depuis quelque temps déjà les militaires avaient ébranlé le prestige des nobles de Cour ; enfin, ils renversèrent l'édifice que ces derniers avaient construit et qui commençait à menacer ruine. Ce furent d'abord les guerres connues sous le nom de guerre de neuf ans et guerre de trois ans, conduites dans le nord du Japon, dans la seconde partie du onzième siècle, par Yoriyoshi et Yoshiiye, deux généraux célèbres de la famille Minamoto, qui consacrèrent la puissance et l'indépendance de la classe militaire. Près d'un siècle plus tard, Yoritomo, un des petits-fils de Yoshiiye, put enfin établir son gouvernement militaire, le shôgunat, à Kamakura dans la province de Sagami. Pendant cet intervalle, il exista une sorte de gouvernement de transition, celui, semi-militaire, de la famille Taïra. Les Taïra comme les Minamoto descendaient de la famille impériale et s'étaient, eux aussi, consacrés au métier des armes. De ces deux familles, les Taïra s'élevèrent tout d'abord en faisant leur cour aux Fujiwara ; beaucoup d'entre eux furent nommés à des postes moins dangereux et plus lucratifs que ne l'étaient en général les Minamoto. Comme, à cette époque, le Japon s'étendait à l'ouest de

Kyôto, l'influence des Taïra grandit dans les provinces occidentales. Quelques-uns des célèbres guerriers de ce clan reçurent de temps à autre des postes de gouverneurs dans les provinces orientales. Par suite, certains de leurs descendants s'y fixèrent également. Pourtant c'était dans l'Est que l'influence des Minamoto prédominait, car c'était là que le chef de cette famille avait été le plus souvent chargé de lutter contre les *Aïnous*. Chez les Taïra comme chez les Minamoto, le lien moral qui unissait les différentes branches de chaque famille était assez lâche et probablement beaucoup plus faible que dans les clans des Highlands d'Écosse. Les dissensions entre ces branches étaient dues sans doute au fait que, très rapidement, les Minamoto et les Taïra étaient devenus beaucoup trop nombreux pour que tous les membres de chacune de ces deux familles pussent s'unir chaque fois que l'une d'entre elles entrait en conflit avec sa rivale. En tout cas, la haine entre les deux branches principales de ces deux familles était en quelque sorte héréditaire. En général les Minamoto, endurcis par la vie des camps et accoutumés aux privations, étaient beaucoup plus robustes et plus braves que les Taïra. Ces derniers, plus souvent en contact avec les courtisans de Kyôto, étaient devenus plus raffinés. Bien que des Taïra et des Minamoto fussent à tour de rôle, soit choisis comme chefs d'armée, soit utilisés dans les intrigues de Cour, les Fujiwara trouvaient les Taïra beaucoup plus dociles et par conséquent plus dignes de confiance que les Minamoto. C'est pourquoi ce furent les Taïra, qui, les premiers, purent s'emparer du gouvernement. Kiyomori, le plus grand et le dernier des Taïra, devint premier ministre de la Couronne, tout comme s'il était lui-même un Fujiwara. Il put atteindre le but de l'ambition de tous les courtisans, traita sur un pied d'égalité avec les Fujiwara et fit entrer ses fils

et ses petits-fils dans leur intimité. Enfin, une de ses
filles devint impératrice par suite de son mariage avec
l'empereur Takakura. La seule chose qui le différenciât
des anciens nobles, c'était son caractère rude de vieux
soldat ; il employait fréquemment la force et se mon-
trait plus violent que les membres trop raffinés de la
famille Fujiwara. Mais Kiyomori était un homme d'État
trop avisé pour se contenter de jouer un rôle dans les
fêtes et les cérémonies de la Cour où, dit-on, par suite
de son manque d'habitude du monde, il commettait
fréquemment des erreurs et prêtait ainsi à rire aux
Fujiwara. Néanmoins, tout comme ces derniers, il ne
pouvait se faire à l'idée qu'il fût possible d'être un
homme d'État sans être en même temps un courtisan
et il ne croyait pas qu'on pût devenir l'un sans avoir
été l'autre. Les plus jeunes des membres de la famille
Taïra furent élevés plutôt en courtisans qu'en soldats.
On leur apprit à jouer de la musique, à danser, à écrire
des épigrammes et de petits poèmes beaucoup mieux
qu'à se servir de leurs armes. L'acte le plus important
de Kiyomori fut le transfert de la capitale de Kyôto à
Fukuhara, qui fait actuellement partie de la ville de
Kôbe. A cette époque, Kyôto était, depuis trois siècles et
demi, la capitale de l'empire. Cet abandon de la ville
sainte surprit fort les habitants de l'ancienne capitale.
Les historiens ne sont point d'accord en ce qui concerne
les motifs de cette décision. Certains prétendent que
Kiyomori détestait le formalisme qui régnait à Kyôto
et qui y était tellement enraciné qu'on ne pouvait espérer l'en arracher. D'autres, au contraire, croient que son
départ fut dû surtout à son grand désir de se débarrasser des prêtres audacieux du temple Enryakuji, dont
les interventions inopportunes avaient parfois fort gêné
le gouvernement de Kyôto. D'autres, enfin, attribuent
ce transfert à la prévoyance de Kiyomori, fort intéressé

alors aux bénéfices qu'on pouvait tirer du commerce
avec la Chine, commerce qui avait déjà enrichi sa
famille et qui pouvait être encore développé si la capitale était transférée à Fukuwara, port important de la
mer intérieure. Il est certain que Kiyomori avait un
très vif désir d'améliorer les moyens de communication
sur la mer intérieure, car c'était lui qui avait donné
l'ordre d'entreprendre le percement de l'isthme d'Ondo,
d'élargir le port de Hyôgo (ancien nom du port de Kôbe)
et fait faire d'autres travaux ayant aussi pour objet de
faciliter les communications par mer. Il n'est pas certain toutefois que l'un quelconque de ces motifs ait à
lui seul déterminé Kiyomori à abandonner la capitale
historique. Quels qu'aient pu être ses motifs, le changement n'était point avantageux. Les Fujiwara regret-
taient fort Kyôto, berceau de leur famille, et auraient
aimé y retourner. Par dépit, ils s'opposèrent à toutes les
entreprises de Kiyomori. C'est pour cette raison qu'il ne
put rien accomplir d'important pendant le reste de sa
vie. Ainsi passa rapidement la grandeur des Taïra. En
1156, année de la guerre d'Hôgen, les chefs militaires
avaient commencé à comprendre qu'ils étaient assez
forts pour prendre la place des Fujiwara. Trois ans
plus tard, les deux familles rivales en vinrent aux mains.
Les Taïra l'emportèrent, et les vaincus, c'est-à-dire les
membres de la branche principale de la famille des
Minamoto, furent tués ou exilés, leurs partisans furent
dispersés et réduits à l'impuissance. L'un des exilés, Yoritomo, alla vivre chez un intendant de la province d'Idzu,
non loin d'une région qui avait été colonisée par les descendants des plus fidèles partisans de ses ancêtres ; il lui
fut donc possible, quand l'occasion s'en présenta, de
réunir sans difficulté ses vassaux héréditaires et, avec
leur appui, d'établir sa domination sur les provinces
orientales. Aidé ensuite par l'un de ses frères cadets,

Yoshitsune, qui s'était réfugié chez Hidehara, chef militaire de la province à demi indépendante de Mutsu, il chassa les Taïra de Kyôto (qui depuis peu était redevenue capitale) quelque temps après la mort de Kiyomori. Grâce au tact et à la bravoure de Yoshitsune, l'œuvre ainsi commencée fut menée à bien. Les partisans des Taïra continuèrent à lutter quelque temps sur les côtes de la mer intérieure, mais succombèrent à un sort hostile. Dans la dernière bataille, qui fut livrée sur mer, non loin du détroit de Shimonoseki, quelques-uns des Taïra furent faits prisonniers et décapités, mais la plupart furent tués en combattant ou se jetèrent à la mer, car, pour les Japonais, être exécuté de sang-froid par un ennemi a toujours été considéré comme le sort le plus honteux que pût attendre un soldat. En maintenant ainsi leur union et en luttant jusqu'au bout contre la mauvaise fortune, les membres de la branche principale de la famille des Taïra, pourtant fort anémiée par la vie de la Cour, se montrèrent dignes des chevaleresques guerriers du vieux Japon. Ce grand événement prit place en l'année 1185.

La période de splendeur de la famille Taïra ne dura que trente années. Sa chute fut aussi brusque que son élévation avait été rapide. Ce fut un météore qui traversa rapidement une époque de la longue histoire du Japon et laissa des souvenirs ineffaçables à la postérité. Le charme singulier de la culture de cette époque s'incarna dans l'élite de cette famille au moment où elle était à son apogée, et sa fin chevaleresque embellit l'histoire de notre pays, car elle lui a fourni maints sujets touchants de poèmes, de récits et de drames. Le plus célèbre de tous est le *Heike-Monogatari*. *Heike*, en caractères chinois, veut dire la famille Taïra. On ne sait point si ce *Monogatari* ou récit fut d'abord lu ou récité. Il est certain toutefois que, lorsqu'il devint célèbre, ce fut comme un récitatif dont la mélodie ressemblait aux hymnes bouddhistes ; il était alors généralement accompagné sur un instrument à cordes, la *biwa*. Le plus grand lac du Japon a été nommé le lac Biwa parce qu'il a la forme de cet instrument. Ce poème chanté ou plutôt psalmodié fut le précurseur de l'*Utai* qui eut une telle vogue pendant la période suivante. Le *Jôruri*, chant plus moderne accompagné sur le *shamisen*, a aussi la même origine. Ce qui plaisait surtout dans le *Heike*, c'étaient les infortunes de la famille Taïra et la bravoure chevaleresque dont ses héros avaient fait preuve dans la défaite. Ces malheurs, preuve manifeste de l'incertitude du destin des hommes, étaient assez célèbres pour émouvoir profondément les courtisans approchant du terme de leur vie, à qui le bouddhisme avait appris à jeter sur toutes choses un regard pessimiste et qui n'étaient que trop disposés à aimer toutes choses à leur déclin. Bien au contraire, les guerriers, lorsqu'ils écoutaient le *Heike*, se substituaient à quelque brave chevalier Taïra qui avait combattu jusqu'au bout avec le même courage inflexible et était mort avec une sérénité digne d'un immortel.

Ce n'est pas parce que tous les membres de la famille Taïra étaient plus raffinés que les Minamoto, ou parce que leur culture chevaleresque avait donné une impulsion nouvelle à la littérature japonaise, que cette période constitue une date importante de l'histoire de notre civilisation. Pourtant, presque tous les traits essentiels de la civilisation du régime militaire datent de cette brève période de la splendeur des Taïra. En tant qu'héritiers d'une civilisation empruntée, les guerriers Taïra n'étaient point aussi imbus des raffinements étrangers que l'étaient les Fujiwara. C'est pourquoi, lorsqu'il leur fut permis de s'approcher du trône, on remarqua chez eux une fraîcheur naturelle totalement absente chez les

Fujiwara, déjà épuisés par la civilisation chinoise. Cette fraîcheur peut être considérée comme le signe de la résurrection de l'esprit conservateur qui, depuis long-temps, se trouvait latent dans les plus basses classes de la population. A une telle phase de l'histoire, les élé-ments conservateurs se rangent généralement du côté de la force et de l'énergie. Il est vrai que Kiyomori, ses fils et ses petits-fils avaient surtout cherché à s'élever parmi les courtisans, de façon à « planer au-dessus des nuages ». En d'autres termes, leur ambition première n'avait pas été de jeter les basses classes de la société contre l'aristocratie. Ils n'étaient pas du tout révolu-tionnaires, mais, quelles qu'aient pu être leurs véri-tables intentions, ils ne purent retenir ceux de leurs partisans dont les intérêts étaient les mêmes que ceux du bas peuple. Il est vrai que ce dernier était en pleine sympathie avec les chefs militaires, qu'ils appartinssent à la famille des Taïra ou à celle des Minamoto, car ils les aimaient beaucoup plus que les Fujiwara. Aussi le suc-cès des Taïra éveilla-t-il dans la plus grande partie de la nation l'esprit qui sommeillait depuis longtemps, et ce réveil des Japonais, si nous pouvons leur donner ce nom, donna une vigueur nouvelle à tous les éléments de la société d'alors et incita toute la nation à un acte éner-gique.

La preuve la plus frappante de cette résurrection du Japon se trouve dans les chefs-d'œuvre de la sculpture de cette époque. La première grande période de sculpture japonaise avait été celle de l'ère de Tempyô, c'est-à-dire du règne de l'empereur Shômu. Après sa mort, cet art était, peu à peu, tombé en décadence, et seule l'époque Taïra peut être comparée à celle de Tempyô. Les œuvres de Unkei et de Tankei, dont les noms devinrent alors célèbres, bien que n'ayant ni le modelé exquis, ni la sérénité des statues de l'ère de

Tempyô, sont cependant plus vigoureuses et plus puissantes que ces dernières. Ce que ces maîtres aimaient à représenter, c'étaient des divinités autres que Bouddha et surtout des divinités guerrières. Si on compare leurs œuvres à celles de Tempyô, il nous est facile d'observer les changements survenus dans l'esprit national.

En ce qui concerne la peinture, un des éléments de progrès le plus remarquables, c'est la variété des sujets traités. Avant cette époque, les artistes aimaient surtout peindre des images de Bouddha, des divinités bouddhistes, des scènes de l'histoire bouddhique et des portraits de prêtres bouddhistes célèbres. Ils faisaient aussi des paysages, mais beaucoup moins fréquemment. Or, vers cette époque, on commença à peindre non seulement des portraits de prêtres, mais aussi de courtisans et de généraux. Quelques-uns des chefs-d'œuvre de Takanobu existent encore aujourd'hui. Cette rapide évolution peut être considérée comme un des symptômes de l'individualisme qui commençait à se développer dans la nation. Les peintres de *makimono* (peintures pouvant s'enrouler autour d'un cylindre de bois) s'étaient jusqu'alors attachés à représenter des séries de scènes de l'histoire bouddhique, à l'exclusion presque générale des autres événements historiques ou des scènes intimes ; à partir de ce moment, ils commencèrent à peindre des scènes profanes. Sur les premiers *makimono* figurait fréquemment, soit l'image de Bouddha, soit celles de divinités bouddhiques, et cela sans que les paysages, les habitations, les foules de fidèles de diverses professions s'y trouvassent représentés. Sur les *makimono* de date plus récente apparaissent les fonds et les personnages secondaires, peints parfois avec plus de soin que les protagonistes eux-mêmes ; on y trouve même des tableaux de batailles (ayant eu lieu dans les provinces de Mutsu et de Dewa) et quelques

scènes des luttes célèbres des Taïra et des Minamoto.
Les plus remarquables sont ceux du prêtre-artiste
Toba-Sôjô, dans lesquels un élément nouveau se fait
jour ; Toba-Sôjô, en effet, prend plaisir à ridiculiser
les mœurs et coutumes de son temps. Dans un tableau
célèbre de cet artiste, il y a une allégorie où quelques
animaux fort connus comme les renards, les lapins,
les grenouilles, etc., représentent certains personnages
de diverses professions. D'autre part, on observe entre
la littérature de cette époque et celle de l'ère précédente des différences tout aussi caractéristiques et de
même nature. Auparavant, bien que les œuvres écrites
en japonais fussent profondément influencées par la
Chine, il était rare que l'on citât des mots ou des
phrases chinoises sans les traduire en japonais, la littérature japonaise ne mêlant point les deux langues et
se développant parallèlement à la littérature chinoise.
Par la suite, toutefois, on commença à combiner les
deux langues et les deux styles. Des expressions, des
phrases, voire même quelques figures de rhétorique
chinoises, commencèrent à être insérées dans les œuvres
japonaises, bien que la construction des phrases restât
tout aussi japonaise qu'auparavant. Il en résulta un
style hybride où des mots chinois étaient reliés les uns
aux autres par des expressions japonaises. Le résultat
de cette nouvelle coutume fut qu'un nombre de mots
japonais tombèrent en désuétude et que les Japonais,
dans leurs écrits comme dans leurs discours, furent
obligés d'avoir recours au vocabulaire chinois ; l'évolution de la langue japonaise, en tant que langue indépendante, s'en trouva malheureusement retardée. La
littérature japonaise s'enrichit, par contre, d'un grand
nombre d'expressions chinoises, et ceci lui permit
d'exprimer la pensée d'une façon concise et forte, voire
même, en certains cas, dans un style très élevé, chose

jusqu'alors sinon impossible, tout au moins extrêmement difficile. Le nombre des idéogrammes employés
augmenta de génération en génération, à tel point
qu'il est aujourd'hui trop tard pour les arracher de
notre langue. Tout ce que la nation japonaise a accompli
dans le passé, toute son histoire, mieux encore, toute
sa civilisation, nous a été transmis dans cette langue
qui est un mélange de vocables chinois et de syntaxe
japonaise. Tout s'y trouve exprimé par des symboles,
lesquels ne sont en somme que des idéogrammes chinois
ou leurs abréviations les *Kana*. Au commencement de
l'ère de Meîji, on essaya de remplacer les idéogrammes
chinois par les seuls *Kana*, qui ne sont que de simples
abréviations de ces idéogrammes ; mais cette tentative
dut être abandonnée. A peu près vers la même époque,
on essaya de substituer l'alphabet latin aux idéogrammes chinois et aux *Kana*, et il existe encore un
certain nombre de partisans de cette réforme. Leur
succès dépend toutefois entièrement de la valeur de la
civilisation qu'ont acquise les Japonais. Si cette civilisation est peu de chose et peut être mise au rebut sans
regrets, si l'histoire est sans valeur quant au présent et
à l'avenir du pays, alors, et seulement alors, pourront-
ils avoir quelque chance de succès. Dans le cas contraire, leur projet ne peut être qu'un rêve de retour de
l'âge d'or.

L'esprit de la nouvelle époque se manifesta également
dans le domaine de la religion d'une façon non moins
remarquable que dans celui de l'art et de la littérature.
Depuis l'introduction du bouddhisme dans notre pays,
cette religion jouait un rôle assez singulier dans la vie
sociale de la nation. Bien que la famille impériale et
les grands nobles eussent accueilli avec enthousiasme
la nouvelle foi et adorassent les « dieux des barbares »,
leur adoption du bouddhisme n'était point, à vraiment

parler, une conversion, car le bouddhisme ne fut jamais leur seule et unique religion. Ils continuèrent à respecter les anciennes divinités, tout en rendant un hommage enthousiaste à Bouddha. Le shintoïsme était, sinon une religion, tout au moins une doctrine fort semblable à une religion ; nous dirons même qu'elle ressemblait plus à une religion que toute autre doctrine de cette époque. Par suite, aussi longtemps que le shintoïsme conserva son influence, les Japonais ne furent point en réalité des bouddhistes. Les prêtres bouddhistes le comprirent fort bien et s'efforcèrent, non point de renverser le shintoïsme, mais plutôt de l'incorporer dans leur propre dogme. Ils y réussirent, mais ne purent entièrement effacer de la vie spirituelle des Japonais le caractère d'indépendance dont le shintoïsme l'avait imprégnée. Le bouddhisme réussit ainsi à consolider sa position au Japon, mais fit assez peu de progrès. Toute tentative d'assimilation ayant pour objet de détruire l'existence indépendante des choses qu'on cherche à assimiler risque, en voulant ajouter un nouvel élément à un tout déjà existant, de détruire l'homogénéité de ce tout. Ainsi, le bouddhisme ne put détruire l'existence indépendante du shintoïsme et devint lui-même une religion hétérogène par suite de sa tentative d'assimilation du shintoïsme. Par conséquent, la raison d'être même du bouddhisme fut, au Japon, fort affaiblie par cette assimilation. Le bouddhisme ne pénétra, d'ailleurs, que très lentement dans les couches inférieures de la nation, en dépit de toute l'aide que lui donna le gouvernement, lequel alla, par exemple, jusqu'à nommer des prédicateurs, non seulement dans la capitale, mais aussi dans les provinces les plus éloignées et fit construire, à ses propres frais, un temple dans chacune des provinces. Les gens du peuple avaient, certes, besoin qu'on s'occupât de leur salut, mais ils ne pouvaient s'attendre à trouver dans le bouddhisme ce qu'ils n'avaient encore pu obtenir du shintoïsme.

Bref, le bouddhisme, par suite de sa transformation et de sa naturalisation, perdit ce caractère d'universalité qui en est la qualité principale et, ainsi atténué, n'eut plus aucune force de rayonnement. Le bouddhisme, en tant que philosophie religieuse, demeura intact, mais l'adroit subterfuge que ses prêtres avaient employé pour l'adapter à notre pays ayant été poussé à l'extrême, son efficacité, en tant que religion pratique, s'en trouva affaiblie. Certes, des prêtres continuèrent à étudier la philosophie fort complexe du bouddhisme, soit dans les cloîtres, soit dans les profondeurs des forêts, ou dans les retraites des montagnes, mais ils n'eurent plus aucune influence sur la société en général. La masse de la population considérait le bouddhisme tout simplement comme le culte d'un grand nombre de divinités différant fort peu des objets de leurs anciennes superstitions ; ou bien, encore, ils voyaient en lui une sorte de spectacle agréable dont les réjouissances lui plaisaient. Ces gens étaient trop occupés pour se consacrer à la méditation et trop ignorants pour se hasarder à faire de la philosophie.

Prendre la religion pour un spectacle ! Le fait d'avoir une telle pensée ne constitue-t-il pas, selon toute apparence, un blasphème étonnant ? Pourtant, quel lecteur étranger pourrait en être choqué, puisque les spectacles religieux se trouvent à l'origine du théâtre européen et qu'aujourd'hui encore, dans certains villages des vallées des Alpes, on donne des représentations de cette nature. Les services de l'Église catholique romaine et ceux de l'Église orthodoxe grecque ne contiennent-ils pas de nos jours des éléments dramatiques ? Ces éléments qui émeuvent le public n'ont-ils pas toujours pour effet de poétiser la religion et n'est-ce pas pour cela même que les églises du moyen âge, dans toute la chrétienté, y eurent si souvent recours ? Dans notre pays, les bouddhistes employèrent exactement la même méthode. Ils instituèrent, à dates fixes, au cours des diverses saisons, certaines cérémonies et processions, et ces spectacles religieux servirent à captiver l'esprit des spectateurs.

Mais il existe une différence entre le christianisme et le bouddhisme ; en général, le premier cherche à s'établir surtout dans les basses classes, tandis que le bouddhisme, au Japon tout au moins, commença à catéchiser l'aristocratie et ce fut d'elle qu'il descendit vers le peuple. Bien que les courtisans fussent à même d'assister aux splendides spectacles qu'organisaient pour eux des prêtres revêtus de robes aux couleurs riches et variées, évoluant au son d'une musique céleste, ces spectacles n'avaient lieu que dans la métropole ou ses environs immédiats ; ils étaient et trop coûteux et trop aristocratiques pour être à la portée des gens du commun. Ainsi, non seulement les gens du peuple ne pouvaient faire leur salut, mais ils ne pouvaient même pas assister à ces splendides cérémonies, la plus belle distraction qui fût possible dans un âge où le théâtre n'existait pas ; et pourtant les gens du peuple ne pouvaient être longtemps négligés. Leurs yeux s'ouvrirent, bien que lentement, et ils ne tardèrent pas à revendiquer leur part de réjouissances. Comment faire droit à ces revendications, assez vagues d'ailleurs, et dont le peuple qui les faisait avait lui-même à peine conscience ? Grâce au bouddhisme, et au bouddhisme seul, lequel aurait dû, de quelque façon que ce fût, être réformé. Le shintoïsme, quelque forte qu'ait pu être son emprise sur l'esprit national japonais, présente certaines lacunes et ne peut être considéré comme une religion dans le sens le plus strict du terme. C'est pourquoi il lui était fort difficile d'évoluer en même temps que la civilisation toujours en progrès de notre pays. Si donc le peuple avait besoin de quelque chose qui ne peut se trouver en dehors de la religion, ce quelque chose, il devait le chercher autre part que dans le shintoïsme, c'est-à-dire dans le bouddhisme qui était alors au Japon le seul culte digne du nom de religion. Or, puisque cet élément nouveau qu'on y recherchait n'avait point jusqu'alors existé dans cette religion, il fallait donc que cette religion fût réformée. Il est vrai que, depuis le début du dixième siècle, on avait à plusieurs reprises essayé de rendre le bouddhisme accessible et intelligible à toutes les classes et qu'un puissant mouvement religieux avait eu lieu à la fin du onzième siècle. Tous ces mouvements religieux avaient un élément commun : ils s'efforçaient tous d'enseigner au peuple la valeur du *nembutsu*. D'après le *nembutsu*, quiconque invoquait fréquemment l'aide de Bouddha en répétant à haute voix le nom d'Amita, une des manifestations de Bouddha, était assuré du bonheur éternel. Entre autres associations religieuses, il nous faut citer une communauté aux règles assez compliquées et qui ressemblait quelque peu à une société financière. Un des membres de cette communauté devait contribuer à l'enrichissement spirituel de tous, en répétant cette invocation un certain nombre de fois, les bénédictions ainsi méritées devenant la propriété de tous les membres ; il agissait ainsi comme un actionnaire qui verse une partie du capital qu'il a souscrit. Cette communauté ne diffère que fort peu de ces associations religieuses européennes du moyen âge qui supputaient la valeur des grâces obtenues par tous les *Ave Maria* qu'avaient chantés leurs membres. Ce qu'il y avait de plus étonnant dans cette communauté, c'est qu'elle prétendait encore augmenter son mérite, déjà unique au monde, en déclarant que toutes les divinités bouddhistes étaient membres de cette communauté et que leur *nembutsu* céleste ne manquerait point de s'ajouter au dividende spirituel qui devait un jour être payé aux actionnaires mortels.

Une communauté de ce genre ne risquait d'ailleurs en rien de saper les traditions bouddhistes au Japon, elle en était, au contraire, un des meilleurs soutiens. C'est ainsi d'ailleurs que l'Église de Rome avait favorisé l'organisation des ordres religieux tels que les Bénédictins, les Augustins, les Franciscains, les Dominicains, etc. Les apôtres du *nembutsu* ne songeaient point à devenir les précurseurs d'un mouvement réformateur comme celui qui se produisit pendant la génération suivante, bien que ce dernier ait eu presque les mêmes objets en vue. Eshin, un des prêtres du temple de Enryakuji, fut un des précurseurs de Hônen, lequel ne vint au monde que cent ans plus tard. Eshin n'avait ni l'intention, ni le pouvoir d'être un réformateur, bien que Hônen l'ait adoré pour sa sainteté et ait été, d'après sa propre déclaration, son seul interprète. Hônen, lui aussi, était très modeste et ne se posa jamais en réformateur. C'était un des bouddhistes les plus modérés de son temps, au Japon. Ce fut contre son gré qu'il fonda la secte Jôdo, laquelle a encore une très grande influence de nos jours. Tous les réformateurs de la période de Kamakura suivirent les traces de Hônen.

Ainsi la religion, l'art et la littérature subissaient, vers la même époque, d'importantes transformations, et cette époque est exactement celle où se produisirent de grands changements dans le domaine politique. Cette coïncidence ne saurait être négligée ou considérée comme un simple hasard. Elle fut vraisemblablement le résultat d'une action commune. Le régime qu'avaient fait mûrir les nobles Fujiwara de Kyôto était arrivé à son apogée et demeurait stationnaire. Il fallait donc que le Japon reçût une impulsion nouvelle, de quelque façon que ce fût. C'était là une nécessité, et c'est pourquoi les Taïra purent enfin l'emporter sur les Fujiwara. L'élévation de cette famille militaire ne saurait donc être attribuée aux seuls mérites de ses principaux membres; mais sa chute, au contraire, provint de ce qu'ils ne prirent pas conscience du rôle qu'ils avaient à jouer dans l'histoire du Japon. A peine se furent-ils emparés du pouvoir qu'ils commencèrent à marcher sur les traces de leur prédécesseur, sans voir que le chemin que ces derniers avaient suivi menait à un abîme. Ces vaillants guerriers se transformèrent trop vite en pseudo-courtisans. « Les chercheurs de momies allaient être transformés en momies », comme le dit un proverbe japonais. Ce fut juste à ce moment, que les Taïra furent renversés par les Minamoto. Les Taïra avaient voulu remonter le courant. S'ils étaient restés plus longtemps au pouvoir, le nouvel esprit de cette nouvelle époque qui commençait à peine à fleurir se serait flétri et le Japon aurait eu le même sort que les autres monarchies orientales. La chute des Taïra fut donc un événement heureux pour notre pays.

Lorsqu'il établit son shôgunat, Minamoto-no-Yoritomo s'engagea dans une voie tout à fait différente. Il avait passé son enfance à Kyôto et connaissait le mode d'existence de la capitale, d'où, probablement, son aversion pour le sybaritisme de la Cour. D'ailleurs, si même il avait voulu marcher sur les traces des Taïra, il n'aurait pu le faire, car ce n'est pas par ses seuls efforts qu'il avait été élevé à la dictature. En effet, c'étaient les Minamoto et les Taïra qui avaient colonisé les provinces orientales et, en dépit de leurs origines différentes, ils étaient accoutumés au même mode d'existence ; ils avaient souvent combattu sous les mêmes étendards contre les *Aïnous*. Bien qu'ils se querellassent fréquemment, il ne laissait pas d'y avoir une fraternité d'armes très chaleureuse entre eux. Ces rudes chevaliers s'étaient peu à peu affinés, par suite de l'éducation que leur avaient donnée les prêtres des campagnes qui enseignaient dans les *terakoya* (les huttes dans le temple), les seules écoles primaires de l'époque. Ils avaient eu fréquemment aussi l'occasion d'entrer en contact avec la civilisation de la métropole, car ils étaient tenus de par leur rang d'y aller séjourner tour à tour, quelquefois même pendant des années, comme gardes d'honneur de la capitale ou du palais impérial. Les plus intelligents d'entre eux s'étaient même habitués à la vie de la ville et avaient acquis la connaissance de quelques-uns des arts d'agréments, si hautement estimés par les courtisans.

Quand Yoritomo, alors exilé de Kyôto, se joignit à eux, ces guerriers l'accueillirent avec joie, car il descendait d'une famille de généraux que leurs pères avaient toujours servie et dont ils révéraient le nom. Ayant choisi cet exilé comme chef, ils se soulevèrent tous contre les Taïra, ennemis traditionnels de la famille à laquelle ils étaient attachés. Après leur victoire, ils ne voulurent point que leur chef se transformât en pseudo-courtisan, comme l'avaient fait les Taïra, et c'est pourquoi Kamakura fut, en 1183, choisie comme siège du gouvernement militaire.

En vérité, on ne saurait dire que Kamakura fût une place imprenable, même dans ces temps éloignés. Sa situation est trop resserrée entre de hautes collines pour que cette ville pût devenir une véritable capitale, et bien qu'elle soit située au bord de la mer sa baie est trop peu profonde pour offrir un refuge même à des barques d'un faible tirant d'eau. Ainsi donc, si ce site fut choisi, ce fut non à cause de sa situation géographique, mais bien parce qu'il était au centre de la région qu'habitaient les partisans de Yoritomo. Nous ajouterons aussi qu'il s'y trouvait un autel shintô, celui de Hachiman de Tsurugaoka, où Yoshiiye, un des ancêtres de Yoritomo, adoré presque comme un demi-dieu par les guerriers japonais, était venu célébrer sa majorité.

Le gouvernement militaire, c'est-à-dire le shôgunat, établi à Kamakura, était tout à fait différent du gouvernement précédent que les Taïra avaient établi à Kyôto. Avant d'entrer dans les détails, il nous faut expliquer brièvement le sens et la portée de cette révolution. Quand les Fujiwara étaient devenus les vrais maîtres du Japon, ils avaient tout d'abord essayé de gouverner sagement et consciencieusement, mais au cours des années leur énergie et leur volonté s'étaient peu à peu affaiblies. Leur prospérité, due à leurs empiétements sur le domaine public, en fit des prodigues et des paresseux et les rendit incapables de s'occuper sérieusement des grandes affaires de l'État. En outre, comme il ne s'était produit aucun événement qui aurait pu nécessiter une action commune de tous les membres de la famille (union que le nombre sans cesse croissant des rameaux de cette famille eût rendue fort difficile au cas où ses chefs l'auraient réellement souhaitée), des luttes fratricides, qui eurent pour effet d'affaiblir le prestige de tous les Fujiwara devinrent très fréquentes. C'est alors que l'empereur Go-Sanjô voulut reprendre en mains les rênes du gouvernement que ses ancêtres avaient laissé échapper, mais il ne termina pas sa tâche et la légua à son fils l'empereur Shirakawa. Ce dernier reprit le pouvoir, mais il ne put être aussi puissant que l'avaient été les grands souverains des temps passés. Les affaires d'État avaient décru, et en nombre et en importance. L'empereur ne disposait plus que de quelques domaines, les seuls que lui avait laissés l'avidité des Fujiwara, et il n'était plus guère chargé que de la police de la capitale. L'empereur Shirakawa ne crut pas nécessaire de diriger le pays en tant qu'empereur régnant et il abdiqua en faveur de son fils ; mais, après son abdication, il s'occupa de ce qu'on appelait alors les affaires d'État. Par suite de cette conduite, la situation de l'empereur régnant devint assez difficile, nul n'étant en fait responsable de l'administration du pays. Pourtant, la famille impériale regagna quelque peu de son ancien prestige et put mettre des limites à l'arrogance des Fujiwara. Ceux-ci, cependant, n'en demeurèrent pas moins très riches et très puissants, quoique ayant une influence politique un peu moindre qu'auparavant. Pendant quelque temps, l'influence politique des Taïra contre-balança celle des Fujiwara, sans toutefois affaiblir beaucoup cette dernière. La chute des Taïra prouva clairement qu'étant donné l'état du pays, les noms et les titres n'avaient en fait aucune valeur et que la vraie puissance était celle d'une classe militaire ayant à sa disposition des ressources matérielles importantes. Les Taïra jouirent pendant quelque temps du pouvoir, mais s'écartèrent de la voie qu'ils avaient d'abord suivie, ce qui fut la véritable cause de leur chute. Yoritomo, homme politique avisé, se garda bien d'imiter les fautes de ses adversaires !

Le shôgunat que Yoritomo établit à Kamakura ne saurait être considéré comme un gouvernement régulièrement constitué. Son organisation ressemblait plutôt à celle qui est nécessaire dans toute grande famille de haut rang. Les quelques fonctionnaires du shôgunat étaient considérés plutôt comme des serviteurs privés que comme de hauts employés de l'État. Les secrétaires du shôgun, ses gardes du corps, ses écuyers, etc., le servaient non parce qu'ils avaient été officiellement

nommés à un poste public, mais bien parce qu'ils faisaient partie de sa suite, parce qu'ils étaient ce que l'on
appelait alors ses *go-kenin*, c'est-à-dire les « hommes
de la maison auguste ». Bref, le shôgunat fut, à vraiment parler, non point le gouvernement d'un État, mais
celui d'une famille ; en réalité, Yoritomo n'avait jamais
eu la prétention de s'emparer du gouvernement du
Japon. Nous n'en voulons comme preuve que le fait
qu'à ses débuts la juridiction du shôgunat était loin de
s'étendre sur tout l'Empire.

Dans les chapitres précédents, j'ai parlé des empiétements faits sur le domaine public par les Fujiwara.
Les exploitations agricoles privées, alors appelées
shô-en, ressemblaient beaucoup aux grands domaines
anglais et s'agrandissaient d'année en année, de telle
façon qu'elles finirent par s'étendre jusqu'aux provinces
les plus éloignées. Quelques empereurs déterminés
avaient voulu mettre un terme à ces empiétements qui
réduisaient sans cesse le domaine de l'État, mais leurs
ordres n'avaient eu que fort peu d'effet. Ces domaines
n'étaient point administrés directement par leurs nobles
propriétaires, lesquels possédaient souvent plusieurs
domaines situés très loin les uns des autres. L'administration de chaque domaine était, en général, confiée à
un serviteur du maître qui, soit faisait lui-même fonction d'intendant, soit choisissait comme gérant un des
pionniers du domaine ou un descendant d'un pionnier,
ce qui semblait assez raisonnable, puisque, ainsi que
nous l'avons vu, le domaine avait été à l'origine cédé
au seigneur par ses premiers occupants.

Ces intendants ne tardèrent pas à s'arroger le droit
de gouverner les habitants des domaines et de leur
donner des ordres sans y avoir été autorisés par le gouvernement. Cette usurpation de fonction n'eût point
été tolérée dans un État bien constitué. Mais les gou-

verneurs de province n'étaient pas assez puissants pour
mettre un frein aux abus de ces intendants ; la plupart
d'entre eux, d'ailleurs, demeuraient à Kyôto où la vie
leur était douce et abandonnaient à des lieutenants le
soin d'administrer leurs provinces. En outre, plusieurs
de ces domaines avaient été, par ordre spécial, placés
hors de la juridiction des fonctionnaires provinciaux
et constituaient des communautés quasi autonomes, gouvernées par les intendants à demi indépendants ou plutôt ne relevant que de leurs maîtres lesquels résidaient
généralement à Kyôto. Quant aux domaines appartenant à des temples shintoïstes ou bouddhistes, ils
jouissaient, eux aussi, d'un régime spécial assez semblable à celui des terres des grands nobles et des membres de la famille impériale, dont nous venons de parler. Les Taïra, lors de l'apogée de leur puissance, possédaient un grand nombre de ces domaines, et nous
avons vu que les partisans des Minamoto avaient été
recrutés parmi les habitants de leurs terres.

Quand Yoritomo renversa la famille Taïra, il confis-
qua ses biens à son profit et envoya, dans chacun des
domaines ainsi conquis, un de ses lieutenants auquel il
donna le titre de *jitô*, lequel signifie littéralement
« maître de la terre ». La principale fonction de ces *jitô*
était de percevoir chaque année un impôt en riz proportionnel à l'étendue des rizières dépendant de chaque
domaine. Ce riz devait, en principe, servir de nourriture aux soldats de Yoritomo et de ses lieutenants, mais
constituait en fait le principal revenu du *jitô*, puisque
le *jitô* était lui-même le chef militaire chargé de distri-
buer ce riz. Les *jitô* étaient, en outre, chargés de veiller
à ce que le bon ordre régnât dans leurs domaines. Une
fois nommés, les *jitô* pouvaient, s'ils y étaient autorisés
par le shôgun, rendre leur office héréditaire. Yoritomo
nomma, en outre, dans chaque province un gouverneur

militaire qu'il appela *shugo* et dont l'autorité s'étendait
sur tous les sujets du shôgun qui résidaient dans cette
province, y compris les *jitô*. D'ailleurs, le *shugo* était
en général un guerrier, et le plus souvent lui-même un
jitô, soit dans la province qu'il gouvernait, soit dans
une autre et cumulait ainsi les deux fonctions.

Le shôgun n'envoya point de *jitô* dans les terres
appartenant soit aux nobles de Kyôto, soit aux temples
et monastères. Quant aux conflits de bornage, aux
affaires de succession, etc., ils n'étaient soumis aux
conseillers juridiques du shôgun que lorsqu'une des parties en cause était un des hommes du shôgun. Il
ressort de ce qui précède que jamais le shôgun ne prétendit avoir aucun droit sur les terres non soumises à
sa juridiction, et par suite ne chercha jamais à s'emparer du gouvernement civil du Japon tout entier. Mais
l'établissement du shôgunat, reconnu officiellement par
l'empereur qui décerna à Yoritomo le titre de « géné-
ralissime ayant pour mission de châtier les *Aïnous* » fit
de ce dernier un chef militaire tout-puissant. Le shôgun
pouvait en effet convoquer, par l'intermédiaire des
shugo, le ban des *jitô* de toutes les provinces ; nul
n'était alors, au Japon, capable de réunir des forces
aussi importantes, et peu à peu le pouvoir civil fatale-
ment passa aux mains du shôgun, le véritable maître
des forces vives du pays.

Si le shôgunat n'avait pas évolué, il ne serait point
devenu le gouvernement régulier du Japon et ce dernier
aurait peut-être été démembré. Mais il arriva que les
intendants des terres non soumises à la juridiction du
shôgun se rendirent vite compte que les sujets de ce
dernier jouissaient d'une situation privilégiée et s'enrô-
lèrent à son service, et les domaines qu'ils gouvernaient
passèrent sous la juridiction militaire du shôgun,
nonobstant les protestations de leurs vrais propriétaires,

les nobles de Kyôto, les temples et les monastères. Mais ces derniers ne pouvaient guère faire triompher leurs revendications, et comme cette extension de la puissance effective du shôgun ne diminuait que fort peu leurs revenus, ils finirent par reconnaître tacitement cette nouvelle situation. Le nombre des hommes-liges du shôgun s'accrut très rapidement, et bientôt son pouvoir s'étendit sur la plus grande partie du pays. Le shôgunat n'était donc plus le gouvernement d'une seule famille nombreuse et puissante, mais bien le véritable gouvernement *de facto* accepté par la nation. Cette évolution s'accomplit dans le premier quart du treizième siècle.

Une transformation aussi importante ne pouvait s'effectuer sans difficulté. Les nobles de Kyôto qui, tout d'abord, n'avaient point compris la portée de l'établissement du shôgunat, simple gouvernement militaire institué dans un village provincial, finirent par sortir de leur somnolence et se rendre compte du danger qu'il représentait pour eux ; et ils ne tardèrent point à chercher à s'emparer de nouveau du pouvoir que leur négligence leur avait fait perdre. D'autre part, dans la classe des guerriers, voire même parmi ceux qui appartenaient au shôgun, il ne laissait point de se trouver des mécontents. En effet, à la mort de Yoritomo, le pouvoir réel passa aux mains des parents de sa femme, les Hôjô, bien que ses deux fils eussent, l'un après l'autre, hérité de son titre.

Les Hôjô ne manquèrent point de se partager les principales charges militaires de l'Empire, et les guerriers des autres familles, se trouvant ainsi évincés, commencèrent à souhaiter leur chute. Il ne manquait pas, d'ailleurs, d'ambitieux tout disposés à suivre l'exemple de Yoritomo et à établir un autre gouvernement militaire. Tous ces mécontents s'unirent aux nobles de Kyôto et bientôt la guerre civile, connue dans l'histoire sous le nom de guerre de Jôkyû, éclata. Mais les Hôjô l'emportèrent et le shôgunat sortit de cette épreuve plus puissant qu'il ne l'avait jamais été.

Treize ans après cette guerre, Yasutoki Hôjô entreprit la première compilation des lois du shôgunat. C'est ce qu'on appelle « le recueil de lois de l'ère de Jôei ». Ce recueil n'était ni un code régulièrement établi, ni une imitation de lois étrangères comme celui de Taihô, mais bien plutôt une collection d'extraits de jugements rendus par la magistrature shôgunale, une sorte de droit coutumier, dans le genre du « case law » anglais, uniquement basé sur des précédents et ne présentant nullement le caractère d'un code pénal établi, selon un principe fondamental de droit, en prévision de toutes éventualités. Le but de ce recueil est d'ailleurs clairement expliqué dans la conclusion, écrite par Yasutoki lui-même. D'après lui, les compilateurs n'avaient point voulu remplacer les anciennes lois par de nouvelles. D'anciennes lois étaient, en effet, tombées d'elles-mêmes en désuétude et les lois de Jôei ne furent promulguées qu'en tant que recueil pratique destiné aux fonctionnaires des diverses administrations.

Quel qu'ait pu être le véritable motif de Yasutoki et de ses conseillers juridiques, le fait même de composer ce recueil prouve que le shôgunat avait déjà rendu un nombre de jugements suffisant pour pouvoir servir de précédents et de guides pour la plupart des affaires. On pourrait dire également que les Hôjô considéraient le shôgunat comme établi sur des bases solides et se croyaient capables de diriger les affaires publiques au nom du gouvernement régulier, sans crainte de soulèvement grave. Leurs victoires récentes les avaient délivrés de toute appréhension, surtout en ce qui concernait les nobles de Kyôto.

Ce recueil vit le jour en l'année 1232, soit cinquante ans après l'établissement du shôgunat à Kamakura ; d'importants changements s'étaient donc produits pendant ce demi-siècle. Le régime militaire s'était enraciné dans la vie nationale japonaise. La famille Minamoto s'était éteinte, lors de la mort du deuxième fils de Yoritomo. Le shôgunat avait été ensuite occupé d'abord par des membres de la famille Fujiwara, ensuite par des princes du sang. Mais tous ces shôguns ne furent aux mains des Hôjô que des instruments. Plus tard, les Hôjô tombèrent à leur tour, et d'autres familles de guerriers prirent, l'une après l'autre, le pouvoir ; ainsi le régime militaire se perpétua au Japon jusque vers le milieu du dix-neuvième siècle. Certes, ces changements de chefs n'allèrent point sans entraîner quelques modifications dans le régime lui-même. Le shôgunat de la famille Ashikaga différait quelque peu du shôgunat de Kamakura, et celui que les Tokuguwa établirent à Edo fut encore d'une autre sorte. Pourtant, on retrouve chez tous certains traits communs, et tous se distinguent nettement du gouvernement des nobles de la famille Fujiwara, car, en somme, tous avaient la même armature. Le shôgunat de Kamakura, au contraire, était différent du gouvernement formaliste qui l'avait précédé. Le shôgunat était, avant tout, réaliste et pratique. Ce n'était pas seulement parce qu'il était d'origine noble que Yoritomo avait pu fonder le shôgunat. Il devait, certes, une grande partie de son triomphe à l'aide que lui avaient donnée librement les guerriers disséminés dans les provinces orientales, et qui tous prétendaient descendre de quelque personnage illustre, mais dont, en réalité, les ancêtres avaient, pendant plusieurs générations, vécu en contact constant avec la classe populaire. Le nouveau gouvernement se garda donc bien de négliger les intérêts de ces guerriers. En outre, il dut, de façon à pouvoir le cas échéant lever des armées, prendre grand soin, non seulement de ses fidèles, mais encore de toute la population. Pour durer, il fallait qu'il pût compter sur la fidélité des premiers et fût assuré d'être aimé du peuple. Ceci présente un contraste frappant avec le régime des Fujiwara. Ces derniers avaient préparé un code fort complet ; ils prétendaient gouverner avec honnêteté et douceur pour le plus grand bien des plus humbles de leurs administrés, et pourtant, ils se souciaient fort peu du bonheur des basses classes qu'ils méprisaient. Leur peu de sympathie pour le peuple provenait d'ailleurs beaucoup plus d'un préjugé de race que du caractère de ces nobles. En somme, le gouvernement du shôgun, agissant conformément à quelques rares décrets, était un gouvernement de sens commun et réussit beaucoup mieux que celui des Fujiwara. Le réalisme avait remplacé le formalisme, et le Japon s'affranchit soudain des règles conventionnelles de l'ancienne étiquette. Le pays était régénéré.

Grâce à cette renaissance, il put tirer profit de tous les bienfaits de l'ère des Taïra, qui autrement serait demeurée stérile. Dans le domaine de la religion, il existe, d'ailleurs, un lien entre l'époque des Taïra et celle des Minamoto. Un peu avant 1212, date de la mort de Hônen, le grand réformateur du Bouddhisme, un grand nombre de ses disciples avaient pu se pénétrer de sa doctrine, et la secte Jôdo s'était séparée de la secte Tendaï. Cette secte Jôdo donna elle-même naissance à la Shinshû, qui se considérait comme la secte Jôdo orthodoxe. Cette secte s'affranchit à son tour et c'est aujourd'hui une de celles qui ont le plus d'influence au Japon. Son fondateur Shiran fut, dit-on, un des disciples de Hônen et rédigea lui-même les principes fondamentaux de la secte Shinshû. Le réformateur bouddhiste déclare que ce sont les bonnes œuvres qui assurent le salut éternel. D'autre part, les prêtres de cette secte, chose unique parmi les bouddhistes japonais, avaient le droit de se marier.

Une autre secte importante, issue de la secte Tendaï, fut fondée par les disciples de Nichiren et prit le nom de Hokke. Cette secte a encore aujourd'hui un grand nombre d'adeptes ; elle est très active et sa combativité est due, en grande partie, au caractère même de son fondateur qui fut peut-être le prêtre bouddhiste le plus énergique que le Japon ait jamais connu. D'ailleurs, Nichiren ne prétendit jamais au titre de fondateur de secte et considéra toujours sa doctrine comme une reconnaissance de la doctrine Tendaï. Les tendances de la secte Hokke ressemblent beaucoup à celles des autres sectes réformées de la même époque, beaucoup plus en tout cas qu'elles ne ressemblent à la doctrine orthodoxe de Tendaï. Nichiren mourut en 1282 et ce fut au milieu du treizième siècle que sa doctrine fut le plus célèbre.

Il y a encore une secte que je dois mentionner, c'est celle de Zen. Elle fut fondée au Japon par Yôsai, qui vivait vers le même temps que Hônen. Yôsai fit deux voyages en Chine et y étudia la doctrine de Zen, qui y était alors fort populaire. A son retour au Japon, il prêcha d'abord à Hakata, port célèbre par son commerce florissant avec la Chine. Il alla ensuite à Kyôto, puis à Kamakura, faisant partout de nombreux prosélytes, surtout dans la classe des guerriers. La doctrine de Yôsai, non plus d'ailleurs que celle des autres réformateurs, n'était tout à fait nouvelle. Elle avait pour base un des éléments du Bouddhisme primitif ; elle déclarait, en particulier, qu'il ne suffisait pas pour faire son salut de croire en quelque être surnaturel existant en dehors de l'humanité et lui étant supérieur. Elle encourageait la méditation et l'étude de soi-même et avait des tendances mystiques et individualistes. Elle prêchait, par conséquent, la confiance en soi et la volonté, qualité si essentielle aux guerriers. C'est pourquoi cette secte fut protégée par le shôgunat et par la famille des Hôjô. Quant à Yôsai lui-même, on ne saurait le considérer, à vraiment parler, comme un sectaire. Il n'avait nullement l'intention d'établir une hiérarchie religieuse ou de créer une doctrine complète, et pourtant tels furent les fruits de son enseignement.

Non seulement les principaux caractères de ces nouvelles sectes, mais encore la façon dont elles se propagèrent au Japon, méritent d'être étudiés. Quelques-unes d'entre elles prirent naissance dans les provinces orientales et graduellement s'étendirent vers l'Ouest, progressant ainsi dans un sens opposé à celui que la civilisation avait suivi jusqu'alors dans notre pays. D'autres, au contraire, bien qu'ayant eu l'Ouest et même Kyôto comme berceau, portèrent tous leurs efforts vers les régions de l'Est et établirent leur centre à Kamakura. Bref, toutes ces sectes réformées s'attachèrent surtout à catéchiser les provinces occidentales. La raison en est simple. Ces provinces, moins civilisées que le reste du Japon, offraient aux missionnaires un terrain propice. Ils comptaient y recruter beaucoup plus d'adeptes que dans le vieux Japon où des cultes plus anciens avaient déjà de fortes racines. D'autre part, les réformateurs s'exagéraient un peu l'importance du nouveau siège du gouvernement, croyant qu'il était destiné à devenir le centre d'une nouvelle civilisation et comme tel appelé à un grand avenir.

En fait, ces missionnaires ne se bornèrent point à catéchiser ces seules régions, aujourd'hui connues sous le nom de Kwantô, mais étendirent bientôt leur champ d'action jusqu'aux provinces septentrionales de Mutsu et de Dewa qui se trouvent à l'extrémité du Hontô et qui depuis longtemps déjà avaient été constituées en provinces, bien qu'il se trouvât encore sur leur frontière du Nord un grand nombre d'*Aïnous*. On prétend même que Fujiwara-no-Hidehara, le grand chef chez qui Yoshitsune, le jeune frère de Yoritomo, s'était réfugié, avait du sang *Aïnou* dans les veines. L'influence de ce général s'étendait au Sud jusqu'à Shirakawa, qui séparait alors le Japon civilisé du Japon encore barbare. Peu après la chute des Taïra, les deux frères se querellèrent et Yoritomo se prépara à envahir la province de Mutsu. Cette expédition fut faite en 1189. Hidehara venait de mourir; ses deux fils ne purent résister à Yoritomo qui, après sa victoire, distribua leurs domaines à ses guerriers. Ainsi, cette vaste région passa sous la juridiction du shôgunat de Kamakura et fit partie du Japon proprement dit, qui s'étendit alors sur tout le Hontô. Les nouvelles sectes profitèrent grandement de cette extension et ne tardèrent pas à pénétrer dans les provinces du Nord.

Nous avons vu que l'esprit nouveau de cette ère nouvelle se manifesta d'abord et surtout dans le domaine religieux. Si le shôgunat de Kamakura avait gardé le pouvoir assez longtemps, il est probable qu'il aurait servi de centre de rayonnement à d'autres éléments de la civilisation nouvelle qui tenaient à se développer au Japon. Un art, une littérature différents de ceux qui avaient fleuri à Kyôto, se seraient sans doute épanouis à Kamakura. Mais les temps n'étaient pas encore révolus pour une renaissance complète. Le shôgunat, trop jeune encore, ne possédait aucun fonds de culture propre et il se laissa peu à peu influencer par le formalisme artificiel de l'ancienne culture. D'ailleurs, sa voie était semée d'obstacles et d'embûches, et il succomba en 1332. La renaissance japonaise se trouva donc retardée de quelques années.

CHAPITRE VIII

FORMATION DE LA NATION ET DÉSAGRÉGATION POLITIQUE DU PAYS

Une guerre étrangère joue toujours un rôle important dans l'histoire d'un peuple. Elle cimente le plus souvent les divers éléments qui le composent, surtout lorsque ces derniers ont plusieurs origines ethniques. Ainsi, l'union des divers éléments de l'empire allemand, vers la fin du xixe siècle, fut due aux guerres heureuses de 1864, 1866 et 1870. Or, dans le cas du Japon, ce fut l'isolement dans lequel il se trouvait qui lui permit d'amalgamer en un tout harmonieux les diverses races qui étaient venues vivre sur son sol. C'est ce qui eut lieu d'ailleurs en Angleterre. Il nous aurait même peut-être été possible d'arriver à ce résultat sans qu'aucune menace extérieure l'ait rendu nécessaire. Mais si nous avions été laissés à la merci d'influences intérieures, d'ordre purement géographique, notre union eût été beaucoup plus lente à s'effectuer, car le Japon ne le cède à aucun autre pays au point de vue de la diversité et de la complexité de ses éléments ethniques. La pression exercée par des forces extérieures eut donc un effet salutaire.

Pourtant, jusqu'à l'époque de Kamakura, le Japon avait vécu dans une sécurité relative et avait eu fort rarement l'occasion de s'engager dans une guerre qui aurait pu hâter son unification. La guerre contre les *Aïnous* s'était certes prolongée beaucoup plus longtemps que les Japonais modernes ne l'imaginent et avait eu une heureuse influence sur la nation ; mais au début de l'époque Kamakura, les *Aïnous* ne constituaient plus un danger réel, c'était déjà une race appelée à s'éteindre. Et pendant longtemps aucun peuple ne se hasarda à préparer contre nous des expéditions assez importantes pour menacer notre sécurité.

En Chine, la dynastie des Song, qui régnait depuis 960, n'avait cessé d'être inquiétée par les incursions de diverses tribus venues du nord de l'Asie. Vers l'an 1000, les Song perdirent la plus grande partie de la Chine septentrionale où une tribu tartare, les Jou-tchen, établit un État indépendant et éleva au pouvoir la dynastie des Kin. Les Kin furent en 1234 renversés par une autre tribu nomade, celle des Mongols, et cinquante ans plus tard la dynastie des Song qui gouvernait encore la Chine méridionale fut à son tour abattue par les Mongols. Ces derniers, maîtres alors de la plus grande partie du pays, fondèrent l'empire des Yuan. La Chine se trouva donc longtemps hors d'état de nous nuire. Quant à la péninsule coréenne, nous avons vu comment elle avait, tout entière, passé sous l'influence de la Chine alors gouvernée par la dynastie des T'ang. La faiblesse des gouvernements qui suivirent et l'anarchie qui en résulta permit aux habitants de respirer plus librement. Les États de Kokuri et de Kudara avaient, malgré notre aide, été détruits par les armées des T'ang ; Shiragi avait survécu en tant qu'allié semi-indépendant de la Chine, et ses habitants s'étaient pendant quelque temps livrés à de fréquentes incursions sur notre littoral occidental. Shiragi fut à son tour assujetti par les Coréens, nouvel État qui venait de s'établir dans le nord de la péninsule. Les rapports entre la Corée et le Japon furent en général assez bons quoiqu'il y ait eu parfois une certaine tension, due aux expéditions des pirates coréens sur nos côtes.

D'autres tribus voisines de la Corée, au nord et à l'est de cette dernière et riveraines de la mer du Japon, s'affranchirent tour à tour de la Chine, mais les divers États qu'elles fondèrent n'eurent qu'une existence assez courte. Certaines entretinrent avec nous des relations cordiales, d'autres au contraire se montrèrent hostiles. Parmi ces dernières, nous mentionnerons les pirates de Toi, venus d'une région habitée par une tribu Jou-tchen, mais qu'il est fort difficile de localiser avec exactitude. Ces pirates, montés sur une flotte de plus de cinquante navires, dévastèrent l'île d'Iki et la côte septentrionale de Kyûshû en 1019. Ils furent repoussés et leur défaite est considérée comme le dernier exploit militaire des Fujiwara.

La paix ne fut plus troublée pendant plus de deux siècles et demi, c'est-à-dire jusqu'à la première invasion mongole, qui eut lieu en 1274. Jusqu'à cette date, on s'était contenté, pour repousser les pirates, de faire appel aux troupes que l'on pouvait rapidement mobiliser dans les seules provinces orientales de l'empire. Le shôgunat de Kamakura agit de même lors de la première invasion mongole. Il y eut plusieurs combats que décrivit un des guerriers qui y prirent part et qu'un artiste de l'époque peignit sur un makimono qui, encore en excellent état, est un des documents les plus précieux que nous possédions. La flotte de Yuan, forte de plus de neuf cents navires, était montée par 6.700 marins et transportait 23.000 soldats dont 15.000 Mongols et 8.000 Coréens. C'était donc une armée imposante qui allait débarquer sur nos côtes, et sa supériorité numérique sur les troupes que nous pouvions lui opposer était telle que nos soldats, quelque vaillants qu'ils fussent, n'osaient espérer la victoire. L'échec de cette première expédition fut due surtout à l'inclémence des vents et de la mer.

Irrité par l'échec de cette première expédition, Khoubilai, l'Empereur de Yuan, fit organiser immédiatement une nouvelle expédition, beaucoup plus importante. La seconde invasion du Japon eut lieu 7 ans plus tard, en 1281. Cette fois l'armée mongole comprenait plus de 100.000 soldats. Le shôgunat ne pouvant mobiliser dans les provinces occidentales que des troupes insuffisantes, Tokimune Hôjô, qui était alors le véritable chef du gouvernement, convoqua les guerriers des provinces occidentales et les envoya à Kyûshû. Une bataille acharnée fut livrée sur le littoral, près de Hakata. Nos soldats luttèrent désespérément pour empêcher l'ennemi de débarquer, et ils firent si bien que les Mongols n'avaient pas encore tous quitté leurs navires lorsqu'une violente tempête s'éleva qui détruisit plus des deux tiers de leurs bâtiments, et causa la mort d'un grand nombre d'entre eux. Cet échec fut définitif et l'expansion mongole se trouva arrêtée à l'est, tout comme elle l'avait été à l'ouest 40 ans plus tôt par la bataille de Liegnitz en Silésie, où les nobles teutons et slaves avaient réussi à l'endiguer. L'échec des deux tentatives d'invasion du Japon par les Mongols est certes attribuable à l'inclémence des éléments, la vaillance de nos ancêtres ne laissa pas d'y contribuer. La destruction de la flotte mongole est un grand fait historique comparable à la défaite, trois siècles plus tard, de l'Invicible Armada par les Anglais. Dans les deux cas, la victoire fut due non seulement à une tempête opportune, mais encore à la bravoure des défenseurs et à la fermeté d'un chef. Le Japon fut sauvé, parce que Tokimune refusa d'écouter les prudents diplomates de la Cour de Kyôto.

Mais ce qui est encore plus frappant dans l'histoire de cette guerre, ce n'est point tant le courage indomptable de nos aïeux, que le fait que, pour la première fois, des hommes venus de l'est luttèrent côte à côte contre l'ennemi commun avec des habitants des provinces occidentales. Cette union de toutes les provinces du Japon n'aurait pu être réalisée sous les régimes précédents. En effet, avant l'établissement du gouvernement militaire, les provinces septentrionales du Hontô ne faisaient pas encore partie du Japon proprement dit. D'ailleurs, pendant les 90 premières années du shôgunat de Kamakura, nos guerriers n'avaient jamais eu l'occasion de prouver leur vaillance contre un ennemi venu de l'étranger. L'année 1281 marque donc la naissance de la solidarité nationale. Pour la première fois, les Japonais comprirent qu'il était utile de s'unir, car Khoubilaï attaquait l'empire du Japon tout entier, empire qui ne pouvait lui nuire et dont la conquête n'aurait pas ajouté grand'chose à sa gloire, l'empire mongol étant déjà beaucoup trop étendu. Il serait peut-être un peu exagéré de dire que cette guerre fut une guerre nationale, car le nombre des guerriers n'était pas très grand ; mais les hommes du shôgun, qui alors représentaient l'élite militaire du Japon, n'hésitèrent point à courir défendre le littoral de Kyûshû. Certains d'entre eux venaient des régions les plus éloignées de l'empire pour combattre l'ennemi de tous. Pendant longtemps même, dans les campagnes les plus reculées du Hontô, on fit peur aux enfants en les menaçant des Mongols, ce qui prouve l'importance que l'on avait attachée dans tout l'empire à cette invasion. Pour la première fois, la nation tout entière était unie dans un grand mouvement d'enthousiasme.

Si ce sentiment de solidarité nationale avait pu jeter
de profondes racines dans tous les éléments de la population, il nous eût été facile d'accélérer l'organisation
de l'État. A ce point de vue, il est regrettable que notre
victoire ait été aussi rapide. En effet, le danger une fois
passé, ce sentiment de solidarité s'affaiblit ; nous dirons
même que cette guerre sema le mécontentement parmi
les soldats qui y avaient pris part et que le shôgunat
fut impuissant à récompenser selon les services qu'ils
avaient rendus. Déjà après la guerre civile de l'ère de
Jôkyû, le Gouvernement militaire de Kamakura s'était
trouvé dans une situation embarrassante, les terres
confisquées n'ayant point suffi à récompenser ses plus
fidèles partisans. Or, après le départ des Mongols, il ne
put donner aucune terre à ses guerriers, et pourtant
seuls des dons de terre pouvaient payer les services
rendus. Si le lien moral qui au temps de Yoritomo
unissait les soldats au shôgun avait pu subsister, il
aurait été possible au shôgunat de demander à ses
partisans des services désintéressés ; mais le Gouvernement militaire, dont les Hôjô étaient devenus les
véritables chefs, ne pouvait ainsi faire appel à leur
dévouement, car les rapports entre le shôgunat et ses
sujets directs s'étaient complètement modifiés.

Les premiers *jitô* nommés par Yoritomo étaient tous
des « clients » de la famille Minamoto, et, bien qu'ils
eussent des pouvoirs militaires très étendus dans leurs
domaines et s'y conduisissent comme des fonctionnaires
publics, leur attachement au shôgunat ne provenait
point des rapports officiels qu'ils pouvaient avoir avec
lui, mais bien des liens personnels héréditaires qui les
unissaient à la famille du shôgun. Or, ces liens personnels se relâchèrent graduellement lorsque le shôgunat
devint un gouvernement réel et que les *jitô* ne furent
plus pour lui que des fonctionnaires publics. Cette

évolution s'accéléra lorsque les Hôjô prirent en mains la direction des affaires. Certes, les sujets du shôgun gardaient encore leur nom de *go-kenin* (serviteurs du shôgun de Kamakura), mais quand un Fujiwara fut élevé au shôgunat, il ne put obtenir de ses sujets la même obéissance spontanée que Yoritomo avait demandée des vassaux héréditaires de sa famille. Le shôgunat se réserva jusqu'à la fin un droit d'investiture sur les nouveaux *jitô*, mais l'exerça fort rarement. En fait, la loi salique et le droit d'aînesse étant encore inconnus au Japon, un *jitô* pouvait choisir comme successeur, soit sa femme, soit l'un quelconque de ses enfants, ou même subdiviser sa charge entre plusieurs héritiers. Il y eut ainsi des *jitô* incapables, de par leur sexe ou leur âge, de porter les armes, et il y en eut d'autres dont l'autorité ne s'étendait que sur quelques rizières, domaine trop petit pour qu'ils eussent jamais l'occasion d'exercer leur pouvoir. En outre, des gens de profession essentiellement pacifique, tels des prêtres, voire même des communautés religieuses shintôïstes ou bouddhistes, furent autorisés à succéder à un *jitô*. Dans tous les cas que nous venons d'énumérer, où le *jitô* ne pouvait pas en personne remplir ses fonctions, il déléguait ses pouvoirs à un lieutenant. Ce dernier ne relevant point directement du shôgun en usait arbitrairement. Le système militaire établi par le shôgunat en fut considérablement affecté.

Mais, et ceci est beaucoup plus grave, le shôgunat, qui, au début, n'était que l'administration d'une grande famille et le quartier général du shôgun lui-même, ne tarda pas à se transformer graduellement en cour princière. Or, les guerriers qui avaient suivi Yoritomo étaient pour la plupart si peu lettrés que le shôgun eut grand'peine à trouver parmi eux un homme capable de remplir les fonctions de secrétaire. Aussi, lorsque le

Gouvernement militaire du shôgunat se perfectionna, les guerriers sentirent-ils le besoin de posséder une certains instruction littéraire, instruction qui ne pouvait guère s'acquérir ailleurs qu'à Kyôto. Mais quand la culture de l'ancienne cité pénétra à Kamakura, elle y arriva accompagnée de divers autres éléments de la civilisation de la cour des Fujiwara. Kamakura se transforma donc et son évolution fut facilitée par le fait que d'abord un membre de la famille Fujiwara, puis des princes du sang furent choisis comme shôguns. Or, la culture de Kyôto était, de par son essence même, trop raffinée pour ne point déplaire aux rudes soldats de Yoritomo et à leurs descendants immédiats. On commença à choisir les gardes du corps du shôgun parmi les guerriers dont la conduite se rapprochait le plus de celle d'un parfait gentilhomme de cour et qui, par exemple, excellaient dans la composition de courtes poésies, art fort estimé à cette époque. Ces nouvelles coutumes eurent pour effet de mécontenter les vassaux du shôgun qui ne pouvaient ou ne voulaient résider à Kamakura et résistaient ainsi à l'attrait des plaisirs efféminés de la vie de courtisan. Mais c'étaient ces vassaux qui représentaient, en cas de danger, l'appui le plus solide du pouvoir shôgunal. Au moment même où cet appui vint à lui manquer, éclata, en 1322, une insurrection des *Aïnous* qui dura jusqu'à la fin du shôgunat de Kamakura dont elle précipita la chute.

Le coup fatal lui fut toutefois porté, comme cela était à prévoir, par la cour de Kyôto. En effet, pendant que les grands personnages de Kamakura se transformaient en courtisans, les nobles de Kyôto avaient repris goût à la profession des armes. Des jeux guerriers tels que le tir à l'arc, la chasse au chien, qui se faisait habituellement dans une enceinte et était considérée comme le meilleur entraînement possible pour un guerrier, y étaient revenus à la mode. Le mécontentement, le désir de reconquérir et le pouvoir et le prestige perdus, la volonté d'effacer le souvenir de l'échec subi lors de la guerre civile de Jôkyû ne cessèrent de s'accroître. De toutes parts, les ennemis des Hôjô venaient se réfugier à Kyôto, tous persuadaient aux nobles que l'heure avait sonné pour eux de reprendre en mains la direction des affaires publiques. Le shôgunat ayant eu vent du complot voulut prendre les devants, mais à peine avait-il abattu un de ses ennemis qu'un autre levait l'étendard de la révolte. D'ailleurs les guerriers des provinces qui, naguère, étaient prêts à mourir pour un shôgun appartenant à la famille des Minamoto ne se souciaient point de risquer leur vie pour la famille des Hôjô. Kamakura fut enfin pris par une poignée d'hommes conduits par le chef d'une des branches de la famille Minamoto. Le dernier des Hôjô se tua, et la ruine de cette famille fut bientôt suivie de la chute du shôgunat de Kamakura (1334).

Kyôto redevint le centre du Gouvernement, et les nobles, agissant au nom de l'empereur Go-Daigo, crurent qu'ils allaient pouvoir se conduire en véritables maîtres du Japon. Mais leur illusion fut de courte durée, car les guerriers qui les avaient aidés à renverser les Hôjô ne leur permirent point de prélever la part du lion sur les dépouilles du vaincu. Soutenu par une foule d'entre eux, Takauji Ashikaga, autre descendant des Minamoto, réussit à dominer la situation et à se faire nommer shôgun. D'abord vaincu, à Kyôto même, par ses ennemis, il leva une armée dans les provinces occidentales dont les guerriers, inactifs depuis l'invasion mongole, étaient, plus encore que ceux des autres provinces, les adversaires d'un Gouvernement de courtisans. Il marcha sur Kyôto et s'en empara. Ses ennemis continuèrent pourtant la résistance dans plusieurs provinces, et les courtisans eux-mêmes se trouvèrent séparés en deux camps, la majorité prenant le parti du plus fort, c'est-à-dire d'Ashikaga. La famille impériale elle-même fut divisée. Il en résulta une longue guerre civile qui pendant cinquante-six ans fit rage dans toutes les provinces et dont la violence pourrait être comparée à celle de la guerre des Deux-Roses en Angleterre. Les deux partis ne se réconcilièrent qu'en 1392. A cette date, l'empire tout entier fut de nouveau réuni sous un seul Gouvernement militaire, celui du shôgunat des Ashikaga, lequel devait durer deux siècles.

Le siège du nouveau shôgunat fut établi à Kyôto et non à Kamakura, cette dernière ville devenant le siège du Gouvernement provincial confié à une branche de la famille Ashikaga. Ce nouveau transfert du siège du Gouvernement militaire marque une époque dans l'histoire de notre pays ; une des principales raisons de ce changement fut que les partisans d'Ashikaga venaient de toutes les provinces du Japon et non seulement des provinces orientales, ce qui avait été le cas lors de l'établissement du shôgunat de Kamakura. En fait, Takauji dut son triomphe beaucoup plus aux soldats de l'ouest qu'aux autres, et c'est pourquoi Kyôto fut choisi comme centre du nouveau Gouvernement. En outre, Kamakura était toujours en danger d'être attaqué de Kyôto, et c'est pourquoi, dans le régime précédent, le shôgunat avait nommé à Kyôto un lieutenant (et par la suite deux lieutenants), membre de la famille des Hôjô. Ce lieutenant avait pour mission de défendre les intérêts du shôgunat dans cette ville et en même temps de commander aux vassaux du shôgunat dans les provinces occidentales. D'autre part, lorsqu'un second lieutenant fut nommé, chacun de ces deux chefs devait surveiller l'autre de très près, de façon qu'aucun ne pût se rendre indépendant du Gouvernement de Kamakura. Ce système donna d'excellents résultats pendant quelque temps, mais ne suffit point à prolonger les jours du shôgunat de Kamakura. En transférant le siège du Gouvernement militaire à Kyôto, Ashikaga supprima cette menace. Mais le plus grand avantage de ce transfert fut qu'il permit d'accélérer la concentration politique de l'Empire, Kyôto étant un véritable centre de civilisation. Si le shôgunat de Kamakura avait pu garder en même temps que toute sa puissance politique sa vigueur des premiers jours, il se serait assuré une beaucoup plus longue existence, ce qui aurait permis l'épanouissement d'une nouvelle culture saine et vigoureuse, et Kamakura serait devenue non seulement le centre politique, mais encore le centre de la civilisation de l'Empire tout entier. Mais les destins en décidèrent autrement.

La civilisation de Kyôto, fruit du lent travail des siècles, était arrivée, malgré son origine exotique, à un haut degré de raffinement. Quelque efféminée que fût sa délicatesse, elle avait un charme singulier qui la faisait de beaucoup préférer à la culture naïve et fraîche peut-être, mais trop fruste encore, de Kamakura. Les prêtres bouddhistes qui jadis avaient espéré faire de cette ville le centre de rayonnement d'un grand mouvement religieux s'aperçurent enfin que leur action ne pouvait être durable s'ils ne s'établissaient point solidement à Kyôto. Toutes les sectes réformées entreprirent donc avec une nouvelle vigueur une campagne de propagande dans l'antique métropole. En d'autres termes, la décadence de Kamakura fut une grosse déception pour ces initiateurs d'une civilisation nouvelle, d'autant plus qu'ils avaient peut-être fondé des espoirs trop grands sur la puissance politique du premier gouvernement militaire. Le shôgunat de Kamakura perdit donc en fait sa véritable raison d'être avant même que certains importants facteurs de civilisation, tels que l'art et la littérature, aient pu s'y assurer une existence indépendante de Kyôto et répondant mieux à l'esprit d'une ère nouvelle.

Il disparut avant d'avoir accompli sa mission civilisatrice propre, et la culture de Kyôto redevint toute-puissante.

Envisagé de ce point de vue, le transfert du siège du Gouvernement militaire dans cette dernière ville présentait de grands avantages. Le berceau de la civilisation japonaise redevenait son centre politique; ainsi l'évolution politique s'effectuait parallèlement à celle des idées et des mœurs. Le prestige du shôgun brillait d'une nouvelle splendeur. Toutefois, ce changement ne laissa point d'avoir des effets néfastes, non seulement pour le shôgunat, mais pour les institutions politiques de l'État.

A l'issue de la longue guerre civile dont nous avons parlé précédemment, les nobles de cour comprirent qu'il leur était impossible de renverser un régime trop enraciné maintenant dans le cœur même du pays et commencèrent à se rendre compte qu'il leur serait peut-être plus profitable de s'en servir pour leurs propres fins que de lutter contre lui. Ils décernèrent donc successivement aux shôguns de la famille Ashikaga des titres beaucoup plus sonores, beaucoup plus pompeux que ceux qu'avaient jamais reçus leurs prédécesseurs de Kamakura. Dans le Palais impérial même des marques de déférence flatteuses furent prodiguées au shôgun. Celui-ci se trouva ainsi placé à un rang si élevé que les hommes de sa suite en vinrent à ambitionner des distinctions qui leur assuraient une place dans la hiérarchie de la cour. Les vassaux des plus hautes classes, les *shugo* ou gouverneurs militaires passèrent bientôt la plus grande partie de leur temps à Kyôto où les retenait le plus souvent quelque fonction purement civile et où ils menaient une existence fastueuse et indolente différant fort peu de celles des gentilshommes de la cour. Les gentilshommes et les guerriers avaient coutume de se réunir fréquemment en des assemblées où l'on se livrait à des passe-temps littéraires, entre autres au *renga* dans lequel chaque assistant devait composer une poésie faisant suite aux vers récités par son prédécesseur et servant d'introduction à une autre poésie. Dans ces « jeux », des rapports cordiaux s'établirent entre les gentilshommes et les guerriers. Les familles de ces derniers se raffinèrent au contact des courtisans. Les unions entre les deux classes devinrent fréquentes, les courtisans y gagnèrent des qualités nouvelles et les frustes soldats perdirent peu à peu leurs allures embarrassées de parvenus. Ainsi la vie de société se transforma et devint particulièrement brillante.

Ce furent les gentilshommes de la cour qui gagnèrent le plus à cette réconciliation. Bien que les revenus qu'ils tiraient de leurs domaines eussent quelque peu diminué depuis l'époque de Kamakura, ils étaient enfin délivrés de tous les ennuis qu'ils n'auraient pas manqué d'avoir s'ils étaient restés les véritables maîtres de l'État, mais ils avaient abandonné tous leurs espoirs politiques et avaient remis au shôgunat le soin de diriger l'État ainsi que les affaires militaires. Ils se trouvaient par suite absolument libres de vivre à leur guise et de jouir pleinement de leurs loisirs. D'autre part, les militaires s'étaient aperçus qu'il ne leur était plus nécessaire de restreindre les privilèges des gentilshommes de la Cour et avaient perdu de vue les conflits d'intérêts qui devaient, théoriquement parlant, surgir entre eux ; il devint donc possible de concilier deux principes contradictoires. Il était du devoir du shôgunat de défendre par la force les intérêts des courtisans, mais cette tâche devint bientôt trop lourde, le Gouvernement central s'étant affaibli, l'ordre cessa de régner et à Kyôto et dans les provinces, et ainsi commença l'effritement politique de l'État.

Pour l'expliquer, il nous faut maintenant dire quelques mots des rapports existant alors entre les *shugo*, gouverneurs militaires des provinces, et les *jitô* qui se trouvaient placés sous leur protection.

Au temps du shôgunat de Kamakura, chaque province avait son Gouverneur militaire, le *shugo*, nommé par le shôgun. Le *shugo* était lui-même un *jitô* très influent et servait d'intermédiaire entre le shôgun et les *jitô* de sa province auxquels il communiquait les ordres qu'il avait reçus de Kamakura. Il n'était en somme que le chef des *jitô* de sa province, et il n'existait aucun rapport de vasselage entre le *shugo* et les *jitô*; ces *jitô*, demeurant toujours les vassaux du shôgun de Kamakura, n'étaient subordonnés au *shugo* qu'en tant que faisant partie de la même organisation militaire. Les fonctions de *shugo* n'étaient héréditaires dans aucune famille, ainsi le shôgun pouvait nommer un *jitô* dans quelque province que ce fût sans crainte d'affecter les rapports personnels existant entre le *jitô* et ses hommes liges dans cette province. A certains égards, ces rapports ressemblaient à ceux qui existaient entre les rois d'Angleterre et leurs barons; ces derniers ayant prêté serment de fidélité à leur seigneur et d'obéissance au Roi. Aussi, tant que les descendants directs de Yoritomo occupèrent le shôgunat, ils purent compter sur la fidélité des *jitô*, qui pour la plupart étaient des vassaux directs de la famille des Minamoto; ainsi, grâce aux liens personnels qui les unissaient à cette famille, l'unité politique fut préservée.

Mais, après l'extinction de la branche principale des Minamoto, les shôguns, jusqu'à la fin du Gouvernement de Kamakura, ne furent plus les chefs hérédi-

taires des *jitô* et ne purent exiger d'eux que des services officiels. Quant à la famille des Hôjô, qui détenait en fait le pouvoir et n'était point d'un rang plus
élevé que les *jitô*, elle ne pouvait en son nom personnel
donner des ordres à aucun des hommes liges du shôgun.

C'est à peu près ce qui se produisit au xv° siècle dans
l'Empire germanique lorsque Maximilien I⁺ organisa
les « cercles », dans le but de réaliser une concentration
politique. Maximilien était beaucoup plus puissant en
tant que Duc d'Autriche qu'en tant qu'Empereur d'Allemagne. Quelque admirable d'ailleurs que pût être cette
institution, elle n'était point destinée à durer. La chute
du régime militaire de Kamakura ne saurait donc nous
étonner. Les rapports qui, pendant le shôgunat de
Ashikaga, existèrent entre les *shugo* et les *jitô*
étaient tout à fait différents. Le titre de *shugo* devint une
possession héréditaire de certaines familles privilégiées
qui, dans la hiérarchie militaire, occupaient une place
supérieure à celle des *jitô*. Les *shugo* devinrent
en quelque sorte les protecteurs des *jitô* de leur
province, et ces *jitô* furent considérés comme les
hikwan, ou protégés, des *shugo*. Ainsi les *jitô* devinrent officiellement les vassaux des *shugo* de leur
province, chose qui n'avait pas existé pendant l'ère
de Kamakura. Il n'y eut donc plus de rapports directs
entre les *jitô* et le shôgun. Sans doute les *shugo* de la
période Ashikaga étaient, dans leur province, non seulement les suzerains des *jitô*, mais encore les propriétaires de grands domaines, tout comme au temps du
shôgunat de Kamakura ; mais, tandis que pendant l'ère
de Kamakura c'était un homme lige du shôgun qui,
après avoir été d'abord nommé *jitô* d'un certain
domaine, recevait ensuite le poste de *shugo*, pendant
la période Ashikaga au contraire le *shugo* était maître
de ses domaines en tant que *shugo*, c'est-à-dire de par

ses fonctions mêmes, et non en tant qu'homme lige du shôgun de Kyôto.

En résumé, le poste de *shugo* n'avait été pendant la période de Kamakura qu'un office, alors que pendant le shôgunat des Ashikaga les *shugo* formèrent une classe de guerriers qui, dans la hiérarchie militaire, venait immédiatement après le shôgun. Par suite de cette réforme, toutes les provinces gouvernées par un *shugo* eurent une existence politique propre, alors que pendant l'époque de Kamakura, elles n'étaient que de simples gouvernements militaires. Si donc le shôgun de Kyôto avait été assez puissant pour imposer sa volonté à tous les *shugo* de toutes les provinces, l'unité du pays aurait été réalisée et les Ashikaga auraient pu conserver en toute sécurité le pouvoir suprême. Mais le shôgunat des Ashikaga, de par ses origines mêmes, ne pouvait imposer à tous les hauts fonctionnaires militaires de la classe des *shugo* une obéissance aveugle. En effet, les Ashikaga, bien que descendants d'une branche de la famille des Minamoto, n'avaient point un prestige historique suffisant pour attirer sous leurs étendards une foule de guerriers enthousiastes. Si Takauji avait pu s'élever au commandement du deuxième gouvernement militaire du Japon, il l'avait dû à l'aide que lui avaient donnée les guerriers venus des divers régions de l'Empire, guerriers qui n'étaient pas attachés à sa famille, auxquels il n'avait point imposé sa supériorité, qui enfin n'avaient consenti à servir sous ses ordres que pour renverser un régime qu'ils détestaient et triompher des nobles de cour. Il fut donc, dès le début, difficile aux shôguns de la famille Ashikaga de réprimer l'arrogance de ses généraux. Les révoltes se succédèrent et il ne se passa point d'année sans que, dans une province ou dans une autre, quelqu'un ne s'insurgeât contre leur puissance.

Cette agitation atteignit son point culminant pendant l'ère d'Onin où, en 1467, une guerre civile éclata. Ce fut tout d'abord une guerre de succession entre, d'une part, les partisans du fils du shôgun Yoshimasa et, de l'autre, ceux de son fils adoptif qui était en réalité son frère cadet. Sur cette querelle se greffèrent d'autres causes de discorde, comme, par exemple, d'autres querelles de succession dans les deux grandes familles militaires de Shiba et de l'Hatakeyama. Des *shugo* des diverses provinces prirent fait et cause pour l'un ou l'autre des partis en présence, arrivèrent à Kyôto avec leurs vassaux et transformèrent la métropole en champ de bataille. Ainsi une guerre civile se déroula sous les yeux du shôgun et de l'Empereur, tous deux impuissants à y mettre un terme. Après neuf ans de massacres, de pillages et d'incendies, Kyôto fut délivré de ces hordes qui allèrent poursuivre le cours de leurs exploits dans les diverses provinces. Mais la cité historique avait énormément souffert et n'était plus que l'ombre de ce qu'elle avait été. La lutte se continua encore de nombreuses années et la paix ne fut rétablie qu'à la chute des Ashikaga. Ainsi s'effrita pendant cette période l'unité politique du Japon, lequel se trouva divisé en un certain nombre de sous-États semi-indépendants gouvernés par les *shugo*.

Malheureusement ce ne furent point seulement les liens qui unissaient les provinces au Gouvernement central qui furent rompus; dans les provinces elles-mêmes, les *shugo* se trouvèrent incapables de maintenir l'ordre, la plupart d'entre eux ayant perdu leurs qualités guerrières et leur prestige de chefs militaires. Ils s'étaient, en effet, accoutumés à la vie facile de la capitale et s'étaient déchargés de leur responsabilité sur des lieutenants qui n'avaient point tardé à agir eux aussi en potentats; ainsi dans chaque province s'étaient constituées des seigneuries indépendantes qui, dans leur sein, en contenaient d'autres plus petites et ainsi de suite. Et entre toutes il y avait des jalousies et des querelles, certains de ces pseudo-États cherchant à s'agrandir aux dépens d'autres plus faibles... Et bientôt ce fut le chaos. Le Japon ne fut plus qu'une agglomération de principautés grandes ou petites dont les maîtres changeaient sans cesse, dont les frontières se déplaçaient constamment. Et ce fut la seconde phase de l'effritement politique de l'Empire.

Yoshihisa, fils de Yoshimasa, fut le dernier shôgun qui essaya de réagir contre cette tendance néfaste. La guerre civile de l'ère d'Onin éclata juste au moment où il succéda à son père, mais on ne saurait l'en considérer comme responsable, car il n'avait que huit ans lorsque, en 1473, il fut élevé au shôgunat. Cet enfant devint par la suite le plus remarquable des shôguns Ashikaga. Quoique issu de la plus grande des familles militaires d'alors, il avait reçu, grâce à sa mère qui appartenait à la noblesse de cour, une excellente éducation ; il avait été élevé par Kanera Ichijô, un des gentilshommes les plus instruits de son époque. Quand Yoshihisa parvint à l'âge d'homme, il était, sous son armure de chef militaire, un parfait homme du monde. Il pensait et agissait comme un Fujiwara et alla même jusqu'à confier la direction de sa maison à un noble de cour. Cet intendant général servait de lien entre le shôgun d'une part et les propriétaires légitimes des grands domaines qui s'empressaient à sa cour. Ce fut lui qui conseilla au shôgun de faire entendre raison aux *shugo* des provinces et aux lieutenants qui osaient accaparer tous les revenus des terres qu'ils administraient, lésant ainsi leurs propriétaires légitimes, que ce fussent des nobles de cour, des temples ou des monastères.

Le shôgun se laissa convaincre et résolut de punir

tout d'abord Takayori Sasaki, *shugo* de la province d'Omi, voisins de Kyôto, où les domaines appartenant à la noblesse de cour étaient fort nombreux. En 1487, Yoshihisa prit lui-même le commandement de l'expédition qui avait été organisée contre ce gouverneur rebelle. Il traversa le lac Biwa et établit son camp sur sa rive orientale.

Les chroniqueurs nous ont laissé une description colorée du brillant départ du prince. Jeune, élégant, revêtu d'une armure resplendissante, il sortit de Kyôto, suivi d'une foule bigarrée de guerriers et de gentilshommes de cour. Ces derniers toutefois n'avaient pas grande valeur militaire, et les premiers suivaient le shôgun sans grand enthousiasme, surtout ceux qui étaient de même rang et de même caste que le *shugo* contre qui cette expédition était dirigée. Au fond, il ne leur souriait point d'être témoins de la ruine d'un des leurs, ruine qui ne devait profiter qu'aux indolents propriétaires légitimes des terres qu'il administrait. Cette expédition était donc dès son début vouée à l'insuccès. Yoshihisa passa deux années dans son camp et mourut sans avoir pu abattre son ennemi. Un de ses cousins qui lui succéda fut plus heureux et réussit à chasser de sa province le *shugo* rebelle; mais les propriétaires légitimes ne s'en trouvèrent pas plus riches, car de nouveaux usurpateurs s'installèrent sur leurs terres et s'y conduisirent d'une façon tout aussi arbitraire que Sasaki.

L'expédition de Yoshihisa n'en constitue pas moins un fait historique important. Ce fut une aventure donquichottesque que de vouloir faire appuyer par le parti militaire les revendications des gentilshommes de la cour dont l'influence était alors à son déclin, et dont les intérêts n'étaient pas conformes à ceux du shôgunat. Toutefois, nous devons reconnaître que Yoshihisa lutta

pour un idéal élevé, quoique difficile à atteindre.
L'échec de l'expédition d'Omi eut pour effet d'empêcher à tout jamais le relèvement du prestige des gentilshommes de cour et annonça la fin du régime domanial dans les îles du Japon. Elle marque donc un changement économique profond dont nous ne saurions
négliger l'importance. L'ancien système inauguré par
la réforme de Taikwa avait reçu le coup fatal, et, au
moment même où le pays était en pleine désorgani-
sation, l'aube d'un Japon nouveau surgissait à l'horizon.
Nous allons assister maintenant à la transformation des
divers éléments de civilisation dont l'évolution leur
permettra de s'adapter à l'ère prochaine. Mais la réorganisation de l'empire devait dépendre entièrement de
la forte direction qu'allait lui donner une main puissante.

CHAPITRE IX

LA FIN DU MOYEN AGE JAPONAIS

Pour qu'une nation puisse être formée en un bloc
compact, il est nécessaire qu'elle possède non seulement un centre d'attraction, mais encore que la force
de ce dernier soit assez grande pour maintenir ensemble
les éléments qui sont venus s'y agréger. En outre, les
divers éléments de cette nation doivent être prêts à
recevoir et à réfléchir le rayonnement qui leur vient
du centre, de façon qu'une action réciproque puisse
exister entre le centre et les diverses parties de la
nation. Plus encore, entre les différentes parties, entre
les différents éléments de la nation, il doit y avoir des
liens qui les unissent les uns aux autres. En effet, si
chaque partie n'est unie qu'au centre seul, la nation
n'est pas homogène et risque d'être démembrée, quelque grande que soit la puissance d'attraction du noyau
central ; et, dans le cas où ce dernier se trouverait affaibli, il n'existerait plus rien pour unir les différentes
parties ou les différents éléments. Or, pour que chacun
d'eux ait la force nécessaire pour tenir sa place dans
l'ensemble, il est indispensable qu'il ait une vie propre
et constitue un organe distinct du tout. En d'autres
termes, chaque partie doit être un organisme social et

politique vivant, doué de force tout à la fois réceptive
et active, sinon elle ne pourra s'attacher ni au centre
ni aux autres parties. Il faut donc que chacun de
ces organismes distincts ait, lui aussi, un noyau central d'où doit émaner cette force. Bref, pour qu'une
nation puisse être puissamment centralisée, elle
doit posséder non seulement un noyau central de première grandeur, mais en outre un certain nombre de
centres moins importants et, voire même, dans quelques
cas, de petits centres de troisième ordre.

Nous déduirons de là que, dans un pays dépourvu de
ces centres secondaires, le noyau central, quelque grande
que soit sa puissance d'attraction et de rayonnement, ne
saurait longtemps maintenir ensemble les autres éléments, si ces derniers manquent de cohésion. C'est
d'ailleurs ce qui se produisit au Japon où le désordre
dura jusqu'au milieu du shôgunat des Ashikaga, c'est-
à-dire vers 1450. L'influence politique de Kamakura,
centre pourtant indépendant de Tôkyo, n'avait eu que
peu de durée, et Kyôto était demeuré en somme le
centre politique et social de l'empire. En dehors de ces
deux centres, Hakata seule, située sur la côte septentrionale de Kyûshû méritait le nom de ville. Quant aux
autres centres, ce n'étaient guère que des bourgs qui
n'attiraient l'attention qu'au moment de certaines foires.
Quant à Sakai et à Yamaguchi, leur grandeur est assez
récente et date de la fin de la période Ashikaga. En
somme, depuis sa naissance, le Japon avait vécu sous
la domination de l'Empereur, du shôgun et d'une
métropole, ce qui pourrait à première vue faire croire
qu'il était parfaitement « centralisé » et merveilleuse-
ment uni. Mais en fait, le prestige de l'empereur, tout
comme la puissance militaire du shôgun et l'influence
politique de Kyôto, siège de la cour impériale, s'étaient
affaiblis, et, au début du shôgunat des Ashikaga,

aucune institution, aucun centre n'avaient plus une force d'attraction suffisante pour assurer la cohésion des différentes parties du pays ; d'autre part, dans les provinces, aucune cité n'avait acquis un développement suffisant pour pouvoir servir de centre secondaire à un groupement local. Les grands domaines, restes d'une époque disparue, constituaient encore, il est vrai, des groupements ruraux et pouvaient être considérés comme ayant une existence économique propre, mais ils dépendaient, au point de vue politique, des grands propriétaires de Kyôto qui d'ailleurs ne résidaient point dans leurs terres ; au point de vue civilisation ou culture, la plupart d'entre eux ne jouaient aucun rôle. Le Japon se trouvait donc désorganisé lorsque le Gouvernement militaire des Ashikaga se trouva réduit à l'impuissance.

Cette période d'anarchie de l'histoire du Japon a généralement été considérée comme un recul. C'est d'ailleurs pour la même raison que les historiens anglais ont donné au moyen âge européen le nom de « the dark ages » (l'époque obscure). Mais il serait aussi faux de prétendre qu'aucun progrès ne fut accompli pendant le shôgunat des Ashikaga que de déclarer, comme cela a été fait, qu'aucune lueur de civilisation ne brilla pendant le moyen âge européen. Bien que le classicisme des époques précédentes semble provenir d'une culture plus haute que celle, assez fruste, du moyen âge, la vulgarité de cette dernière ne devrait pas être considérée en soi comme résultant d'un recul de la civilisation. En se vulgarisant, la culture se propage, pénètre plus profondément dans les masses et s'adapte mieux aux conditions d'existence des hommes d'une époque donnée, et ce ne sont point là des symptômes de décadence. Sous cette anarchie apparente dont nous venons de parler, le Japon était en train de transformer et ses conditions d'existence et sa civilisation ; il évoluait même au point de vue politique, et cette évolution devait avoir de grands effets. Dans ce pays arrivé à une anarchie extrême, les nouveaux germes d'une organisation nouvelle mûrissaient, cela étant absolument nécessaire : les *shugo* administraient des districts beaucoup plus vastes qu'au temps du shôgunat de Kamakura, ce qui, à certains égards, constituait un progrès politique important.

Un de ces *shugo*, Yamana, possédait, dit-on, un sixième du territoire japonais, et on l'avait surnommé « le seigneur du sixième ». Une telle fortune, une telle puissance n'eussent pas été tolérées aux mains d'un seul homme au temps du shôgunat de Kamakura. La plupart de ces grands vassaux, bien que demeurant à Kyôto, n'avaient pas moins conservé leurs résidences provinciales, et ces dernières étaient beaucoup moins modestes que celles des *jitô* de l'époque précédente. Chaque seigneur avait un train princier et entretenait une cour autour de laquelle prospérait une population d'artisans ; ainsi se formaient des centres qui étaient appelés à devenir par la suite les grandes villes provinciales du Japon moderne. Ce fut, en général, dans ces villes nées autour des résidences du *shugo*, que les *daïmyô*, grands vassaux du shôgunat de Tokugawa, établirent plus tard le siège de leur gouvernement.

L'extension des rapports avec la Chine contribua également au développement des cités japonaises et tout spécialement de celles qui se trouvent sur le littoral, comme Sakaï, Osaka et Nagasaki ; et ceci eut d'ailleurs un effet heureux sur les lettres et les arts du pays en général. En fait, bien que depuis la fin du ixe siècle les relations eussent cessé entre les deux gouvernements, les navires marchands avaient continué à assurer le transport des marchandises entre les deux pays ; le mouvement commercial avait même été fort actif pendant le shôgunat de Kamakura, c'est-à-dire pendant que régnaient en Chine les Empereurs des dynasties Song ou Yuan. Sanetomo, deuxième fils de Yoritomo, et troisième shôgun de Kamakura, fit, dit-on, construire un bateau destiné spécialement à faire la traversée du Japon en Chine. Le grand port par lequel passait le commerce était alors Hakata ; les navires qui par privilège spécial assuraient les services avec la Chine étaient en nombre limité et, selon toute apparence, placés sous la protection du shôgun. Ils transportaient non seulement des objets d'échange, mais encore des passagers, surtout des prêtres. Certains semblent avoir uniquement servi aux relations des temples bouddhistes avec la Chine. D'ailleurs, ces prêtres bouddhistes qui accompagnaient d'aventureux marchands revenaient enrichis de connaissances nouvelles dont ils s'empressaient de faire profiter le pays tout entier. D'autre part, un assez grand nombre de bouddhistes chinois abandonnèrent leur patrie et vinrent se fixer au Japon. Leur but était en général de prêcher la doctrine de Zen, qui était alors fort en faveur en Chine. Ils furent bien accueillis d'abord par le shôgunat, plus tard par la cour impériale ; ils furent promus à la dignité de grands prêtres de certains temples fort connus de Kamakura, puis de Kyôto. Ces prêtres chinois, ainsi que les prêtres japonais revenus de Chine, non seulement se consacrèrent à leur mission religieuse, mais encore contribuèrent à faire connaître au Japon la civilisation chinoise de leur époque. Ce fut d'eux surtout que les guerriers apprirent, entre autres choses, les classiques et la littérature profane de la Chine. Il existe encore au Japon un certain nombre de livres rares imprimés en Chine sous les Song et les Yuan, et nous pouvons, d'après eux, juger de la grande diversité des ouvrages chinois qui furent alors importés au Japon. Quelques-uns de ces prêtres eurent vraisemblablement quelque part à la fondation de la fameuse bibliothèque de Kanazawa, près de Kamakura ; bibliothèque qui fut, à l'époque de l'invasion mongole, créée par un membre fort lettré de la famille Hôjô.

Il est certain que cette expédition mit fin, pour un temps plus ou moins long, aux rapports sino-japonais ; cependant, les relations commerciales furent assez promptement renouées, et la guerre civile, loin de les interrompre, permit de reprendre les rapports officiels entre les deux pays. En effet, vers cette époque, les Mongols chassés de Chine durent retourner au désert d'où ils étaient originaires, et un général chinois fonda la dynastie des Ming. Il ne tarda pas à faire annoncer son avènement au Japon par une ambassade extraordinaire, laquelle fut chargée également d'obtenir que les pirates japonais cessassent de ravager le littoral chinois ; ces pirates qui, depuis plusieurs siècles, se livraient à de fréquentes incursions sur les côtes de la péninsule coréenne et celles de la Chine proprement dites, s'étaient encore enhardis pendant la guerre civile et l'anarchie qui en avait résulté. L'ambassadeur chinois ne put toutefois atteindre Kyôto. En effet, le prince du sang qui gouvernait l'île de Kyûshû et était maître du célèbre port de Hakata, appartenait au parti en lutte avec l'Empereur régnant et le shôgunat des Ashikaga, ce fut lui qui reçut cet ambassadeur et il le renvoya dans son pays. Sept ans plus tard, en 1376, ce même prince envoya à son tour un ambassadeur en Chine, probablement pour y obtenir des secours qui lui auraient permis de renverser les Ashikaga. L'envoyé, étant aussi un prince de sang, semble avoir été accueilli comme le représentant du véritable gouvernement du Japon ; ainsi les rapports officiels se trouvèrent en quelque sorte renoués. Après la victoire des Ashikaga et la destruction de leurs ennemis, Yoshimitsu, troisième shôgun Ashikaga, continua la tradition rétablie par le gouverneur de Kyûshû et, en l'an 1401, envoya une ambassade au Gouvernement des Ming. Les ambassades se succédèrent ensuite à des dates assez rapprochées, le Japon s'engageant généralement à mettre un frein aux entreprises des pirates sur la côte chinoise et à faire respecter par les aventuriers japonais les biens et la vie des sujets de l'empire des Ming ; d'autre part, les envoyés chinois comblaient les shôguns de magnifiques présents. A ce moment, nos ancêtres étaient souvent embarrassés par suite de la pénurie des pièces de monnaie, car, bien que la frappe des monnaies soit dans notre pays une institution extrèmement ancienne, il y eut des périodes où le Gouvernement négligea de frapper un nombre de pièces de diverses valeurs suffisant pour subvenir aux besoins d'un commerce sans cesse grandissant. Il n'est donc pas étonnant que les shôguns aient reçu avec plaisir les présents de pièces de billon que leur envoyaient les empereurs Ming. Ainsi la monnaie chinoise, soit qu'elle provînt de cette source, soit qu'elle eût été envoyée au Japon en paiement de marchandises japonaises, commença à servir de monnaie d'appoint. En plus de ces deux importants articles d'importation, livres et pièces de monnaie, les navires qui transportaient les ambassadeurs contenaient sans doute d'autres objets qui durent contribuer à améliorer les conditions d'existence de nos ancêtres.

Le principal centre du commerce avec la Chine était encore pendant la première partie du shôgunat des Ashikaga, la ville de Hakata, dans l'île de Kyûshû. Mais comme les Ouchi, seigneurs de la province de Nakato, étaient les maîtres du détroit de Shimonoseki, porte de la Mer Intérieure, ils ne tardèrent pas à établir leur domination sur Hakata et, par suite, à s'assurer le mono-

pole de ce commerce, ce qui contribua grandement à
la prospérité de la ville de Yamaguchi où la famille
Ouchi avait sa résidence. Le développement du port de
Sakaï, situé au fond d'une baie de la mer intérieure fut
dû à des causes similaires ; cette ville ayant été pendant
un certain temps vassale des Ouchi avait conservé des
rapports étroits avec Shimonoseki. Toutefois, ce furent
d'autres causes, d'ordre politique, qui détournèrent le
commerce étranger de Hakata vers Sakaï et qui firent de
cette ville l'entrepôt principal du Japon lorsque ce
pays s'ouvrit au commerce des nations occidentales.

Ce développement rapide des cités japonaises, dû à
une évolution d'ordre économique aussi bien que politique, est un phénomène qui ne laissa pas d'avoir une
profonde influence sur la marche de la civilisation. En
effet, quels que fussent les inconvénients des groupements urbains, ce furent eux qui, en Orient comme en
Occident, constituèrent les éléments civilisateurs les
plus actifs et élevèrent le niveau de la culture nationale.
Les groupements ruraux, quelque bien qu'on en pût
dire, n'auraient jamais réussi à donner aux mœurs
autre chose qu'une rusticité assez naïve. A cet égard,
nous noterons une différence remarquable entre le
régime Ashikaga et les régimes précédents, différence
qui exista d'ailleurs en Europe entre le xiᵉ et le xiiᵉ siècle, et c'est ce que montre, au Japon, la multiplication
soudaine et la très grande diversité des livres imprimés.

L'histoire de l'imprimerie au Japon remonte jusque
vers le milieu du viiiᵉ siècle ; mais au début on n'im-
primait guère que des feuilles détachées. Le premier
livre porte la date de 1088 ; après cela, pendant
une longue période, fort peu de livres parurent et ces
livres furent exclusivement des ouvrages religieux. Ce
fut en 1247 que fut réimprimé sur le modèle d'une
édition chinoise de cette époque, c'est-à-dire de l'époque

des Song, un des commentaires sur le *Louen-yu*, célèbre ouvrage enseignant la doctrine de Confucius. Cette œuvre, qui n'était pas, à vraiment parler, religieuse ou plutôt qui n'était pas bouddhique, avait été éditée au Japon, pour la première fois, vers le milieu de la période Kamakura, et le fait qu'on dut en faire une nouvelle édition prouve que le nombre des lecteurs capables de lire le chinois s'était beaucoup accru, par suite de la culture récemment acquise par les guerriers. Ensuite, pendant trois quarts de siècle, on cessa d'imprimer des œuvres profanes chinoises et ce ne fut qu'en 1322, c'est-à-dire dix ans avant le commencement de la guerre civile, que parut, toujours en chinois, le *Chou-King*, une autre des œuvre de la littérature confucéenne. Ce livre fut suivi par beaucoup d'autres du même genre. Il est même étonnant que la guerre civile, loin d'interrompre le travail de réimpression d'œuvres chinoises utiles, semble l'avoir favorisé. Ainsi, en 1364, parut à Sakaï un autre commentaire du *Louen-yu*, peut-être le livre le plus remarquable de son temps ; cette édition fut, en fort peu de temps, suivie de plusieurs autres qui virent le jour en différents endroits. A ce propos, il est intéressant de noter le nom de la ville où ce livre fut réimprimé pour la première fois. Jusqu'alors, presque tous les livres avaient été publiés à Kyôto ; seuls, quelques ouvrages bouddhistes avaient été imprimés dans des couvents de Nara ou de Kôya. Mais bientôt des imprimeries se fondèrent dans des villes commerciales, récemment surgies, telles que Sakaï, et l'on dit même que quelques livres de littérature chinoises furent édités à Hakata par un Chinois naturalisé. On croit aussi que deux graveurs chinois qui s'étaient établis à Hakata prirent une part importante à cette décentralisation et contribuèrent à la multiplication des livres chinois. Au début du xve siècle, peu après la guerre civile, on fit des réimpressions dans d'autres cités provinciales plus éloignées encore de la métropole et des grands centres, comme par exemple à Yamaguchi, et surtout à Ashikaga, berceau de la famille du shôgun, dont Norizane Uesugi, un des grands vassaux des provinces orientales, venait soit de fonder, soit de relever le collège. Cette mode s'étendit bientôt sur tout l'empire. On réimprima des livres chinois à Kagoshima. Dans le voisinage d'Odawara, nouveau centre politique, un graveur acquit une certaine renommée comme sculpteur de caractères d'imprimerie.

Bref, le fait que l'on commença à imprimer des livres dans un nombre sans cesse plus grand de villes indique que les « centres » secondaires de culture s'étaient multipliés dans les provinces et, par suite, que la civilisation se répandit dans tout l'empire.

Il nous faut aussi noter l'extrême diversité des ouvrages réimprimés. La plupart de ceux qui furent édités pendant le shôgunat des Ashikaga étaient des livres chinois (les livres purement japonais ne devant commencer à paraître en grand nombre que vers la fin de cette ère), mais de nature fort variée, tels que classiques bouddhiques ou confucéens, œuvres littéraires, poèmes et poésies, traités de prosodie, voire même ouvrages de médecine. Ces derniers virent le jour vers la fin de cette époque, car, par suite du rétablissement de nos rapports avec la Chine, les études médicales avaient été remises en honneur. Dès la fin de la guerre, plusieurs étudiants japonais étaient allés prendre des leçons des maîtres chinois. La date des réimpressions de ce genre d'ouvrages coïncide donc avec celle d'une renaissance des études scientifiques, un nombre sans cesse croissant de jeunes étudiants en médecine japonais ayant un besoin sans cesse plus grand de livres et traités scientifiques.

Le premier livre d'un auteur japonais qui ait été imprimé est très probablement un traité religieux rédigé en chinois du prêtre Hônen. Ce livre, paru au commencement de la période de Kamakura, fut par la suite fréquemment réimprimé. Un autre ouvrage de ce même prêtre, mais écrit en japonais, vit le jour vers la fin de cette époque. Pendant la guerre on publia un assez grand nombre de traités religieux composés en chinois par des prêtres japonais de la secte de Zen, entre autres le *Genkô-shakusho*, histoire très remarquable du bouddhisme au Japon, qui fut ensuite souvent réimprimé. Plus tard parurent un tableau chronologique de l'histoire du Japon et deux éditions des lois dites de Jôei, puis, à la fin du shôgunat des Ashikaga, un livre pour les enfants, ayant pour objet de les familiariser avec l'emploi des idéogrammes chinois; ceci prouve qu'à cette époque la question de l'éducation des enfants commençait à éveiller l'intérêt du public.

Nous conclurons de ce qui précède que, pendant la période Ashikaga, la civilisation fut portée à un degré remarquablement élevé et que des petits centres de culture se créèrent les uns après les autres dans les diverses provinces sur le modèle de Kyôto, la rivalité qui existait entre eux tendant à élever le niveau intellectuel de la nation. Il est d'ailleurs, à première vue, extraordinaire que de tels progrès aient été accomplis pendant une période d'anarchie politique, mais, n'est-ce pas ce qui eut lieu, dans des conditions analogues, pendant la Renaissance italienne? Il semble donc que l'anarchie ne retarde pas forcément la marche de la civilisation, mais peut fréquemment l'accélérer.

Les terres des grands vassaux ou *daïmyô* de la période Ashikaga étaient loin de former des districts homogènes aux frontières nettement délimitées. Ces

13

frontières variaient fréquemment d'après la force ou la faiblesse des divers *daïmyô*, cette force ou cette faiblesse dépendant du résultat de petites escarmouches ou de certaines intrigues politiques. Mais cette instabilité fut, à certains égards, profitable au pays, car elle supprima les obstacles qui naguère séparaient les gens des diverses provinces et facilita ainsi l'unification finale de l'empire. Je ne prétends pas que les chemins fussent sûrs et les voyages sans danger, mais les difficultés rencontrées étaient telles qu'il eût été difficile de les supprimer, même si le Japon n'avait point été désorganisé, car elles étaient dues beaucoup plus à la condition sociale des voyageurs qu'à une politique déterminée. D'ailleurs, elles n'arrêtaient point les grands marchands qui avaient le goût de l'aventure. Sans parler même des entreprises plus ou moins commerciales de ces pirates qui, partant des îles occidentales de l'empire, allaient ravager les côtes de la Corée et de la Chine, il ne manquait point de négociants moins belliqueux pour commercer avec les *Aïnous*, maintenant réfugiés dans l'île du Hokkaïdô. Nous noterons en passant que cette peuplade n'avait plus fait parler d'elle depuis le début du shôgunat des Ashikaga.

Parmi les grands voyageurs, il nous faut mentionner les lettrés de profession, auteurs de *renga* ou poèmes enchaînés. Ils allaient de province en province, s'arrêtaient parfois dans les résidences seigneuriales où ils enseignaient les passe-temps et les jeux littéraires alors en honneur, donnant ainsi les éléments d'une éducation esthétique à des gens qui n'avaient jamais goûté aux raffinements de l'art. Les gentilshommes de cour, quelque dégénérés qu'ils fussent, faisaient aussi de longs voyages pour aller rendre visite à quelque riche bourgeois ou à quelque puissant *daïmyô* dont ils voulaient gagner les bonnes grâces. Les courtisans apprenaient à leurs hôtes soit à composer des vers, soit à jouer à une sorte de foot-ball, bref à se livrer aux divertissements en vogue à la cour de Kyôto. En échange de leurs leçons, ils recevaient une généreuse hospitalité et souvent des présents qui payaient largement leurs leçons. Enfin les prêtres bouddhistes étaient aussi de grands voyageurs.

Leur propagande ne s'était d'ailleurs pas arrêtée depuis l'époque Kamakura, bien qu'aucune nouvelle secte n'eût été fondée. Les coins les plus reculés de l'empire avaient reçu leur visite, et quelques missionnaires avaient même essayé de catéchiser les *Aïnous* de l'île du Hokkaïdô. En outre, les routes du Japon étaient sillonnées par les pèlerins qui se rendaient aux temples d'Isé où se trouve l'autel de la déesse dont est issue la famille impériale.

Non seulement ces voyageurs portaient dans toutes les villes de province la culture de la métropole, mais ils resserraient les relations entre les divers centres secondaires; ainsi la civilisation s'étendait dans tout l'empire et y revêtait partout un caractère uniforme. Pour la première fois, depuis le début de son histoire, une seule civilisation s'imposait au Japon tout entier et préparait ainsi les voies à l'établissement d'un Gouvernement unique établi sur des bases solides.

Répétons ici que le Japon des Ashikaga n'était pas subdivisé en un certain nombre de districts à frontières politiques permanentes ou à limites artificielles nettement établies et suffisant à empêcher les gens vivant dans une province donnée ou sur les terres d'un *daïmyô* de se rendre dans une autre province ou de pénétrer dans le domaine d'un autre *daïmyô*. Cette absence de frontières facilitait les communications de province à province. Le collège d'Ashikaga qui se trouvait à l'est du Japon était, en dépit de l'insuffisance de ses locaux, rempli d'élèves venus de toutes les provinces, même de celles de Kyôto et de Satsuma, ce qui prouve que le mauvais état des chemins et la pénurie des moyens de locomotion n'empêchaient pas les Japonais de faire de longs voyages pour se rendre dans une ville où ils pouvaient faire leurs humanités. Par suite du nombre de ces voyageurs, des centres nouveaux se formèrent à proximité des routes sur plusieurs points de l'empire. Malheureusement, la nature montagneuse de notre sol ne permit pas la fondation d'un grand nombre de grandes cités commerciales, comme par exemple les villes hanséatiques de l'Allemagne moyen-âgeuse, et pourtant il existe au point de vue politique une grande ressemblance entre l'Allemagne du xiie et du xiiie siècle et le Japon au temps du shôgunat des Ashikaga. La seule ville qui ait jamais atteint un degré de prospérité comparable à celui des villes libres de la Hanse est la ville de Sakaï, dans la province Idzumi. La ville de Sakaï « ville frontière » se trouvait juste sur la limite des deux provinces de Setsu et d'Idzumi, près de l'estuaire du fleuve Yamato. Cette limite, ainsi d'ailleurs que le fleuve lui-même, changèrent plus tard, de sorte que Sakaï est aujourd'hui entièrement dans la province d'Idzumi et à quelque distance du fleuve. De par sa situation, Sakaï ne put jamais être le siège d'un Gouvernement provincial et ne servit jamais de résidence à quelque puissant vassal du Gouvernement militaire, car la nature ne semble pas l'avoir favorisée. La baie de Sakaï est, en effet, trop large pour que les navires y soient protégés du vent d'ouest et elle n'a jamais été très profonde. Même à une époque où la construction des navires n'avait pas encore fait de grands progrès, le port ne pouvait même pas abriter les jonques qui faisaient alors du commerce avec la Chine. Ces barques devaient donc être armées dans quelque port du voisinage, puis venir à quelque distance de la côte et jeter l'ancre dans la baie de Sakaï. Le seul avantage de ce port résidait dans ce fait qu'il servait de point de départ à la route maritime la plus courte entre le Hontô et l'île de Shikoku. Le développement de la cité semble avoir commencé pendant la guerre civile, car c'était le port le plus accessible pour celui des deux partis politiques dont le camp retranché se trouvait dans la région montagneuse de la province de Yamato, limitrophe d'Idzumi. A la fin de la guerre, le port passa, comme nous l'avons déjà dit, sous la domination de la famille Ouchi, puis sous celle de la famille Hosokawa, vassale du shôgunat d'Ashikaga, qui détenait la partie nord-est de l'île de Shikoku. C'était à Sakaï que débarquaient toujours les membres de ces familles et leurs partisans, quand ils allaient à Kyôto soit faire hommage au shôgun, soit défendre leurs propres intérêts. Un Hosokawa accorda même à la cité des privilèges spéciaux à titre de récompense pour l'aide que lui avaient donnée les marchands de la ville ; ces privilèges équivalaient à peu près aux franchises municipales dont jouirent pendant le moyen âge les villes libres d'Europe. Sakaï était administrée par quelques riches marchands, et son suzerain n'intervenait que fort rarement dans ses affaires. Au début, ces marchands étaient au nombre de dix, et chacun d'eux devait sa fortune à la possession de certains magasins voisins de la plage et dont les loyers lui procuraient un important revenu. Vers la fin du shôgunat des Hosokawa, les échevins de Sakaï étaient au nombre de vingt-six, cette augmentation ayant été probablement causée par l'accroissement de la richesse des habitants. Bref, bien que la ville soit restée longtemps sous un régime oligarchique, comme Venise et Florence, elle n'en était pas moins autonome, chose tout à fait extraordinaire dans l'histoire du Japon. L'âge d'or de la ville de Sakaï commença environ vers l'année 1476, date du départ pour la Chine d'une flottille de navires marchands. Jusqu'à cette époque, tous les navires qui se rendaient en Chine partaient de Hakata ou de Hyôgo, aujourd'hui Kôbe et les marchands de Sakaï, bien qu'ils fissent déjà du commerce avec les habitants des îles Ryûkyû et s'intéressassent aux transactions avec la Chine, n'avaient encore envoyé aucun navire de Sakaï en Chine. Si Sakaï devint par la suite un des principaux ports pour le commerce avec la Chine, ce fut probablement grâce à l'intervention de son suzerain Hosokawa. Toutefois, la prospérité soudaine de cette ville fut certainement la conséquence et de sa puissance et de son rapide développement. Beaucoup des grands vassaux du shôgunat prirent l'habitude d'emprunter aux marchands de Sakaï l'argent nécessaire à l'équipement de leurs soldats ; le shôgun lui-même dut à maintes reprises s'adresser à eux et hypothéquer ses terres pour remplir son trésor. La richesse des citoyens de Sakaï leur permit d'entourer leur ville de fortifications redoutables, protégées par un fossé profond, et d'entretenir pour sa défense beaucoup de chevaliers errants, alors fort nombreux au Japon. Conscients de leur force et des services qu'ils rendaient au shôgunat, ils s'enhardirent jusqu'à lutter contre certaines puissances militaires formidables. D'autre part, les guerriers, qui devaient tant aux marchands, ne pouvaient que les traiter avec respect, ce qui était contraire aux coutumes de cette époque. Bien que les habitants de Sakaï ne fussent pas entièrement à l'abri des misères de la guerre, car ils eurent souvent à loger des soldats dans leurs maisons, ils ne permirent jamais que leur ville servît de champ de bataille, même en des temps où l'Empire tout entier était en proie à des luttes sanguinaires. Il s'ensuit que pendant et après les guerres de l'ère d'Onin on considérait Sakaï comme une ville beaucoup plus sûre que Kyôto. Sakaï devint donc le refuge de la civilisation japonaise. Dès poètes, des peintres, des musiciens, des chanteurs, à qui la vie était intolérable dans une métropole troublée, se fixèrent à Sakaï et se consacrèrent à leur art. C'est là qu'on commença à travailler la laque, à fabriquer la porcelaine et à tisser les étoffes. L'industrie du tissage, qui jadis avait enrichi Kyôto, fut grandement améliorée par les tisserands chinois qui enseignèrent aux artisans de Sakaï l'art de fabriquer de précieux tissus d'origine chinoise. A certains égards, la fabrication des tissus de Nishijin, aujourd'hui une des spécialités de Kyôto, peut être considérée comme continuant la tradition des tisserand de Sakaï.

Ce fut également à Sakaï que vers la fin du shôgunat des Ashikaga se développa l'industrie de la fabrication des armes à feu. Peu après 1541, date à laquelle un Portugais importa les premières armes à feu au Japon, la ville de Sakaï devint le centre de cette fabrication; enfin, un marchand de la ville de Sakaï ayant appris à Kyûshû l'art de fabriquer des fusils, revint dans sa ville natale et y créa cette industrie.

De ce qui précède, il est facile de comprendre pourquoi le niveau intellectuel des habitants de Sakaï était beaucoup plus élevé que celui des autres Japonais de cette époque. On y aimait l'esprit, on y menait une vie joviale, c'est peut-être pourquoi la ville donna naissance à tant d'adroits diplomates, de conteurs professionnels et de bouffons. La vie y était facile et, par suite, la société était polie, raffinée et élégante. Le *saké* (boisson japonaise faite avec du riz) de cette région avait acquis une réputation nationale, et pour protéger les distillateurs de saké, le shôgunat interdit l'importation de ce breuvage. Les passe-temps favoris des riches marchands de la cité étaient la cérémonie du thé ainsi que l'arrangement des fleurs où ils étaient passés maîtres. Ils aimaient les arts et s'y adonnaient. Sakaï était un véritable marché pour tous les bibelots artistiques de toutes provenances qui s'y vendaient à des prix fabuleux.

La prospérité de la ville encouragea la propagande bouddhiste et attira surtout les prêtres de la secte, alors fort active, de Jôdo-Shinshû. Ils construisirent un grand nombre de temples ; ils usèrent de leur influence auprès du shôgunat pour assurer aux marchands de Sakaï le privilège du commerce avec la Chine et devinrent ainsi leurs alliés. Les premiers missionnaires chrétiens voulurent aussi faire de ce port le foyer de leur propagande ; François-Xavier venant de Yamaguchi s'y arrêta avant de se rendre à Kyôto. Or, François-Xavier peut être considéré non seulement comme le plus grand des missionnaires que l'Occident ait jamais envoyés au Japon, mais encore comme un des plus grands hommes de l'histoire du monde. Bien qu'il ait été empêché, ayant été malade pendant son séjour à Sakaï, d'y établir une église chrétienne, il n'en réussit pas moins à jeter les premières semences de sa religion, semences qui ne devaient point tarder à germer, car c'est à Sakaï que dix ans plus tard le premier hymne s'élevait vers les voûtes de la première église qui ait été construite au Japon.

La civilisation de Sakaï, non pas aristocratique, mais bourgeoise dans son essence, représente dans ses couleurs les plus vives la civilisation de tout l'Empire dans les derniers temps du shôgunat des Ashikaga, mais le peuple n'en profita pas et n'y participa point. Certes, quelques symptômes tels que des émeutes de malandrins dans les rues de Kyôto, des insurrections de paysans semblables à celles qui eurent lieu en Europe

au temps de la Réforme, des revendications populaires
d'ordre purement religieux nous permettent de faire
remonter à cette époque l'éveil du sentiment populaire
au Japon ; quoi qu'il en soit, ces troubles, ces insurrections, ces révoltes n'aboutirent point et n'eurent aucune
influence sur la civilisation japonaise, laquelle demeura
essentiellement bourgeoise.

La grande différence entre une civilisation aristocratique et une civilisation bourgeoise est que cette
dernière est forcément individualiste. C'est ce qu'elle
fut au Japon, tout comme en Europe. Que la période
des Ashikaga ait été individualiste est un fait prouvé
par l'histoire de l'art japonais. Si, déjà, au temps du
shôgunat de Kamakura on avait commencé à peindre
des portraits, ce fut sous les Ashikaga que l'art du portrait se sépara complètement de la peinture religieuse.
Les portraits de l'époque de Kamakura que nous possédons sont ceux de gentilshommes de cour ou de
guerriers typiques, et le style en est assez guindé, même
chez des maîtres tels que Takanobu et Nobuzane. La
personnalité du modèle n'apparaît que fort peu dans le
tableau. Quant aux *makimono*, alors fort à la mode, ils
servaient surtout à reproduire certaines scènes et les
artistes ne s'attachaient point à donner aux personnages qu'ils y peignaient un caractère individuel. L'art
en général n'avait pas encore fait assez de progrès pour
que les peintres possédassent une individualité propre,
individualité qui faisait défaut dans la civilisation de
leur temps. Or, sans individualisme, l'art du portrait
ne saurait se développer.

Les *makimono* de la période Ashikaga, plus nombreux que jamais, sont d'une facture moins habile ; par
contre, les portraits de cette période marquent un très
grand progrès sur ceux de la période Kamakura. On
attribue leur excellence à l'influence de la secte de Zen,

dont la doctrine individualiste s'était répandue dans les hautes classes de la société japonaise. D'ailleurs, en général, un esprit d'individualisme régnait alors, qui était dû non seulement à l'influence de la secte de Zen, mais encore à d'autres causes sociales ou économiques.

Les maîtres des écoles de Tosa et de Kano peignirent des portraits de nombreux personnages célèbres, du shôgun, de gentilshommes, de grands vassaux, de prêtres et en particulier des prêtres de la secte de Zen, de lettrés, d'artistes, de maîtres ès cérémonie du thé, etc. La plupart de ces portraits furent peints après la mort du modèle, sur la demande de ses proches, de ses amis, de ses vassaux ou de ses disciples, pour être conservés par eux en mémoire de la personne qu'ils avaient adorée de son vivant. Un grand nombre de ces portraits existent encore et font revivre les traits des hommes illustres de l'histoire du Japon.

L'anarchie qui régnait dans le pays, les tendances individualistes de ses habitants eurent une influence néfaste sur les mœurs, et la littérature de l'époque est loin d'être morale. Ce ne fut en réalité qu'une sorte de renaissance de l'art littéraire des Fujiwara. Les auteurs classiques de cette période acquirent une vogue nouvelle. On les relut, on les étudia, on les commenta ; parmi eux on adora presque Murasaki-Shikibu dont le *Genji-monotari* était considéré comme divin. Ces œuvres sont tout à la fois réalistes et sentimentales et vont parfois jusqu'au sensualisme, mais elles sont revêtues des plus beaux ornements dont pouvait les parer un style riche dont les phrases choisies sont empruntées aux sources inépuisables de la littérature chinoise. Or, la renaissance littéraire de la période Ashikaga présente des caractères nouveaux et si différents de son modèle que nous ne saurions les négliger. Le vulgaire prend la place du raffiné, une sensualité grossière y règne, tel est l'effet de l'étude des vieux classiques. La morale n'y est guère respectée et le ton général reflète le manque de décence de cette période, dû sans doute au développement excessif des tendances naturalistes des œuvres de l'époque Fujiwara.

Voilà quelles sont les ombres du tableau, mais, pour qu'on ne puisse nous accuser de partialité, nous allons en montrer les brillantes qualités. En général, la culture de la période Ashikaga s'humanisa de plus en plus. Nous n'en voulons pour preuve que le fait suivant, emprunté à l'histoire de l'art japonais. Jusqu'à ce temps les paysages et les natures mortes n'avaient fait que servir d'accessoires ou de fonds à des scènes religieuses ou autres, dans lesquelles les personnages principaux tenaient le premier plan. A l'époque des Ashikaga, ils commencèrent à faire, à eux seuls, le sujet d'un tableau. Ceci marque les progrès accomplis : les Japonais étaient arrivés à ce point de culture où ils pouvaient aimer l'art pour l'art. Des paysages et des natures mortes dus au pinceau de célèbres artistes chinois furent importés au Japon, et des peintres japonais les prirent pour modèles. Certains d'entre eux, comme Sesshû, allèrent même étudier en Chine. Une nouvelle école se forma, l'école de Kano, qui est fort différente de l'ancienne école dite de Tosa. La plupart des œuvres de cette époque sont des *kakemono*, ainsi nommés parce qu'ils sont destinés à occuper une niche dans le mur d'un salon ou d'un cabinet de travail. Des écrans, ou *byôbu*, acquirent aussi une grande vogue. La décoration intérieure d'une résidence devint ainsi un art qui eut ses adeptes et ses maîtres.

Le raffinement du sens esthétique de nos ancêtres, tel qu'il se manifesta alors dans la vie qu'ils menaient dans leur résidence, fut encore heureusement influencé par l'étiquette minutieusement réglée de la cérémonie du thé, chère aux bourgeois comme aux nobles. Le thé avait été importé de Chine sous le règne de l'empereur Saga, au début du ixe siècle, mais n'était devenu que beaucoup plus tard un breuvage de consommation courante. Au début de l'ère de Kamakura, Yôsai, qui fonda au Japon la secte de Zen, le recommanda comme la boisson la plus salutaire de toutes ; mais pendant de longues années encore, seuls les prêtres bouddhistes semblent en avoir usé. Ce ne fut donc qu'au début du shôgunat des Ashikaga que les nobles et les riches commencèrent à en boire. La production n'étant pas alors très abondante, on n'en servait qu'à certaines occasions, conformément à une étiquette raffinée. L'hôte et ses invités rivalisaient de bon goût, louaient dans de petits discours improvisés l'excellence des œuvres d'art qu'on leur présentait, s'engageaient dans des conversations mystiques sur la doctrine de Zen ou s'amusaient à échanger des traits d'esprit.

En somme, le nom d' « humanisme » peut être donné à la culture de l'époque Ashikaga. Il n'y avait alors aucun pouvoir politique fermement établi, aucune règle de conduite rigoureuse qui pût refréner la liberté de pensée ou réglementer la vie privée. Jamais les Japonais n'ont été plus libres de penser et d'agir que pendant cette période. Et c'est probablement parce que le terrain avait été de longue main préparé par cette culture éminemment « humaniste » que le christianisme réussit, en moins d'un demi-siècle, à recruter des adeptes dans toutes les provinces de l'Empire.

Ainsi sur le Japon des Ashikaga se levait l'aube du Japon moderne.

CHAPITRE X

TRANSITION DU JAPON MOYENAGEUX
AU JAPON MODERNE

Enfin, de l'anarchie sortit la paix. Vers la fin du shôgunat des Ashikaga, les terres de hobereaux qui s'étaient
affranchis grâce à l'impuissance du shôgunat passèrent,
l'une après l'autre, sous la domination des grands seigneurs. Jusqu'alors, les droits des vrais propriétaires des
domaines, que ce fussent des gentilshommes de cour,
des temples ou des monastères, avaient conservé,
quoique presque tombés en désuétude, une valeur
réelle, ce qui permettait aux propriétaires de lutter
contre les empiétements de ces grands seigneurs qui,
légalement, n'étaient après tout que les intendants des
domaines qui leur avaient été confiés. Or, il arriva un
jour où il devint impossible aux vrais propriétaires de
revendiquer leurs droits et où les chefs militaires qui
occupaient les domaines n'en tinrent plus aucun
compte. Ainsi fut coupé le lien qui unissait encore les
domaines à leurs anciens maîtres, et de véritables principautés, formées le plus souvent de plusieurs domaines,
se fondèrent ayant chacune à sa tête un chef militaire
dont les droits étaient sans limite. En d'autres termes,
chaque région devint le domaine pur et simple d'un

seul seigneur ; certains de ces domaines étaient fort
étendus et comprenaient plusieurs provinces ; d'autres,
au contraire, ne contenaient que quelques villages ;
leurs frontières variaient de temps à autre. Néanmoins,
en dépit de leur diversité et de l'instabilité de leurs
frontières, ces domaines avaient tous la même organisation et, dans tous, le système administratif compliqué
d'antan avait disparu.

Par conséquent, en cas de nécessité absolue ou dans
celui de l'apparition d'un grand chef capable de réaliser l'union de tous ces domaines, le Japon pouvait,
plus facilement qu'à aucune autre époque de son histoire, former un bloc solide, une nation homogène.

Mais ce qui contribua le plus, en dehors de l'établissement des grands domaines, à la restauration de l'ordre
intérieur, ce fut la renaissance du sens moral. L'introduction de la civilisation au Japon à une période où ce
dernier avait encore des mœurs fort naïves, n'avait pas
eu que d'heureux effets. Ces mœurs si simples d'une
population encore ignorante des splendeurs de la vie
civilisée, étaient bien supérieures à celles des nations
plus cultivées, tout au moins en ce qui concerne l'amour
de la vérité, la sobriété et le courage. Mais les anciens
Japonais n'avaient point conscience de leurs vertus ; or,
une vertu qui n'a point conscience d'elle-même n'a
qu'une valeur relative, et c'est pourquoi ces vertus ne
purent endiguer le flot de l'influence anémiante d'une
élégante civilisation mûrie sous un ciel étranger et
répandue ensuite dans notre pays. Les liens moraux
indispensables au maintien de l'ordre social se relâchèrent surtout dans les hautes classes à l'époque trop
raffinée des Fujiwara. L'arrivée des guerriers au pouvoir au moment de la fondation du shôgunat de Kamakura, fit espérer une renaissance des anciennes vertus,
car la fidélité et la reconnaissance étaient les principales

qualités des nouveaux chefs et pouvaient rendre de la vigueur à une société tombée dans une méprisable langueur. Mais cette réaction fut de trop courte durée. La brièveté du régime de Kamakura ne fut d'ailleurs pas seule la cause de la rechute qui suivit. Les admirables vertus des guerriers de cette époque étaient le résultat naturel des conditions spéciales dans lesquelles vivaient les différentes troupes de combattants et étaient, par suite, des vertus personnelles à chacun d'eux. Tant que ces guerriers ne furent que des soldats servant tel ou tel noble de la Cour, les liens qui les unissaient à leur chef conservèrent toute leur force et l'esprit de corps demeura puissant parmi eux, car jusqu'alors ils étaient restés à l'écart de la politique. Mais lorsque ces guerriers, devenus les vrais maîtres du gouvernement, eurent à s'occuper des affaires de l'État, ils ne surent comment se conduire en tant que grands personnages publics. L'exercice du pouvoir a généralement pour effet d'amener des hommes d'une haute probité à attacher une trop grande importance au but qu'ils se proposent d'atteindre et à se montrer fort peu scrupuleux quant aux moyens à employer. Si leur sens moral n'est pas alors assez développé pour les empêcher de confondre leurs intérêts privés avec ceux de l'État, leurs vertus naturelles, n'ayant pas encore été mises à l'épreuve, ne peuvent se révéler et lutter contre cet esprit de corruption qui se manifeste beaucoup plus fréquemment dans la vie publique que dans la vie privée. C'est ce qui eut lieu dans le cas des guerriers de l'ère de Kamakura. Grâce à eux, il y avait eu une renaissance des vertus guerrières qui s'étaient affaiblies pendant le gouvernement des Fujiwara, mais leurs fils ne purent les conserver intactes. D'autre part, l'extinction de la branche principale des Minamoto affecta leurs rapports avec les nouveaux shôguns dont ils n'étaient plus les hommes-liges, et la famille Hôjô, qui, en fait, détenait le pouvoir, ne leur était supérieure que par la situation à laquelle elle avait su parvenir. Une fidélité devenue sans objet n'était plus qu'une vertu sans raison d'être, tout au moins dans un âge où la fidélité était admirée par-dessus tout et où les autres vertus n'étaient considérées que comme des qualités secondaires.

La disparition de cette vertu ne pouvait donc qu'être néfaste pour le sens moral du peuple entier. En fait, la démoralisation de l'élite avait commencé vers la fin du shôgunat de Kamakura. Il n'est donc pas étonnant que, pendant la guerre civile de l'époque suivante, les guerriers aient changé fréquemment de parti, presque sans hésitation, n'écoutant guère que la voix de l'intérêt. Il n'est pas étonnant non plus que cette guerre, qui se termina sans qu'une victoire décisive eût été remportée par un des partis en présence, ait duré si longtemps. En effet, les combattants agissaient suivant l'impulsion du moment ; leur inconstance, leur manque de fidélité envers ceux auxquels ils auraient dû demeurer attachés, ne se manifestait point seulement dans leur façon de traiter les affaires publiques, mais encore dans leurs rapports avec les membres de leur propre famille. Les parents n'avaient plus confiance en leurs enfants, ni le mari en sa femme, et les maîtres avaient toujours à craindre d'être trahis par leurs serviteurs. La guerre civile terminée, il y eut quelques périodes de paix pendant la première partie du shôgunat des Ashikaga ; mais ce ne furent, à vraiment parler, que des accalmies entre deux tempêtes, accalmies dues beaucoup plus à la lassitude des populations écœurées d'une longue anarchie qu'à la fermeté du gouvernement shôgunal. Le désordre atteignit son point culminant au moment de la guerre civile de l'ère d'Onin, au cours de laquelle l'espionnage devint en quelque sorte une habitude et où l'on commença à prendre des otages en garantie de la bonne foi ou de la fidélité de ses alliés ou de ses partisans. Mais quelques mesures que l'on prît, elles ne suffisaient pas à empêcher soit la trahison des amis les plus intimes, soit une attaque perfide d'un voisin sur lequel on croyait pouvoir compter. La désertion n'était pas considérée comme un acte méritoire, mais ce n'était pas un crime déshonorant, tout au moins lorsqu'elle précédait les préparatifs d'une bataille. En fait, les déserteurs et les traîtres étaient sûrs d'être bien accueillis et généreusement récompensés par leurs nouveaux maîtres. Cet état de choses pouvait-il se perpétuer? Ce nouveau maître, pouvait-il accorder sa confiance à l'homme qui avait abandonné ou trahi, pour de sordides motifs d'intérêt, son ancien chef? L'histoire de ce temps abonde en récits de trahisons successives. Il arriva donc un moment où l'on cessa de faire quartier aux déserteurs et aux soldats qui se rendaient sans combattre; alors, la lâcheté n'assurant plus la vie sauve, des guerriers qui auparavant eussent capitulé sans le moindre scrupule demeurèrent fidèles jusqu'au bout à la cause qu'ils devaient défendre. L'excès même du mal entraîna sa guérison, et bientôt des exemples de solidarité entre les clans, de fidélité de vassaux envers leurs seigneurs, devinrent de plus en plus fréquents. Mais si les liens familiaux se trouvèrent resserrés, il n'en fut pas tout de suite de même des rapports entre maîtres et serviteurs. Certes, dans ces temps où la méfiance régnait, il était indispensable que l'on pût tout au moins compter sur les membres de sa propre famille. C'est ce qui explique le grand succès du *Siaoking*, traité chinois de piété filiale, qui était fort goûté de l'élite et dont plusieurs éditions parurent dans la deuxième partie du shôgunat des Ashikaga. Ainsi, en faisant l'éloge des vertus familiales, on rétablit l'homogénéité de la cellule familiale et on commença à régénérer la société et la nation. Bientôt les hommes liges eurent à cœur de partager même la mauvaise fortune de leur chef ; ceci peut être considéré non comme le résultat de l'amélioration des rapports entre maîtres et serviteurs, mais bien comme le réveil de l'ancienne loyauté qui, au temps des Kamakura, unissait les vassaux à leurs chefs héréditaires. Il en résulta que les territoires le moins étendus, ou le plus menacés par de puissants voisins, furent les premiers où les habitants se groupèrent autour du chef. C'est ce qui arriva dans la province de Mikawa, dont la moitié seulement appartenait à la famille Tokugawa ; jusqu'alors cette famille n'avait pu se maintenir qu'en acceptant le protectorat, tantôt des Oda, tantôt des Imagawa, ses deux puissants voisins. Nulle part, peut-être, il n'était aussi indispensable pour le seigneur et ses hommes de rester unis, et c'est pourquoi la partie de la province de Mikawa qui se trouvait sous la domination des Tokugawa, fut rapidement organisée en un tout homogène où ne tardèrent pas à refleurir les vertus nécessaires à un petit État militaire.

Ce réveil du sens moral de la population coïncida avec la formation des petits États compacts et virtuellement indépendants et prit place dans la deuxième partie du shôgunat des Ashikaga. Si le sentiment national tarda à se développer, et si l'union du pays fut lente à réaliser, c'est surtout parce que cet éveil n'eut lieu que graduellement et que ces petits États virtuellement indépendants n'acquirent pas tout de suite la stabilité nécessaire. L'état de la civilisation générale de cette époque ne pouvait d'ailleurs favoriser un mouvement tout à la fois national et moral. Pourtant le Japon tout entier avait alors à peu près la même culture, à laquelle nous pouvons donner le nom d'humanisme, ce qui constituait un grand progrès dans la voie de l'unité nationale. On peut même dire que ce grand désir d'unité fut l'effet de cette culture. Toutefois, l'humanisme en général, quel que soit la forme qu'il prenne, n'a point de but pratique et ne peut, à lui seul, améliorer les mœurs d'une nation, non plus que créer dans cette nation un désir d'union. Au contraire, ce genre de culture constituerait plutôt un obstacle à l'union du pays, tendrait à accélérer la démoralisation de la population et à encourager l'individualisme et l'égoïsme. Ce fut, d'ailleurs, ce qui eut lieu en Italie après la Renaissance, et c'est à peu près ce qui arriva au Japon vers la fin du shôgunat des Ashikaga. Cette culture qui s'était ainsi répandue dans tout le Japon, tendait plutôt au relâchement des mœurs et à l'instabilité de l'état social. Il arrivait fréquemment que les personnages les plus dépravés, tels que des traîtres et des meurtriers, étaient très cultivés. La plupart des serviteurs qui se révoltèrent contre le shôgunat des Ashikaga étaient de parfaits lettrés ; quelques-uns d'entre eux s'adonnaient à la lecture des romans à sensation qu'avait produit l'âge d'or de la littérature, tels que l'*Isé-Monogatari* et le *Genji* ; d'autres composaient eux-mêmes de petits poèmes élégants et pleins d'esprit, et beaucoup d'entre eux protégeaient généreusement les arts, surtout la peinture. Ils ressemblaient en cela d'une façon étonnante à ces papes de la Renaissance et aux membres de leurs familles dont le goût artistique est aujourd'hui aussi célèbre que les vices.

Étant donné que la culture japonaise, ou celle que le Japon avait empruntée à la Chine, ne put préserver la nation d'une crise politique et morale, il nous reste à étudier l'effet que pouvait avoir sur le pays une nouvelle culture exotique, telle que celle du christianisme. Je ne m'étendrai point ici sur les rapports qui existent entre la religion et les mœurs, mais il me sera tout au moins permis de faire remarquer que les personnes religieuses ne sont pas toujours vertueuses. Les bigots sont généralement pervers, généralement vicieux ; ceci est d'ailleurs un lieu commun, mais le fait peut être observé aussi bien chez les bouddhistes que chez les adeptes des autres religions. Pourquoi les chrétiens auraient-ils été meilleurs ? En ce qui concerne la culture générale de notre pays, l'importation du christianisme est un fait historique important dont l'influence ne saurait être passée sous silence. Bien que la culture qui se répandit au Japon par suite de la propagande chrétienne ait été de peu d'importance et de peu de durée, nous ne saurions négliger ce nouvel élément de civilisation apporté d'Occident par les missionnaires, et quelque difficile qu'il soit de retrouver des traces de la civilisation occidentale dans l'époque qui va suivre, nous ne saurions nier qu'elle ait laissé son empreinte sur notre histoire. Nous ne devons point perdre de vue, en effet, que cette nouvelle culture réussit en quelques lustres à s'étendre sur tout le pays ; c'est ainsi, par exemple, que les fables d'Esope n'ont depuis cette époque cessé d'être racontées le soir aux petits enfants japonais. La physionomie du Japon fut donc quelque peu, quoique très légèrement, modifiée par le christianisme.

Les Japonais apprirent qu'il existait, en dehors de la Chine et fort loin à l'Occident, des peuples assez civilisés pour être leurs maîtres dans certaines branches de la science et de l'art ; leur champ de vision s'en trouva élargi et l'opinion qu'ils avaient de la civilisation chinoise s'en trouva quelque peu modifiée. Auparavant, rien n'obtenait autorité au Japon dont l'origine n'était point chinoise. L'influence prépondérante que la culture chinoise avait eue au Japon au temps des Fujiwara reparut sous une forme différente vers le milieu du shôgunat des Ashikaga, car à la culture des T'ang avait succédé celle des Song, des Yuan et des

Ming. Bref, jusqu'alors, la Chine n'avait presque jamais cessé d'être pour le Japon la brillante étoile qui lui indiquait sa voie, la Corée n'en pouvant être considérée que comme un reflet. Il serait téméraire de déclarer que l'introduction du christianisme eut pour effet immédiat de dessiller les yeux des Japonais et de déchaîner dans la population un enthousiaste mouvement national ; et pourtant, il contribua à l'éveil de l'esprit national et, par des voies indirectes, à l'unification du pays. A cet égard, le christianisme eut donc sur nos ancêtres une influence heureuse.

On n'en saurait dire autant en ce qui concerne les mœurs des particuliers. A ce point de vue, le christianisme fit peut-être autant de mal que de bien. Toute religion méritant le titre de religion universelle est, dans sa doctrine tout au moins, fortement imprégnée d'individualisme, ce qui, contrairement aux fins supérieures mêmes de la religion, tend à encourager la recherche de fins égoïstes. Le christianisme n'est point une exception. Qu'aurait-il pu prêcher, d'ailleurs, aux Japonais déjà si fortement individualistes, sinon une doctrine destinée à fortifier encore leur individualisme ? Nous noterons aussi que la morale chrétienne de François-Xavier n'était autre que celle des jésuites du seizième siècle, qui soutenait que « la fin justifie les moyens », principe qui, depuis lors, a été déclaré dangereux et néfaste par toute l'Europe. Si tous les missionnaires avaient été des hommes d'un haut caractère, ils auraient pu par leur seul exemple, en dépit de la morale de leur congrégation, contribuer au relèvement des mœurs des Japonais parmi lesquels ils vivaient. Malheureusement, de tels missionnaires étaient fort peu nombreux, et seuls François-Xavier et quelques autres possédaient les vertus nécessaires. Certes, tous étaient animés de l'ardent désir de sauver les « âmes » des

Japonais et de regagner ainsi en Orient ce qu'ils avaient perdu en Occident, mais le zèle religieux et le courage indomptable dont ils firent preuve ne les absout point du péché de mensonge. La plupart d'entre eux, dans les rapports qu'ils envoyaient à leurs supérieurs d'Europe, ne cherchaient qu'à exagérer leur propre mérite et multipliaient sans vergogne le nombre des adeptes qu'ils prétendaient avoir faits. Comment ces hommes auraient-ils pu contribuer au relèvement des mœurs des Japonais qui les entouraient ?

A défaut d'intelligence vraie, ils ne manquaient point d'habileté, et il leur aurait été possible d'exercer une influence réelle dans le domaine de l'éducation morale, s'ils avaient consenti à étudier l'état du Japon à cette époque. Mais leur conception du pays et de ses habitants était complètement erronée. La plupart d'entre eux s'étaient imaginé le Japon comme un Eldorado peuplé de tribus primitives à l'intelligence à peine développée parmi lesquelles ils étaient appelés à jouer un rôle glorieux. Ils ne pouvaient comprendre que la culture que possédaient déjà les Japonais, culture en grande partie due à l'influence chinoise, était supérieure à la culture primitive de certaines régions d'Europe encore à peine civilisées ; en fait, la différence existant entre les formes extérieures des deux civilisations les empêchait d'apprécier à sa juste valeur la culture de l'Extrême-Orient. Leur surprise fut donc fort grande lorsqu'ils débarquèrent dans l'Empire du Soleil levant et ils ne tardèrent point à tomber dans l'excès contraire et à donner aux manifestations de cette culture une estime qu'elles ne méritaient pas toujours. Toutefois, leurs anciens préjugés étaient si fortement enracinés en eux, qu'ils ne pouvaient juger impartialement les choses du Japon et que consciemment ou non, ils s'érigeaient en critiques sévères des mœurs japonaises, et, hélas ! le Japon de cette époque ne leur fournissait que trop l'occasion de confirmer la mauvaise opinion que les missionnaires avaient de ses habitants. Ainsi, d'une part, les Japonais étaient loués au-dessus de leur mérite et, de l'autre, représentés comme bien plus mauvais qu'ils n'étaient réellement. Il est à regretter et que le Japon ait été mal jugé par des pionniers de la civilisation occidentale inférieurs à leur tâche, et que le christianisme ait été représenté au Japon par des missionnaires assez fous pour vouloir y semer la discorde. Ce fut surtout parce que ces missionnaires se mêlèrent à des intrigues sans nombre, qui ne pouvaient servir en rien la cause du Christ, que le christianisme fut enfin chassé de l'Empire. Il eût été absurde d'ailleurs d'espérer que l'influence personnelle de ces téméraires aventuriers pût un jour améliorer les mœurs des Japonais. Le Japon était mûr pour se transformer en un véritable État national compact, émerger du chaos du moyen âge et devenir un pays moderne. Cependant, le milieu intellectuel, bien que préparé à ce changement, ne pouvait l'effectuer de lui-même. Il fallait qu'une occasion favorable se présentât, créée par un élément nouveau. Or, il y eut bien un élément nouveau, mais sa présence ne détermina aucune modification heureuse. L'évolution ne pouvait donc plus s'accomplir que si un homme puissant réussissait à réaliser l'union politique du pays, union qui devait par la suite régénérer et les diverses classes et les individus. Cet homme ne tarda point à se faire connaître : ce fut Nobunaga Oda, dont l'œuvre fut menée à bonne fin par Hideyoshi Toyotomi et par Ieyasu Tokugawa.

Il dut d'abord détruire toutes les traditions, toutes les conventions dont les chaînes entravaient depuis si longtemps la nation. Nobunaga, héros autoritaire et intrépide, ne se laissa arrêter par aucun obstacle. La famille des Nobunaga dépendait de la maison des Shiba, elle-même une des branches des Ashikaga, et gouvernait depuis longtemps la province d'Owari qui faisait partie du domaine des Shiba. Quand la puissance de la maison des Shiba commença à décliner, les Oda se rendirent virtuellement indépendants. Nobunaga naquit peu après cette usurpation de pouvoir qui, en réalité, constitue son seul droit au titre de seigneur suzerain d'un grand domaine. Nobunaga était donc destiné à devenir l'adversaire du régime Ashikaga, qui n'aurait su lui reconnaître un titre usurpé, et par suite le précurseur d'une époque nouvelle. Sa province était considérée comme l'une des plus riches du Japon et se trouvait peu éloignée de Kyôto, le centre intellectuel et politique le plus important de tout l'Empire. Ses vassaux et lui étaient, par conséquent, beaucoup mieux placés que les seigneurs des provinces lointaines et pouvaient facilement obtenir toutes informations leur permettant soit de fortifier, soit d'étendre leurs domaines. En 1560, il vainquit et tua son ennemi le plus puissant, Yoshimoto Imagawa, seigneur des provinces de Tôtomi et de Suruga, qui se trouvaient immédiatement à l'est de la province d'Owari. Il s'empara de ces territoires, et ce fut sa première conquête. Quatre ans plus tard, il s'étendit également au Nord et s'annexa la province de Mino. En 1568, il conduisit son armée jusque dans Kyôto, vengea la mort du shôgun Yoshiteru et fit nommer shôgun le propre frère de ce dernier, qui fut le dernier shôgun des Ashikaga. En peu de temps, il conquit province après province, ses domaines s'étendirent de la Mer du Japon au littoral du Pacifique, et la puissance du shôgun fut éclipsée par celle de la famille des Oda. Mais arrivé à l'apogée de sa carrière, Nobunaga fut assassiné par un traître.

Ce ne sont point toutefois les succès militaires, ni les

conquêtes de Nobunaga qui en font une grande figure de l'histoire du Japon, car les territoires dont il s'empara ne représentent, en somme, qu'environ un tiers de l'île de Hondô ; ce qui est important au point de vue historique, c'est qu'il détruisit le régime du vieux Japon et devint le précurseur d'une nouvelle époque ; mais ce fut son successeur, Hideyoshi, qui créa le Japon moderne.

Depuis le début de leur histoire, les Japonais ont toujours montré quelque répugnance à abandonner, dans le domaine de l'esprit, leurs anciennes coutumes et, cependant, ils s'empressaient de s'adapter tous les éléments exotiques qui leur paraissaient soit agréables, soit utiles. En d'autres termes, les Japonais étaient tout à la fois conservateurs et progressistes et avaient quelque tendance à exagérer dans les deux sens. Il en était résulté que le pays était devenu comme un immense magasin de choses japonaises et chinoises, dont certaines n'avaient, certes, plus aucune utilité. Ainsi, lorsqu'une coutume exotique avait réussi à pénétrer chez nous, nous ne tardions pas à nous y attacher et la conservions avec un soin jaloux, comme si c'eût été un trésor dont la possession était honorable pour le pays. De cette sorte furent préservés de la destruction un grand nombre de vestiges historiques, au propre comme au figuré, dont l'origine était soit japonaise, soit chinoise. C'est pourquoi on retrouve encore aujourd'hui des choses dont l'origine remonte de toute certitude jusqu'à la Chine, bien que les Chinois eux-mêmes n'en aient plus aucune connaissance. Par exemple, les rites religieux et certaines autres traditions de nos ancêtres des temps les plus reculés se sont perpétués jusqu'à nos jours. C'est ce que prouve l'existence de très anciens édifices de bois dont certains ont plus de douze siècles.

D'ailleurs, l'évolution historique du Japon a favorisé cette tendance, car nous n'avons jamais eu de changements fréquents de dynastie, comme en Chine ; nous n'avons jamais eu de révolution violente ébranlant l'armature du pays, comme en France. Certes, notre histoire ne manque point de guerres civiles et de troubles politiques, mais leur force destructrice fut, en somme, relativement faible, puisqu'une seule famille impériale n'a cessé de régner depuis l'époque mythologique ; cette famille souveraine ayant servi en quelque sorte de point d'appui, il fut plus facile au Japon qu'à aucun autre pays du monde de garder tout ce qui fait partie de son histoire, qu'un tel soin soit justifié ou non. Comme notre civilisation fut toujours hâtive, nous n'avons jamais eu le temps de nous arrêter pour choisir ce qui valait la peine d'être conservé. Non seulement nous avons conservé des choses qui furent toujours inutiles, mais encore des choses qui, après avoir été utiles pendant un certain temps, ne faisaient que nous embarrasser. Ainsi, dans les limites restreintes de notre petit Empire se sont accumulés les restes, voire même les détritus, des civilisations de plusieurs pays et de plusieurs époques. Combien de peuples, si vigoureux et si progressistes fussent-ils, auraient pu continuer à marcher de l'avant en dépit d'un si pesant fardeau ?

La religion souffrait beaucoup de cette accumulation de rites et de coutumes, et les services administratifs étaient entravés par mille formalités routinières, les unes d'origine japonaise, les autres empruntées à l'étiquette des diverses dynasties chinoises qui avaient fini par s'enchevêtrer au temps du régime des nobles de Cour. Leur prestige était tel, que même le gouvernement du shôgunat, c'est-à-dire un gouvernement qui voulait réellement gouverner et se montrer plus énergique que celui des Fujiwara, ne tarda pas à s'en imprégner. L'échec de Kiyomori, le premier guerrier qui devint réellement le chef de la nation, est dû à son ignorance des formalités et de l'étiquette administratives. Le shôgunat de Yoritomo chercha à s'affranchir de leur néfaste influence, mais n'y réussit que pendant peu de temps. Le shôgunat des Ashikaga en souffrit presque dans ses débuts, car il adopta l'étiquette des gentilshommes de Cour et hérita en plus des formalités dues au régime de Kamakura. L'humanisme qui fleurit vers la fin du shôgunat des Ashikaga et qui était hostile à l'esprit de routine, finit lui aussi par devenir conventionnel. Le Japon ne pouvait se moderniser tant qu'existait ce fatras de vieilles traditions, de vieilles coutumes et de formalités routinières.

Les superstitions les plus diverses que le temps n'avait fait qu'enraciner plus profondément encore aux cœurs des fidèles étaient des plus néfastes, et elles étaient fort nombreuses au Japon. Les manifestations extérieures les plus primitives telles que le fétichisme, le totémisme, l'idolâtrie avaient résisté à l'introduction du bouddhisme. Ce dernier lui-même avait donné naissance à des sectes dont la doctrine n'était qu'un tissu de croyances absurdes. Le taôïsme était entré chez nous en même temps que la culture chinoise. Nous mentionnerons en passant le shintoïsme qui, de par son essence même, est plutôt un ensemble de rites religieux qu'une véritable religion, et qui, s'étant assimilé des éléments bouddhistes, devint une religion hybride. Ainsi les croyances les plus diverses, avec les superstitions qu'elles entraînaient, s'étaient enracinées dans les esprits et dans les cœurs, à tel point qu'il était difficile de préciser la religion à laquelle appartenait tel ou tel Japonais. Tout ce qu'on peut dire à ce sujet, c'est qu'il était possible de diviser les Japonais en plusieurs groupes religieux. En Europe on considère généralement la reli-

gion comme un des traits caractéristiques d'une nation.
En effet, bien que la religion ne suffise pas à unir tous
les peuples d'une même foi, il n'en est pas moins vrai
que le fait d'avoir des religions différentes crée une séparation entre tels et tels peuples et que, d'autre part, le
fait que toute la population d'un même pays a embrassé
la même religion est, indirectement tout au moins,
une cause d'union. Par suite de la coexistence de
diverses croyances, la carte religieuse du Japon présentait alors un aspect bigarré, et cette multiplicité de
croyances était peu favorable à l'unité du pays, unité
pourtant nécessaire depuis fort longtemps. Bref ce
n'était point la religion qui pouvait avoir une
influence heureuse sur notre évolution politique. En
outre, le zèle religieux avait atteint son point culminant vers la fin du shôgunat des Ashikaga. Jamais, sauf
au moment de l'introduction du bouddhisme pendant
l'ère de Kamakura, il n'y avait eu un tel enthousiasme.
Plusieurs grandes associations religieuses s'étaient fondées, dont les deux plus importantes devaient leur origine aux deux sectes si violentes et si puissantes du
bouddhisme japonais, celle de Jôdo-shinshù ou Ikkô-
shù et celle de Nichiren-shù ou Hokke-shù. Cette dernière, dont les adeptes étaient les moins nombreux mais
les plus actifs, ne donna pas trop de mal à Nobunaga.
La première, beaucoup plus puissante et fort exclusive,
comptait de nombreux adhérents, surtout dans les provinces centrales où Nobunaga avait fermement établi
sa domination, et constituaient un obstacle à la régula-
rité de leur administration.

Les ordres religieux des temples et des monastères du
mont Hiei appartenant à la secte Tendaï, et ceux du
mont Kôya, de la secte Shingon, n'étaient guère moins
à craindre, non à cause du nombre de leurs membres,
mais à cause du prestige historique qui, depuis les temps

les plus reculés, était attaché à leur nom. Il y avait longtemps que ces deux sectes ne faisaient plus de propagande ; pourtant ces temples étaient tout particulièrement chers à la famille impériale et nul n'avait encore
osé refréner l'arrogance des prêtres et des moines qui y
vivaient. Enrichis par les terres dont les nobles leur
avaient fait présent, ils vivaient dans l'opulence et fort
peu d'entre eux se consacraient vraiment aux pratiques
du culte. La plupart étaient des moines guerriers toujours
prêts à se battre, non seulement pour la défense des
intérêts de leurs communautés, mais aussi pour venir
en aide aux grands seigneurs des domaines voisins des
leurs. Et ceci durait depuis l'époque des Fujiwara. Si
bien qu'à la fin du shôgunat des Ashikaga, ces prêtres
avaient à peu près perdu leur caractère religieux. Ces
temples et ces monastères étaient donc un obstacle de
plus à l'unité nationale.

Pour réaliser cette unité et moderniser le pays il fallait
donc supprimer toutes les formalités routinières, détruire
toutes les superstitions surannées, déblayer la voie
de tous les obstacles qui l'encombraient. Et ce n'était
pas chose facile, car toutes ces traditions étaient hono-
rées ; s'attaquer à des coutumes aussi chères, c'était
défier l'opinion publique. Personne n'avait encore osé
le faire quand Nobunaga résolut de se débarrasser de
toutes ces chaînes, si étroites quoique si faibles.

En 1571, Nobunaga enleva d'assaut le mont Hiyei dont
les moines avaient, l'année précédente, pris parti contre
lui. Le fameux temple de Enryakuji, la gloire du bouddhisme japonais, qui avait résisté à tous les orages
depuis plus de sept siècles, fut réduit en cendres. Nobunaga s'empara peu après du temple voisin de Negoro,
appartenant lui aussi à la même secte que Koyâ. Il ne
réussit point à abattre le temple de Hongwanji, de la
secte d'Ikkô, et dut conclure un armistice avec ses habi-

tants, mais leur puissance s'en trouva fort diminuée. La destruction d'Enryakuji et de Negoro frappa le Japon de stupeur, car c'étaient deux édifices sacrés, deux institutions dont le prestige était presque aussi grand que celui de la famille impériale. Ce qui est regrettable, c'est qu'un grand nombre de documents et chroniques furent brûlés; et c'est pourquoi les historiens se sont montrés injustes à l'égard de Nobunaga. Certes, si le héros avait sauvé les archives avant de détruire les temples, bien des points obscurs de notre histoire seraient aujourd'hui faciles à éclaircir et la postérité aurait été moins sévère pour Nobunaga. Mais l'histoire n'a pas été faite uniquement pour les historiens et il est vain de déplorer la perte de documents qu'il eût été d'ailleurs fort difficile de sauver. Une nation devrait être plus reconnaissante envers un grand homme qui lui a ouvert une belle carrière qu'envers celui qui lui a conservé quelques souvenirs de son passé. En jetant à bas l'édifice suranné et vieillot qu'avaient érigé les moines du mont Hiyei, Nobunaga annonça le lever d'un jour nouveau, l'aube du Japon moderne.

L'opulente cité de Sakai partagea le sort de ces prêtres arrogants. Ses habitants, accoutumés à mépriser les mercènaires et les condottieri si nombreux dans les provinces voisines de Kyôto, ne se rendirent point compte de la puissances de Nobunaga et eurent la témérité de le défier. Ils en furent cruellement punis. La ville fut démantelée et placée sous la domination d'un maire nommé par le vainqueur. Ainsi prit fin l'indépendance de la seule cité japonaise qui ait jamais eu l'espoir de devenir complètement autonome.

Nobunaga n'était point destiné à être simplement la force aveugle qui devait détruire l'ancien Japon. Il semble avoir possédé les qualités nécessaires à un reconstructeur. Ainsi il s'occupa à améliorer les moyens de communication, ce qui prouve qu'il était aussi bon organisateur que grand conquérant. S'il soutint les missionnaires chrétiens, ce fut probablement parce qu'il était écœuré de la dégénérescence et de l'intransigeance des bouddhistes japonais. Ne sommes-nous point autorisés à en conclure que, dans le domaine religieux comme dans les autres, il cherchait des moyens nouveaux de régénérer le Japon? Il est regrettable qu'il n'ait pas vécu assez longtemps pour recueillir le fruit de ses efforts. A sa mort, sa mission destructrice n'était pas encore achevée et il avait à peine commencé à reconstruire. Ce fut lui, cependant, qui annonça que le Japon était capable d'union, qui prouva que tout ce qui avait été conservé ne l'avait pas toujours été à bon escient, mais ce fut Hideyoshi, son successeur, qui mena à bien la tâche commencée.

Nobunaga mourut à Kyôto en 1582. Ses lieutenants se disputèrent sa succession et ce fut Hideyoshi qui l'emporta sur ses rivaux. L'année suivante, ce dernier établit sa résidence à Osaka. Hideyoshi, d'origine très humble, n'aurait, sous l'ancien Japon, joui d'aucune considération. Il était donc mieux qualifié encore que son maître pour instaurer un nouveau régime. Il poursuivit la marche conquérante de son prédécesseur et réussit en moins de huit ans à étendre sa domination sur ce qu'on est convenu d'appeler le Japon historique. Chose remarquable, ses armées étaient suivies d'arpenteurs et de géomètres chargés de mesurer les territoires des grands domaines et le résultat de leurs travaux servit de base à l'établissement d'un nouveau système d'impôts. Leurs opérations commencées en 1590 ne furent terminées que l'année même de la mort de Hideyoshi. Certes il subsista encore des différences dans les sommes perçues dans différentes régions, mais le principe fut partout le même et appliqué d'une façon

uniforme. Ainsi disparurent presque tous les anciens
systèmes, lesquels variaient de domaine à domaine.
C'était la fin du régime domanial.

La réalisation de l'unité du Japon sous le gouvernement d'un seul homme, d'un tyran inspiré, aurait pu
être le résultat d'une lente évolution, mais nous pouvons
aussi considérer ce grand fait historique comme une
des causes principales de l'éveil du sentiment national.
L'expulsion des missionnaires chrétiens, l'interdiction
de pratiquer la religion chrétienne ne constitua pas à
vraiment parler une persécution religieuse, car Hideyoshi n'était nullement un bouddhiste enthousiaste. Il
n'avait probablement aucune aversion pour le catholi-
cisme, mais il ne voulut point tolérer que les prêtres
catholiques se mêlassent de politique et fissent obstacle
à son grand projet de centralisation des pouvoirs et
d'unification de la nation. Les persécutions qu'il
ordonna et au cours desquelles maints aventuriers méri-
tèrent les palmes du martyre furent dues, non à sa
haine des chrétiens, mais à l'imprudence même des
missionnaires.

On a donné différentes explications de l'expédition
que Hideyoshi organisa contre la Corée. Certains historiens n'y voient qu'une preuve de son goût des aventures et de son amour de la gloire ; d'autres croient que
cette guerre n'eut d'autre motif que de créer, en dehors
du Japon, une occupation à des guerriers mécontents,
dont l'oisiveté eût été un danger pour l'ordre intérieur.
Hideyoshi mourut avant d'avoir fait connaître ses plans
et ses raisons. Peut-être voulait-il simplement réaliser,
en dehors même des frontières de l'empire, son grand
rêve d'unité.

Si nous envisageons dans son ensemble la brillante
carrière de ce grand chef, nous sommes étonnés de
l'immensité de la tâche surhumaine qu'il accomplit. Il

contribua plus que tout autre à l'édification du nouveau Japon ; et ce fut Ieyasu, homme d'une prudence et d'une intelligence remarquables, qui termina son œuvre et mit à leur place définitive tous les matériaux que Hideyoshi avait si bien assemblés.

CHAPITRE XI

LE SHOGUNAT DES TOKUGAWA.
SON RÉGIME POLITIQUE

L'esprit de l'ère nouvelle avait eu son héros en la personne de Nobunaga. A son appel, les barrières qui jusqu'alors avaient arrêté la nation dans son évolution s'écroulèrent et la terre s'ouvrit. Ce fut Hideyoshi qui tira du sol même les blocs de marbre ou de pierre destinés au nouvel édifice et qui les équarrit. Patient et sage, Ieyasu leur donna leur forme définitive. Le shôgunat que ce dernier fonda à Edo (aujourd'hui Tôkyô) devait durer deux siècles et demi, c'est-à-dire plus qu'aucun de ceux qui l'avaient précédé, autant que la plupart des dynasties des royaumes ou empires européens et plus que celle des Bourbons de France, même prolongée après la Restauration par la branche des d'Orléans.

Pendant cette longue période, le Japon, gouverné par la famille des Tokugawa, put se préparer en paix à s'élever au rang qu'il occupe aujourd'hui dans le monde.

L'histoire de cette époque indique que le Japon n'avait point encore quitté tous ses ornements moyen-âgeux, et pourtant il serait absurde de ne point la considérer comme appartenant aux temps modernes. Quels que soient les vestiges des anciennes civilisations que nous ayons conservés, il faut se garder de supposer que le Japon n'ait fait aucun progrès pendant ces deux siècles et demi. Si l'on a généralement tendance à estimer au-dessus de sa valeur le Japon de l'ère de Meiji, cela provient de ce que l'on ne comprend point le Japon de l'époque des Tokugawa.

L'attention des premiers étrangers à qui il fut donné d'observer le nouveau Japon, fut attirée par tout ce qui leur y semblait étrange ou curieux, soit que ces choses fussent complètement différentes dans leur patrie, soit qu'elles y fussent surannées depuis fort longtemps. Ils ne s'occupèrent point des choses connues chez eux et qu'ils retrouvaient au Japon, car leur présence dans ce pays leur paraissait naturelle. Par suite, les voyageurs européens débarquaient chez nous avec l'idée préconçue que c'était un pays unique au monde ; ils étaient donc inconsciemment amenés, après un séjour au Japon, à le représenter sous un jour tout à fait exotique, comme une région entièrement différente de tout ce qu'ils avaient vu jusqu'alors. C'est la faute que l'on peut reprocher aux observateurs les plus exacts et que commit même Engelhardt Kaempfer ; quant à la plupart des autres, et surtout aux missionnaires trop prompts à chanter leurs propres louanges au préjudice des Japonais, il n'est pas nécessaire de les mentionner. Nous souffrons encore de cette conception erronée que ces voyageurs et ces écrivains eurent des Japonais et qu'ils léguèrent à leurs successeurs. Je n'ai nullement l'intention, d'ailleurs, de ne faire connaître à mes lecteurs que les beaux côtés de l'histoire japonaise. Loin de là, mais je les prierai de ne point juger le Japon de la période, essentiellement moderne, du shôgunat des Tokugawa d'après les nombreux vestiges de l'époque féodale qu'y rencontrèrent les voyageurs européens et qu'ils prirent un tel plaisir à décrire. Dans ce chapitre, je parlerai d'abord de ces vestiges féodaux et traiterai ensuite du caractère essentiel de cette période qui mérite d'être considérée comme moderne.

J'ai déjà, dans le chapitre précédent, parlé de la ressemblance qui existe entre la fin de l'ère Ashikaga et la Renaissance italienne. Il serait facile de trouver, au cours des siècles qui suivirent, d'autres points de similitude entre l'Orient et l'Occident, mais l'histoire n'est pas faite de courants parallèles et on pourrait tout aussi bien comparer la Réforme à l'époque des Oda et des Toyotomi, qu'à celle de Kamakura. Le style artistique « Momoyama » qui fleurit au temps de Hideyoshi, évoque, certes, le style Empire, mais il rappelle également le style Renaissance. Il serait, de même, absurde de déclarer que la culture de la période des Tokugawa a, généralement parlant, le même caractère que celle du début du dix-neuvième siècle européen.

L'art, bien qu'étant un des éléments de la culture d'un peuple, ne saurait être considéré comme le seul critérium permettant de juger sa civilisation. Nous ne saurions, d'ailleurs, nier que le Japon des Tokugawa présentait certains caractères peu flatteurs pour notre amour-propre national.

Tant que la guerre demeurera une calamité inévitable, on ne pourra espérer faire disparaître, dans aucun pays du monde, la cruauté de l'homme pour l'homme.

Mais si le degré de cruauté manifesté en temps de guerre est en raison inverse du degré de civilisation atteint par un peuple, nous devons reconnaître que l'époque des Tokugawa ne peut être considérée comme une époque éclairée. En effet, jusqu'à sa fin, subsista la coutume pour les guerriers de couper, sur le champ de bataille même, la tête des ennemis qu'ils avaient tués. A ce propos, je ferai remarquer que nous n'avons jamais connu au Japon les guerres de mercenaires du moyen âge européen où l'on faisait des prisonniers dans le seul but d'en obtenir rançon, coutume quelque peu démoralisante pour les guerriers. Nos luttes étaient beaucoup plus sérieuses et partant beaucoup plus dangereuses pour ceux qui y prenaient part. Ainsi, il était de tradition de récompenser le soldat qui, le premier, avait coupé la tête d'un ennemi au cours d'une bataille, tout aussi généreusement que celui qui, le premier, était monté à l'assaut d'une forteresse. En outre, lorsqu'on célébrait la victoire, on réunissait toutes les têtes coupées et on les présentait au général de l'armée victorieuse. Ces coutumes, quelque efficaces qu'elles aient pu être pour stimuler la valeur des combattants, ne peuvent être considérées comme dignes de louanges dans les pays civilisés, même dans ceux où le métier des armes est considéré comme la plus noble des professions.

Le suicide japonais, appelé *harakiri* ou *seppuku*, est connu dans le monde entier et mérite quelques lignes d'explications. Il ne faut point supposer, d'ailleurs, qu'il fut aussi fréquent que tendrait à le faire croire la lecture des drames japonais. Le *harakiri* était en fait assez rare; il devait, en outre, se faire d'une façon décente, si le mot décent peut être employé à ce propos, et nullement de la manière grotesque dont on le représente au théâtre, c'est-à-dire accompagné de rires sardoniques pendant que les entrailles découlent du ventre ouvert en croix. Le but des guerriers japonais était de mourir bravement et honorablement de leurs propres mains et non de chercher à se tuer d'une façon particulièrement cruelle. Le suicide par le poison, la noyade, la strangulation, était alors jugé comme indigne d'un guerrier : s'ouvrir la gorge même était considéré comme efféminé. La crainte d'une mort trop lente était un symptôme de lâcheté ; il importait donc de se tuer de la manière la plus simple et la plus modeste, avec tous les égards possibles pour autrui. Bref, un suicide, pour être réellement honorable, ne devait pas être la suite d'une folle impulsion. C'était donc le sentiment de l'honneur militaire et non un instinct cruel qui déterminait un guerrier à faire *harakiri*, et il serait injuste de considérer cette coutume comme une preuve de la cruauté des Japonais.

Cependant, je me garderai bien de faire, à tous points de vue, l'éloge de cette coutume. En effet, pendant toute l'époque des Tokugawa, les *samuraï*, ayant encouru la peine de mort, se tuaient de leur propre main, ce qui n'entachait en rien leur honneur ; la survivance de cette forme de châtiment prouve que la civilisation de cette époque laissait encore à désirer.

Il existait de véritables barrières entre les différentes classes de la population. Au-dessous des guerriers, toutes sortes de gens étaient répartis *grosso modo* en trois groupes : paysans, artisans et marchands, qui tous étaient considérés comme des inférieurs faits pour être gouvernés. Toutefois, il n'est pas vrai que les guerriers aient pu les tuer à leur gré sans crainte de châtiment. Les guerriers coupables d'un meurtre étaient appelés à comparaître devant les autorités compétentes et étaient sévèrement punis lorsqu'il leur était impossible de prouver qu'ils avaient été, soit attaqués, soit provoqués. Mais, en somme, les gens du peuple, au temps des Tokugawa, étaient tenus en mépris par les guerriers qui les considéraient comme peu intelligents et comme incapables de prendre part, soit aux affaires de l'État, soit à la vie de société. Les guerriers ne tenaient, d'ailleurs, point compte du fait que l'infériorité intellectuelle des autres classes provenait surtout de ce que leur éducation était fort négligée.

De toutes les professions, autres que celle des armes, l'agriculture était considérée comme la plus honorable, car c'était elle qui produisait les denrées de première nécessité ; et les guerriers, surtout les moins fortunés, ne dédaignaient point, soit de cultiver les terres qui leur étaient données, soit de rechercher de nouvelles terres à défricher. Toutefois, les paysans eux-mêmes n'étaient point tenus en très haute estime. Les artisans, en tant qu'artisans, n'étaient point non plus favorisés, mais leur métier, étant lucratif et indispensable, n'était point tenu en mépris. D'ailleurs, de grands artistes sortis de cette classe ont été fort estimés et leur gloire a rejailli sur leurs collègues. La moins appréciée des professions était donc le commerce, en général considérée comme indigne d'être encouragée. On avait le plus grand mépris pour les colporteurs et les petits boutiquiers. Par contre, les riches négociants, de par leur opulence même, imposaient le respect. Les *daïmyô* et le *shôgun* lui-même qui, si souvent, faisaient appel à leur bourse, n'étaient-ils pas obligés de les traiter avec une certaine considération ?

Les impôts étaient fort arbitrairement perçus, les droits de propriété tenus en piètre estime et les sujets du shôgunat souvent maltraités et spoliés. Bien que le droit de pétition n'ait point été aboli, il était fort difficile et fort dangereux pour des plébéiens de faire connaître leurs trop nombreux griefs. D'autre part, comme on ne les consultait point et que l'opinion publique était encore inexistante, le gouvernement se souciait peu de les instruire. Personne ne cherchait réellement soit à élever leur niveau intellectuel, soit à améliorer leur mode d'existence. Si certains d'entre eux parvenaient à agir et à se conduire comme des gens bien élevés, c'est-à-dire comme s'ils appartenaient à la classe des guerriers, on les récompensait généreusement et l'on trouvait extraordinaire qu'ils possédassent un mérite supérieur à leur naissance.

L'organisation politique du pays, pendant le shôgunat des Tokugawa, peut être considérée comme médiévale si nous n'envisageons que ses défauts. Le pays était alors divisé en un peu moins de trois cents seigneuries, plus ou moins grandes, ayant chacune à sa tête un autocrate semi-indépendant qu'on appelait *daïmyô*. Les frontières de ces principautés étaient jalousement surveillées, jalonnées de barrières et de portes qu'il était fort difficile de franchir. Les terres, données par le shôgun à chaque *daïmyô* à titre héréditaire, constituaient une sorte d'État organisé politiquement sur le modèle du shôgunat lui-même et étaient capables de suffire entièrement aux besoins de leurs habitants. C'était donc une unité homogène, tant au point de vue économique qu'au point de vue politique. Par suite, dans chacun de ces petits États, des règlements strictement appliqués interdisaient ou restreignaient l'exportation de certaines denrées, soit que les habitants en eussent un très grand besoin, soit que l'on craignît que d'autres États fussent encouragés à les cultiver, ce qui en aurait fait baisser le prix. Ainsi, quand une famine sévissait dans l'un de ces petits États après une mauvaise récolte de riz, ce qui, certes, était assez fréquent, ses voisins ne permettaient point qu'on lui vendît des vivres, même si chez eux l'année avait été excellente. Ceci prouve non seulement que le Japon avait fermé ses portes aux étrangers, mais encore que, même à l'intérieur du pays, chaque subdivision était séparée des subdivisions voisines et ne se souciait que de son propre bien-être. Il n'y avait donc point de cohésion entre les diverses parties de l'Empire, cohésion pourtant nécessaire à l'existence d'un État homogène.

Tel était le Japon que purent connaître et décrire les voyageurs étrangers qui le visitèrent au début et à la fin de l'époque Tokugawa. Mais ils négligèrent de parler de certains autres éléments fort importants pour l'histoire et ne purent que donner une image incomplète de notre civilisation. C'est pourquoi je m'efforcerai de présenter ici un tableau d'ensemble de l'état politique et social du Japon depuis le dix-septième siècle jusqu'à la révolution de Meiji, et d'indiquer les caractères essentiels de sa civilisation pendant cette période.

Le shôgunat des Tokugawa n'était pas, d'ailleurs, une institution entièrement nouvelle. En ce qui concerne les grands propriétaires nobles dont les droits avaient été reconnus avant l'arrivée au pouvoir de Ieyasu, il ne faisait que suivre l'ancien régime, tel que Hideyoshi l'avait légué à son successeur. Bien que, après leur défaite de Sekigahara, la plupart des grands vassaux fidèles aux Toyotomi eussent été tués ou chassés de leurs domaines, certains des survivants avaient réussi à se maintenir, comme, par exemple, la famille des puissants *daïmyô* de Maeda, maîtresse de Kaga et de deux autres provinces situées sur la Mer du Japon. Ces grands vassaux avaient jadis été les égaux des Tokugawa, au temps où ces derniers ne devaient leur puissance qu'à la protection d'Hideyoshi, et le shôgunat n'avait pu, dans un pays où l'empereur était, malgré tout, demeuré le maître suprême, contraindre les représentants de ces vieilles familles à lui prêter serment d'obéissance et de fidélité. A leur égard, les Tokugawa n'avaient d'autre supériorité que celle d'être les *primi inter pares*, et les *daïmyô* qui pouvaient ainsi se considérer comme leur pairs étaient appelés *tozama*.

Les autres *daïmyô* auxquels viennent s'adjoindre les gardes du corps du shôgun, les fameux « quatre-vingt mille » qui résidaient à Edo, étaient les vassaux hérédi-

taires ou *fudaï* du shôgunat. Les *daïmyô*, qui ne faisaient pas partie de la maison shôgunale, ne jouaient
aucun rôle dans le gouvernement central dont tous les
postes, depuis les plus humbles comme ceux de scribes
jusqu'au plus élevé comme celui de *rôjù* ou ministre,
avaient été confiés à des serviteurs d'un rang plus ou
moins élevé. La situation de ces serviteurs héréditaires
de la maison du shôgun était à peu près la même qu'au
temps du régime militaire de Kamakura. Toutefois,
les différences dues au rang et à la fortune étaient
beaucoup plus marquées entre les *fudaï* des Tokugawa
qu'entre les *jitô* des Kamakura. L'expression *go-kenin*,
qui avait été jadis un titre honorable, finit par servir à
désigner les plus humbles des serviteurs du shôgunat.
D'autre part, certains des *fudaï* furent élevés au rang
des grands *daïmyô* et ne tardèrent pas à former avec
ces derniers la nouvelle grande noblesse militaire du
pays. Ceux des serviteurs qui ne reçurent point le titre
de *daïmyô* furent désignés par le terme *hatamoto*, qui
veut dire « sous les drapeaux », c'est-à-dire « gardes du
corps du shôgun ». Parmi eux, des distinctions s'établirent. Les moins privilégiés furent réduits à mener,
dans les pauvres quartiers de Edo, une existence misé-
rable, alors que les plus favorisés étaient presque aussi
riches que les petits *daïmyô* et souvent avaient plus
d'influence que ces derniers.

Toutefois, tous les *hatamoto* étaient de même condition ; ils ne relevaient que du shôgun et n'avaient point
de vassaux ou *samuraï* sous leurs ordres. Ils appartenaient en fait au rang le moins élevé de la hiérarchie
militaire, et, à ce point de vue, ne différaient guère des
samuraï, qui étaient non les vassaux directs du shôgun,
mais bien ceux des *daïmyô*.

Pourtant, comme les *samuraï* devaient obéissance
aux *daïmyô* qui, eux, relevaient du shôgun, et que les

hatamoto étaient les vassaux directs du shôgun, ces derniers se considéraient comme supérieurs aux *samuraï*. D'ailleurs, entre ces deux catégories de *guerriers*, il s'en trouvait une troisième composée des *samuraï* des trois grands *daïmyô* de Nagoya (province d'Owari), de Wakayama (province de Kii) et de Mito (province de Hitachi), lesquels appartenaient à des branches collatérales de la famille des Tokugawa et, par suite, occupaient une situation privilégiée parmi les *daïmyô*. Leurs *samuraï* se considéraient comme d'un rang supérieur aux *samuraï* ordinaires et presque comme les égaux des *hatamoto*.

Les *daïmyô* étaient dans leurs territoires de véritables potentats ; ils y tenaient une cour, y avaient un gouvernement organisé d'après le modèle du gouvernement shôgunal de Edo. La plupart d'entre eux s'étaient fait construire des châteaux-forts de style européen, style probablement introduit au Japon en même temps que le christianisme, et ils y menaient une vie plus facile, plus élégante et surtout plus régulière que les *shugo* de la période des Ashikaga. D'ailleurs, Ieyasu, homme d'État avisé, avait veillé à ce que les domaines des *daïmyô tozama* fussent toujours voisins des domaines des *daïmyô fudaï*, afin que ces derniers pussent surveiller l'attitude des premiers à l'égard du shôgunat.

L'importance des *daïmyô* variait selon la quantité de riz qui pouvait être récoltée sur leurs terres. Nous rappellerons ici que, pendant l'ère de Kamakura, les revenus des *jitô* étaient calculés d'après la superficie des rizières qui se trouvaient dans leurs domaines. Par la suite, ces domaines avaient été morcelés entre les descendants des premiers *jitô*, tant et si bien que certains *jitô* en étaient arrivés à posséder un domaine si infime qu'il eût été ridicule de leur demander d'y exercer leur

charge de chef de la police militaire. Bientôt la superficie des rizières cessa d'être la base unique du traitement des *jitô*, surtout de ceux qui, en fait, n'avaient
plus aucun devoir à remplir, et on commença à l'éva-
luer d'après la quantité de riz récolté sur leurs terres ou
d'après le prix supposé de la récolte. Pendant quelque
temps, vers la fin de l'ère Ashikaga, les deux systèmes
furent appliqués en même temps. En ce qui concerne
les *shugo*, il arriva parfois qu'une partie de leurs revenus
fut réellement constituée par une partie de la récolte,
alors que le reste était déterminé par le prix de vente
du riz cultivé sur leurs terres. Il en résulta une grande
confusion. En effet, non seulement la quantité exacte
de riz récolté différait souvent des prévisions établies,
mais encore les cours variaient sans cesse et il était
impossible d'établir un prix moyen pour plusieurs
années et plusieurs régions. D'ailleurs, à une époque
où il n'y avait pas de système monétaire uniforme,
comment pouvait-on accepter une pièce de monnaie
comme représentant une quantité donnée de riz, alors
que la valeur de cette pièce changeait constamment?
Les évaluations n'ayant aucune base stable, la quantité
de riz était un étalon bien plus certain ; et c'est pourquoi Hideyoshi décréta que seule la récolte annuelle
d'un territoire, mesurée en *koku* (1 hectol. 8o3) et non
son équivalent en monnaie, servirait à en déterminer
les revenus.

C'est en grande partie pour cette raison, qu'il avait
entrepris des opérations cadastrales dans tout l'Empire
et avait fait mesurer la superficie des rizières se trouvant dans les terres de chaque *daïmyô*, de façon à en
calculer aussi exactement que possible la récolte
moyenne. Ainsi furent corrigées maintes inégalités.
La méthode imposée par Hideyoshi fut appliquée
au début de la période des Tokugawa, et comme il

n'existait alors aucuns titres tels que ducs, comtes, marquis, etc., les *daïmyô* furent classés d'après les revenus de leurs terres, évalués en *koku*. Certains *daïmyô* cependant occupaient, quels que fussent leurs revenus, le plus haut degré de la hiérarchie nobiliaire. C'étaient ceux dont la famille était de la plus haute noblesse et ceux dont quelque ancêtre avait illustré l'histoire du Japon, mais ces derniers étaient considérés comme constituant une classe intermédiaire. Les revenus minima d'un *daïmyô* étaient fixés à 10000 *koku*, mais la loi n'avait prévu aucun maximum. Le plus riche des *daïmyô* était celui de la famille de Maeda, seigneur de Kaga et autres lieux, dont le domaine produisait une récolte évaluée à un million de *koku*. Au-dessous de lui, 3oo *daïmyô* étaient répartis en trois groupes : les grands *daïmyô*, dont les revenus annuels dépassaient 200000 *koku* ; les *daïmyô* moyens, recevant chaque année de 200 à 3oo000 *koku*, et les petits *daïmyô*, dont le traitement était inférieur à 100000 *koku* par an.

A la cour du shôgun, chaque *daïmyô* avait son siège marqué dans une chambre déterminée d'après un ordre de préséance soigneusement établi. On devinait aisément le rang d'un *daïmyô* d'après la chambre et la place qu'il occupait au palais shôgunal. Les *daïmyô* devaient à date fixe se rendre dans leurs terres où se trouvait le château ou leur camp et y faire un séjour plus ou moins long, suivant l'éloignement de leur domaine. Pendant leur absence, ils devaient laisser leur famille à Edo comme otage.

A Edo où les *daïmyô* devaient passer une partie de l'année, ils avaient à leur disposition au moins deux résidences. Quant aux *samuraï*, ils étaient divisés en deux classes. La majorité des *samuraï* relevant directement d'un *daïmyô* vivaient sur les terres de ce dernier, le plus souvent dans le voisinage de son château ; à tour de rôle, ils accompagnaient leur maître à Edo. Un petit nombre de *samuraï*, au contraire, demeuraient à Edo, chaque famille occupant une partie des dépendances des résidences de son *daïmyô*. Les premiers constituaient réellement le noyau des forces d'un *daïmyô*, les autres n'étaient le plus souvent que des hommes d'armes qui s'étaient enrôlés à son service pour briller à ses côtés lors des cérémonies officielles. Il va sans dire que pour jouer ce rôle on préférait des hommes habitués à l'existence raffinée de la capitale.

Lorsque le *daïmyô* était dans ses terres, il chargeait un de ses *samuraï* d'Edo du soin de diriger sa maison, de recevoir les ordres du shôgunat, et de traiter avec les représentants à Edo des autres *daïmyô* toutes affaires interdomaniales.

Les séances tenues par ces représentants étaient considérées comme des réunions mondaines. Le doyen de ces représentants jouissait d'ailleurs d'un certain prestige.

Les *samuraï* qui vivaient dans les domaines des *daïmyô* constituaient, nous l'avons dit, le véritable noyau des forces de leurs chefs et étaient dévoués corps et âme au régime militaire dont ils étaient le principal soutien. Le nombre des *samuraï* n'était point le même dans tous les domaines ; il variait suivant le rang et les ressources des *daïmyô*. Certains grands seigneurs pouvaient en entretenir plus de 10000, d'autres devaient se contenter de quelques centaines. Dans ce dernier cas, les *samuraï* demeuraient dans des maisons construites dans le voisinage immédiat du château ou du camp de leur chef. Les *samuraï* dont la résidence en était éloignée vivaient, en général, comme des fermiers et non comme des soldats. La hiérarchie féodale s'était d'ailleurs fort simplifiée, la plupart des *samuraï* n'ayant point d'écuyer ni de serviteur. Toutefois, dans les grands

domaines, et surtout dans ceux des grands *daïmyô* de
Kyûshû et du nord du Hontô, les premiers des *samuraï*
avaient reçu des terres et avaient à leur service des
guerriers, ou *samuraï* non-commissionnés, dont le
nombre pouvait parfois s'élever à plusieurs centaines.
Certains des *samuraï*, propriétaires de terres, étaient
plus riches et plus puissants que les petits *daïmyô*, et
leurs revenus atteignaient souvent de 20 à 30 000 *koku* ;
toutefois, ils n'en restaient pas moins leurs inférieurs,
car ces derniers ne relevaient que du shôgun.

Le traitement des *samuraï* dans tout le Japon était,
soit le revenu d'une terre, soit une certaine quantité de
riz ou son équivalent en argent. Quelquefois, on avait
recours à ces trois modes de payement. En outre, chaque
samuraï possédait une terre qui était considérée comme
son patrimoine, et, dans cette terre, il cultivait le riz ou
les légumes nécessaires à lui-même et à sa famille.
Quelle que soit la façon dont il était payé, son traitement était toujours évalué en *koku*. Le nombre de *koku*
variait suivant le rang des *samuraï*. Les traitements différaient également de domaine à domaine. Ainsi les *samuraï* vassaux de *daïmyô* puissants, tels que Maeda à Kaga,
Shimazu à Satsuma et Date à Mutsu, étaient plus riches
que bien des petits *daïmyô*, alors que les plus haut
placés des *samuraï* des petits domaines avaient des revenus si minimes que le plus pauvre des *samuraï* des
très grands seigneurs aurait considéré leur traitement
comme dérisoire. On peut dire toutefois que le revenu
moyen d'un *samuraï* était d'environ 100 *koku* par an,
mais ceci n'était point vrai pour les *samuraï* non-commissionnés, dont nous avons parlé précédemment, qui
n'étaient point autorisés à garder un serviteur chargé
de porter deux sabres (un long et un court), et qui ne
pouvaient avoir qu'un sabre court.

En temps de guerre, dans le gouvernement de chaque

daïmyô, non seulement les officiers, mais encore les fonctionnaires civils étaient choisis parmi les *samuraï* officiellement reconnus comme tels, les *samuraï* non-commissionnés devant occuper des emplois subalternes et servir leur maître en tant que scribes, comptables, valets, etc. A l'échelon le plus bas de la hiérarchie militaire se trouvaient les *ashigaru*, soldats de l'infanterie légère. Bien qu'ils portassent deux sabres, ils n'appartenaient pas à la classe des *samuraï*, et quoique relevant directement d'un *daïmyô*, ils faisaient généralement partie de la maison de quelque puissant *samuraï*. D'ailleurs, entre les *samuraï* et les *ashigaru*, il existait une autre classe de soldats, celle des *kachi* ou fantassins qui, eux aussi, portaient deux sabres. L'infériorité des fantassins provient de ce que dans les temps féodaux, tous les guerriers de la classe des *samuraï* étaient supposés combattre à cheval, bien qu'en réalité fort peu d'entre eux eussent une monture et que les petits *samuraï* ne fussent point tenus d'être bons cavaliers. Les *kachi*, auxquels il était interdit de monter à cheval, étaient, hiérarchiquement parlant, beaucoup plus près des *samuraï* que des *ashigaru*.

Telle était dans ses grandes lignes la hiérarchie militaire dans les domaines des *daïmyô*, mais il y avait de nombreuses distinctions dans les rangs inférieurs à celui des *samuraï* réguliers et diverses caractéristiques qui variaient de domaine à domaine. La hiérarchie des *hatamoto*, ou vassaux directs du shôgun, était encore beaucoup plus compliquée. Quoi qu'il en soit, il est hors de doute qu'au sommet de toute cette organisation si curieuse le shôgun était seul, alors que l'on comptait dans le pays environ un million et demi de familles de *samuraï*.

En fait, toutes les terres n'avaient point été distribuées aux *daïmyô*, et le shôgun s'était réservé d'immenses domaines dans diverses régions de l'Empire, domaines dont les revenus s'élevaient à 4 000 000 de *koku*, ainsi que de grands ports, tels que Nagasaki, Sakaï, Niigata ; des mines fort riches, telles que celles de la province d'Iwami et de l'île de Sado ; des forêts comme celle de Kiso (province de Shinano), etc., dont l'importance politique aussi bien qu'économique ne lui avait point échappé. Grâce à ces ressources, le shôgunat pouvait subvenir à tous les frais du gouvernement, aux besoins de la défense nationale et payer la liste civile du shôgunat qui entretenait une cour fort dispendieuse. Le traitement des *hatamoto*, qui n'avaient point de terres à eux, provenait des récoltes faites dans le domaine du shôgun ou du riz acheté et emmagasiné à Edo par ce dernier. Le système fiscal était le même dans les terres des *daïmyô* que dans celles du shôgun.

Les rapports du shôgun et de l'Empereur n'avaient point changé depuis le temps de Hideyoshi. Il y avait fort longtemps d'ailleurs, depuis l'époque des Fujiwara, que l'Empereur avait cessé de diriger en personne les affaires de l'État. Le régent qui, à l'origine, n'était supposé gouverner que pendant la minorité ou la maladie de l'Empereur, n'avait pas tardé à devenir premier ministre.

Certes, quelques Empereurs, mécontents de cet état de choses, avaient essayé de reprendre en mains les rênes du pouvoir et quelques-uns avaient réussi à en écarter les Fujiwara, mais le prestige qu'ils avaient ainsi reconquis était loin d'être aussi grand que celui de leurs ancêtres, car, par suite de la décadence des nobles de Cour, la véritable puissance avait passé aux mains d'une classe nouvelle, celle des guerriers. Par suite, les Empereurs qui avaient fait preuve d'initiative n'avaient pu ressaisir que les rares prérogatives dont jouissaient encore les Fujiwara. L'Empereur Go Daigo fut le dernier à vouloir énergiquement faire usage d'un pouvoir qu'il avait enlevé au shôgunat de Kamakura. Il réussit dans son entreprise, mais ne put empêcher les Ashikaga de fonder un nouveau shôgunat. Après lui, pendant l'époque la plus troublée de notre histoire, qui s'étend jusqu'à l'arrivée de Hideyoshi, la maison impériale en fut réduite à subsister du maigre revenu de quelques rares domaines.

Mais bien qu'affaibli et appauvri, l'Empereur n'en resta moins « la source et fontaine d'honneur », et tout le monde savait que, de par son essence divine, il était bien supérieur au shôgun, lequel n'aurait eu qu'à obéir si l'Empereur avait voulu lui donner ses ordres. Ce qu'il y a de regrettable, c'est qu'aucun Empereur ne se sentît assez sûr de lui pour commander. Toutefois, le vieil adage : « Le roi règne, mais il ne gouverne pas », n'a jamais, au Japon, été considéré comme le principe du gouvernement impérial. En fait, le prestige impérial ne disparut jamais et l'Empereur intervint fréquemment auprès des *daïmyô* ennemis ; si sa situation politique demeura si longtemps obscure, c'est surtout parce qu'il n'était pas urgent de la préciser. Si le besoin s'en était fait sentir, il est certain que la question aurait été résolue à l'avantage de l'Empereur. Mais il aurait été inutile que ce dernier reprît le pouvoir, alors purement nominal, que détenait encore la famille des Ashikaga, immédiatement après la guerre civile de l'ère d'Onin, et son prestige n'en eût point été augmenté, car le shôgunat était devenu le bouc émissaire qu'on rendait responsable des méfaits des guerriers insolents dont il était le jouet.

Même si l'Empereur et le shôgun avaient uni leur prestige et leurs forces, ils n'auraient rien pu accomplir d'important dans un pays divisé et appauvri. Ce dont le Japon avait alors besoin, c'était d'un dictateur militaire, enthousiaste et énergique.

Nobunaga, qui arriva au pouvoir peu après la chute des Ashikaga, ne posséda jamais, même à l'apogée de sa carrière, qu'un titre purement civil emprunté au régime de la noblesse de cour et ne reçut jamais de l'Empereur le titre de shôgun. Issu d'une famille de guerriers vassale du shôgunat, il ne tenait sans doute point à être considéré comme un usurpateur, et cela même après qu'il eut cessé de servir le shôgun. Ce shôgun, d'ailleurs, lui survécut. Rappelons, en outre, qu'il mourut avant d'avoir pu étendre sa domination sur tout le Japon. Ce fut Hideyoshi, son vassal et son successeur, qui réussit par le triomphe de ses armes à réaliser l'unité du pays. Mais lui non plus ne fut pas nommé shôgun. On prétend qu'il convoitait le shôgunat, mais qu'on le dissuada de le demander parce qu'il n'appartenait point à l'une des deux grandes familles historiques, les Taïra et les Minamoto, qui seules paraissaient alors qualifiées pour exercer le pouvoir. Après la mort de Hideyoshi et lorsque les partisans de sa famille eurent été définitivement vaincus à Sekigakara (1600), Ieyasu Tokugawa déclara descendre de Minamoto-no-Yoshiie et devint shôgun (1603). L'Empereur n'eut point à intervenir et se contenta de reconnaître officiellement un fait accompli. En choisissant Edo comme siège du gouvernement shôgunal, Ieyasu créa une situation qui rappelle celle créée par Yoritomo lorsqu'il transféra sa cour à Kamakura. On prétend même que le régime de Kamakura servit de modèle à Ieyasu lorsqu'il organisa le nouveau gouvernement militaire. Bien que l'Empereur demeurât le souverain suprême, le shôgun fut directement chargé de la direction des affaires de tout l'Empire et n'eut plus besoin d'en référer à Kyôto pour que l'Empereur sanctionnât ses actes ou ses décisions. Edo fut donc encore plus indépen-

dant de Kyôto que Kamakura ne l'avait jamais été.
Et pourtant Kyôto continua à être « la source de tous
honneurs ».

Les titres et les distinctions conférés aux *daïmyô*
l'étaient au nom de l'Empereur, quoiqu'ils fussent
décernés par le shôgunat. Ces titres et ces distinctions
portaient d'ailleurs les mêmes appellations que ceux
que l'Empereur conférait directement aux nobles de sa
cour, bien que les revenus de ces derniers ne pussent
être comparés à ceux des *daïmyô* et s'élevassent rarement au-dessus de ceux d'un *hatamoto* de classe moyenne
ou des grands vassaux d'un puissant *daïmyô*. En effet,
les domaines que les nobles de cour avaient pu conserver jusque vers le milieu de la période Ashikaga avaient
alors été occupés par des guerriers tout-puissants, chacun dans sa région ; en outre, ces domaines avaient, au
cours des troubles de la fin de cette période, changé
plusieurs fois de possesseurs, et il était devenu impossible de les restituer aux descendants de leurs anciens
propriétaires. Le Shôgunat payait chaque année à la
noblesse de cour environ 80 000 *koku*.

Au début du shôgunat des Tokugawa, la liste civile
de la Maison impériale était de 100 000 *koku* par an,
soit triple de ce qu'elle était au temps des Ashikaga.
Elle fut, par la suite, portée à 300 000 *koku*, et ce chiffre
demeura inchangé pendant plus d'un demi-siècle. En
outre, l'Empereur recevait une subvention annuelle en
argent variant entre 30 et 40 000 *ryô*. L'Impératrice
avait sa liste à elle, et tout ancien Empereur, ainsi que
le prince royal, recevait une subvention d'Edo. Si
nous ajoutons à toutes ces sommes le traitement des
nobles de Cour, Edo payait annuellement à Kyôto de
4 à 500 000 *koku* par an, sans compter les frais supplé-
mentaires, tels que les réparations au palais impérial.
Cependant, tout ceci étant pris en considération, la cour

de Kyôto était moins opulente que celle du plus puissant des *daïmyô*.

Avec ses revenus, l'Empereur entretenait sa cour et subvenait aux dépenses des grandes cérémonies historiques tombant à dates fixes. Il ne s'occupait que fort peu des affaires publiques, car, en fait, ses pouvoirs avaient été délégués au shôgun, ou plutôt le shôgun agissait comme le seul représentant de l'empereur. Il était interdit aux *daïmyô* de s'adresser directement à l'Empereur, mais le shôgun leur avait confié la direction des affaires locales, la procédure judiciaire du shôgunat ayant été adoptée par tous les *daïmyô*, bien qu'il y eût, soit en matière de droit juridique, soit en ce qui concerne l'application des lois, des particularités variant de région à région et que le Japon ressemblât à cet égard à la France de l'ancien régime. Aucune loi n'interdisant aux *daïmyô* de fixer le chiffre des impôts ou de lever des contributions, ces derniers faisaient parfois un usage arbitraire de leur pouvoir.

Dans les temps difficiles, quelle que fût la cause de leurs embarras financiers, les *daïmyô* ne se faisaient point scrupule de demander de l'argent, demande qui équivalait presque à un ordre, aux plus riches de leurs sujets. En outre, ils pouvaient battre monnaie, à la condition que les pièces frappées par eux n'eussent cours que dans leurs domaines. Leurs trésoriers émettaient, en outre, des bons sur leur trésor.

En temps de paix, les *samuraï* avaient des fonctions civiles ; mais comme ils étaient avant tout des guerriers, ils devaient s'adonner à la pratique des armes, surtout à l'escrime. Le tir à l'arc n'avait pas encore été complètement abandonné ; l'arc et les flèches étaient encore l'emblème de la classe des guerriers ; mais en réalité, depuis le début du shôgunat des Tokugawa, ils ne servaient plus qu'au cours de certaines cérémonies, car l'usage des armes à feu, introduit au Japon vers la fin de l'époque des Ashikaga, s'était répandu dans tout le pays. Les artilleurs et les arquebusiers, tout comme jadis les archers, ouvraient la bataille et préparaient les attaques d'infanterie. Toutefois, la pratique des armes à feu, bien que considérée comme nécessaire, n'était guère en faveur parmi les *samuraï*, car l'arme blanche leur permettait mieux de montrer leur valeur.

Bien que, depuis le milieu du régime Ashikaga, on eût perdu l'habitude de combattre à cheval, les chefs du moins étaient encore montés et les hauts *samuraï* étaient encore supposés être bons cavaliers. Les vrais guerriers méprisaient le *jū-jitsu* — art célèbre aujourd'hui dans le monde entier et qui fut à l'origine cultivé dans les camps japonais — car ils considéraient le *jū-jitsu* comme bon, tout au plus, pour des policiers et digne seulement des *samuraï* inférieurs qui, dans tous les domaines, étaient chargés de maintenir l'ordre.

Ainsi préparés au métier des armes, tous les *samuraï* étaient appelés, en temps de guerre, à servir leur maître, soit comme officiers, soit comme guerriers, car à cette époque un chef devait posséder non seulement les qualités nécessaires à l'exercice du commandement, mais encore une grande bravoure. Toutefois, comme depuis 1638, date de l'insurrection semi-religieuse de Shimabara (Kyûshû), il n'y avait eu ni guerre civile, ni guerre extérieure, on se préparait à la guerre comme à une éventualité peu probable. Par suite, bien que les *samuraï* fussent supposés se tenir constamment prêts à marcher, ils n'étaient point entraînés comme ils auraient dû l'être. Certes, ils étaient répartis en diverses unités combattantes et un chef était assigné à chacune de ces unités, mais ils ne faisaient point de périodes d'instructions ni de manœuvres de cadres. Certes, ils s'adonnaient à la chasse à courre et poursuivaient le gibier ou voire même

des chiens ; mais, peu à peu, ce sport lui-même fut
quelque peu délaissé. D'ailleurs, ces armures, si délica-
tement ouvrées, qui figurent dans tous les musées d'Europe et d'Amérique, et qui, même au temps des Tokugawa, faisaient partie de la garde-robe de tout *samuraï*,
étaient fort peu pratiques et leur survivance prouve
mieux que toute autre chose la conception que les Japonais de cette époque avaient de la guerre. En fait, les
fonctions des *samuraï* étaient alors beaucoup plus civiles
que militaires ; mais comme ils étaient des guerriers et
non des civils, ils étaient soumis aux lois militaires et
devaient, quel que fût leur emploi, consacrer toutes
leurs forces au service de leur maître et faire au besoin
pour lui le sacrifice de leur vie, aussi bien en temps de
paix qu'en temps de guerre. Et nombreux furent les
samuraï qui se tuèrent par des fautes ou des erreurs
qu'ils avaient commises dans l'exercice de fonctions
purement civiles. En fait, c'était une paix armée qui
régnait dans tout l'Empire.

CHAPITRE XII

LE SHOGUNAT DES TOKUGAWA. — LA VIE DE SOCIÉTÉ

Dans le chapitre précédent, j'ai traité, peut-être un peu trop longuement, de l'organisation politique et militaire du shôgunat des Tokugawa ; j'exposerai maintenant la civilisation qui put se développer sous la protection du nouveau gouvernement.

A la base de ce merveilleux système militaire se trouvait cette conception que la guerre était pour le Japon une éventualité peu probable ; le shôgunat, d'autre part, veillait avec un soin jaloux à ne point éveiller le goût des combats chez les *daïmyô* et les *samuraï*, à tel point que l'un d'eux pût se croire assez puissant pour s'attaquer au shôgun lui-même. Il était donc fort difficile d'entretenir dans le pays l'esprit guerrier qui, au début, avait fait la force du régime militaire, et, par suite, de perpétuer ce régime lui-même sans modification. Certes, cet esprit guerrier était plus vivace dans certaines provinces que dans d'autres, comme, par exemple, celles du nord de Hontô et du sud de Kyûshû, c'est-à-dire aux deux extrémités de l'Empire, où la population était en somme peu civilisée. D'ailleurs, ces deux régions formaient en quelque sorte deux zones distinctes, possédant chacune son dialecte propre. La frontière en était nettement délimitée et, de part et d'autre, les habitants vivaient en ennemis toujours prêts à en venir aux mains. Les mariages entre les deux groupes étaient interdits, et cette interdiction n'était jamais enfreinte par les membre des familles de guerriers. Dans tout le reste de l'Empire, où la civilisation s'était mieux répandue, les haines de province à province ou de territoire à territoire avaient à peu près disparu. Les mariages entre les sujets des divers *daïmyô* étaient fréquents, car on ne concevait point qu'une guerre pût éclater entre deux d'entre eux. Par suite des relations et des liens qui s'étaient établis entre les populations de ces territoires, ces derniers en étaient arrivés à être considérés non comme des États semi-indépendants vivant sur un pied de rivalité dangereuse, mais bien comme des gouvernements régionaux faisant partie d'un État homogène et centralisé. Il apparaît donc que, dans toute la partie civilisée du Japon, c'est-à-dire dans la grande majorité des terres de l'Empire, les Japonais étaient tellement pacifiques qu'ils avaient organisé leur vie en prévision d'une paix permanente. Et cette paix ne fut point troublée pendant plus de deux siècles, bien que le pays fût sous la domination d'un régime militaire absolu, et ceci prouve que le peuple japonais n'a nullement le goût des aventures guerrières.

C'est là un fait indéniable, unique dans l'histoire, même dans celle des grands États d'Europe et d'Amérique, et que feraient bien de méditer ceux qui représentent le Japon comme un pays des plus belliqueux et partant comme une menace pour la paix du monde.

Certes, le shôgunat des Tokugawa était un gouvernement militaire de forme féodale, mais il maintint la paix dans tout le pays, ce qui permit à la civilisation de faire de très grands progrès. Si la guerre peut, dans certains cas, avoir une influence en tant que stimulant sur la civilisation d'un peuple, il n'en est pas moins certain que seule la paix peut lui permettre de se développer. Au cours des derniers chapitres, j'ai montré comment une même culture, humaniste en somme, put se répandre dans les diverses provinces en dépit de l'anarchie qui y régnait. A cette culture succéda une civilisation plus haute qui eut tout d'abord quelques difficultés à s'établir à cause des guerres qui ensanglantèrent la fin du shôgunat des Ashikaga. Mais ces guerres ne furent que temporaires et ne firent que retarder, sans l'arrêter, le courant puissant du progrès. Au tumulte des armes déjà se mêlait une musique raffinée, encore jamais entendue, annonçant l'approche d'une civilisation nouvelle. Très faible au début, ce son grandit et finit par résonner seul et faire vibrer tous les cœurs quand se fut éteint l'écho des derniers cris de guerre des soldats. En réalité, le Japon n'avait cessé de poursuivre son ascension et, pendant un temps, c'était les guerriers eux-mêmes qui avaient porté plus haut les flambeaux de la civilisation.

Beaucoup d'historiens attribuent au seul Ieyasu l'honneur d'avoir fait revivre le goût de l'étude au début du dix-septième siècle ; mais les *samuraï* qui combattaient sous ses ordres étaient loin d'être des lettrés, et il est peu probable qu'il les ait invités à cultiver les arts et les sciences. Il ne semble point d'ailleurs avoir été plus cultivé que les autres généraux de son époque. Certes, il s'intéressa vivement aux questions d'enseignement et fit réimprimer un grand nombre de livres : c'est pourquoi, grâce à la situation qu'il occupait en tant que seul chef politique et militaire du Japon, il fut considéré comme le grand protecteur des lettres et des arts.

Toutefois, il ne faut pas oublier qu'avant lui on

n'avait cessé de réimprimer les ouvrages célèbres, que les Empereurs Gô-Yôzei et Go-Mizunowo, ainsi que le guerrier Kanetsugu Naoe, originaire de la lointaine province d'Echigo, avaient déjà fait faire de nouvelles éditions de nombreux classiques. Il serait donc plus juste de ne point décerner au seul Ieyasu une gloire à laquelle d'autres ont également des titres. En réalité, le premier shôgun Tokugawa ne fit que ce que la nation était en droit d'attendre de lui.

Ce fut en 1593, c'est-à-dire cinq ans avant la mort de Hideyoshi, que, sur l'ordre de l'Empereur Gô-Yôzei, un livre fut pour la première fois, selon toute évidence, imprimé en caractères mobiles. C'était l'ancien, ou supposé ancien, texte du *Siao-king*. Les caractères employés étaient en bois et avaient, selon toute probabilité, fait partie du butin rapporté de Corée par l'expédition que Hideyoshi y avait envoyée en 1592. D'ailleurs, les Japonais eux-mêmes reconnaissaient que la Corée était arrivée à un très haut degré de culture. Nous voyons, par exemple, qu'à plusieurs reprises le gouvernement des Ashikaga avait demandé au gouvernement coréen de lui envoyer non seulement la série complète des *Tripitaka* bouddhistes, mais encore les blocs qui avaient servi à leur réimpression. Le gouvernement coréen refusa d'envoyer les blocs, mais il fit, chaque fois que cela lui fut possible, présent de livres au Japon, et il existe encore dans notre pays quelques volumes des *sutras* coréens antérieurs au dix-septième siècle. Les caractères mobiles, de bois ou d'argile, n'étaient d'ailleurs pas d'origine coréenne et étaient employés depuis fort longtemps en Chine. Le fait que nos guerriers avaient songé à s'emparer de caractères d'imprimerie, lors de l'expédition de Corée, prouve qu'ils s'intéressaient déjà quelque peu aux choses de l'esprit.

Quatre ans plus tard, en 1597, l'Empereur Go-Yôzei fit réimprimer un grand nombre d'autres textes : classiques confucéens, œuvres littéraires, traités médicaux chinois, et même quelques ouvrages japonais, tels que le premier volume de *Nihongi* et un livre sur les institutions japonaises composé par Chikafusa Kitabatake, gentilhomme de la cour de l'Empereur Go-Daigo. Kitabatake, célèbre d'ailleurs pour son dévouement à son souverain, est l'auteur d'un ouvrage historique fort connu : le *Jingô-shôtôki*.

La plupart de ces ouvrages furent encore réimprimés, semble-t-il, au cours de cette même année, c'est-à-dire un peu avant la mort de Hideyoshi, avec des caractères mobiles fabriqués au Japon, d'après les caractères coréens.

Peu après, on fit au Japon comme en Europe, et on commença à se servir de caractères en métal. L'initiateur de cette nouvelle méthode fut Kanetsugu Naoe, chef des vassaux de la maison d'Uesugi, alors seigneur d'Yonezawa. Le premier livre réimprimé de cette façon fut le célèbre glossaire chinois, le *Wen-siuan*, ce qui veut dire « morceaux choisis de littérature », qui contenait des vers et de la prose. Le travail fut exécuté à Fushimi, en 1606, c'est-à-dire pendant la quatrième année du shôgunat d'Ieyasu, et les caractères employés étaient en cuivre. Naoe ne tarda pas à avoir des imitateurs, parmi lesquels nous mentionnerons Ieyasu lui-même et l'Empereur Go-Mizunowo, fils et successeur de Go-Yôzei. Ce fut sous les auspices de Go-Mizunowo que furent imprimés, en 1621, les quinze volumes d'un lexique chinois, d'après l'édition qui en avait été faite en Chine au temps de la dynastie des Song.

Avant cette date, Ieyasu avait fait faire à Sumpu (aujourd'hui Shizuoka), où se trouvait sa résidence, des réimpressions avec des caractères de cuivre, de l'index

des séries des *Tripikata* bouddhistes (1615) et des
« Extraits de divers classiques chinois » (1616). Il fit
également fabriquer plus de cent mille caractères de
bois qui devaient servir à la réimpression d'un certain
nombre d'ouvrages utiles. D'ailleurs, depuis 1599,
année qui précéda celle de la bataille de Sekigahara,
des imprimeurs à la solde d'Icyasu n'avaient cessé de
travailler, avec des caractères de bois mobiles, à la
réimpression d'anciens textes, parmi lesquels nous
mentionnerons l'*Azuma Kagami*, chronique des premiers temps du shôgunat de Kamakura, un recueil
chinois d'essais politiques écrit au début du gouvernement des T'ang, et quelques traités chinois de stra-
tégie.

Des personnages de situation beaucoup plus modeste,
tels que des *samuraï*, des prêtres, des lettrés et des
marchands, s'occupèrent également d'imprimer des
livres anciens et nouveaux, japonais et chinois. Quelques marchands se plurent à jouer les mécènes et,
parmi eux, le plus célèbre fut Yoichi Suminokura, issu
d'une riche famille de la banlieue de Kyôto. Suminokura était lui-même un lettré, un poète et un calli-
graphe de grande valeur. Il consacra une grande partie
de l'immense fortune qu'il avait gagnée à commercer
avec la Chine, le Tonkin et même l'Indochine, à publier
plusieurs centaines de livres sur une vingtaine de sujets
différents, et, entre autres, les meilleurs ouvrages de
la littérature japonaise.

Ces volumes furent imprimés d'après les anciens
procédés, c'est-à-dire à l'aide de blocs de bois, car la
nouvelle méthode n'avait pas encore suffisamment fait
ses preuves. Chaque édition, quel que fût le procédé
employé, ne comportait d'ailleurs qu'un petit nombre
d'exemplaires, deux cents au plus, ce qui prouve que
le public lettré était encore restreint et qu'il n'était

nullement nécessaire de multiplier le nombre des volumes, ce qui eût été relativement facile grâce à l'emploi des caractères mobiles. Ce procédé cependant ne laissait point d'avoir de grands inconvénients, étant donné le nombre et la variété des idéogrammes chinois. Il fallait que les imprimeurs japonais possédassent un jeu beaucoup plus grand de caractères que leurs confrères européens, qui n'avaient besoin que des lettres de l'alphabet. Ils devaient, en outre, avoir les signes nécessaires à la compréhension des classiques chinois. Quant aux illustrations, il était alors fort difficile de les intercaler dans un texte imprimé en caractères mobiles, et les imprimeurs préféraient, pour les livres illustrés, se servir des anciens blocs de bois. Enfin, lorsqu'il s'agissait de reproduire fidèlement d'anciens textes dont les manuscrits originaux avaient été minutieusement calligraphiés, tels que les ouvrages japonais réimprimés par Suminokura, il devenait impossible d'utiliser les caractères mobiles.

Pour toutes ces raisons, les caractères mobiles furent bientôt abandonnés, et l'imprimerie fit relativement peu de progrès jusqu'aux dernières années du shôgunat des Tokugawa. Cependant, l'introduction et l'emploi, quelque restreint qu'il fût, du nouveau procédé, permirent de publier de nombreux livres, stimulèrent chez les Japonais le goût de l'étude et contribuèrent au progrès général.

En somme, on publia beaucoup plus de livres au début du dix-septième siècle qu'on ne l'avait fait à la fin du seizième. Des librairies, dans lesquelles ou vendait seulement des livres, s'ouvrirent à Kyôto et à Edo, et la profession de libraire devint suffisamment lucrative pour que l'on y donnât tout son temps. Quant aux acheteurs de ces livres, ils se recrutaient parmi les prêtres, surtout ceux de la secte de Zen, et les lettrés de

carrière qui consacraient leur vie à l'étude. Or, c'était
parmi ces lettrés que les chancelleries du shôgun et des
divers *daïmyô* choisissaient leurs secrétaires ; pourtant
dans les premiers temps du shôgunat ils étaient encore
assez peu nombreux et constituaient une classe à part
qui comprenait aussi les médecins et les prêtres bouddhistes. On les traitait alors comme des serviteurs faisant fonction de lecteurs et d'écrivains et on n'avait
point pour eux le respect qu'on leur accorda plus tard
quand on les considéra comme des conseillers et des
guides de la pensée de leur époque. Quelque noble que
fût leur profession, ils n'étaient encore traités que
comme des serviteurs et non comme des chefs. Leur
nombre cependant s'accrut très vite et, par suite, le
niveau de la culture s'éleva, ce qui prouve que les Japonais commençaient à apprécier la science et à estimer
les savants. Les lettrés ne purent en effet se multiplier
que parce que le public se rendait compte de leur utilité et profitait dans une très large mesure de leur enseignement.

Le Japon était donc prêt à faire de très grands progrès. En moins d'un demi-siècle, il était sorti de l'anarchie et s'était transformé en nation essentiellement
pacifique. S'il avait fermé ses portes aux étrangers, ce
n'était point pour se préserver des influences occidentales, mais bien pour poursuivre en paix son évolution
qu'eussent pu retarder les intrigues des missionnaires
étrangers. Le shôgun cessa de n'être qu'un dictateur militaire et devint un chef d'État, se souciant fort peu des
questions militaires, bien qu'il risquât de ce fait de
perdre, vis-à-vis de l'Empereur, sa raison d'être. Le
plus cultivé et peut-être le moins homme d'État de
tous les shôguns Tokugawa fut le cinquième d'entre
eux, Tsunayoshi. Il fonda un collège à Edo et un temple
à la mémoire de Confucius sur l'emplacement desquels

se trouve aujourd'hui le Musée d'Éducation. Il aimait faire étalage de sa science et fit de nombreuses conférences sur les textes confucéens devant les assemblées des *daïmyô* qui étaient forcés de l'écouter. Il n'est point étonnant qu'à son époque la littérature chinoise, alors base de la culture japonaise, ait été fort à la mode parmi tous les fonctionnaires du régime shôgunal.

D'ailleurs les *samuraï*, bien que formant une caste guerrière, n'avaient plus l'occasion de combattre et ne pouvaient plus compter sur leur seule valeur pour se signaler ; ils avaient donc été amenés à acquérir les connaissances nécessaires, d'une part, pour bien remplir les postes civils qui leur étaient confiés ou administrer leurs propres domaines et, de l'autre, pour donner aux populations l'exemple du savoir-vivre et des bonnes manières. Ces connaissances, ils les avaient puisées dans un petit nombre de livres chinois, parmi lesquels ils préféraient les traités confucionistes de morale et de politique dont les préceptes étaient fort clairs. C'est pourquoi ils n'acquirent qu'une culture étroite et utilitaire, quoique assez profonde. A première vue, il semble quelque peu paradoxal qu'à l'humanisme du temps des Ashikaga ait succédé un utilitarisme aussi marqué. Mais ne s'est-il pas produit un fait semblable en Europe lorsqu'à la Renaissance italienne succéda au delà des Alpes la Réforme allemande ?

D'ailleurs, l'humanisme était loin d'avoir complètement disparu ; les études dont nous venons de parler n'intéressaient vraiment que les *samuraï* relevant directement soit du shôgun, soit des grands *daïmyô*, et qui recherchaient dans les livres des principes qu'ils pussent appliquer dans les postes qu'ils occupaient et des préceptes qu'ils pussent suivre dans leur vie publique ainsi que dans leur vie privée. Les *samuraï* des petits *daïmyô* et ceux du shôgun ou des grands *daïmyô* qui n'avaient

que des emplois subalternes, ainsi que les propriétaires
d'un rang inférieur à celui de *samuraï* et ne jouant,
quoique en général assez opulents, aucun rôle politique,
se souciaient peu de conformer leur existence aux préceptes des traités chinois de politique et d'éthique et ne
les lisaient que pour le plaisir philosophique que cette
lecture leur pouvait donner. C'est donc dans cette
classe que se trouvaient les véritables héritiers de la
civilisation de l'époque des Ashikaga, maintenant réfu-
giée à Kyôto, ville qui avait cessé d'être un centre politique important. Les dilettantes restés fidèles à la tradition préféraient d'ailleurs les traités de rhétorique et
les recueils de poèmes chinois, car ils cultivaient eux-
mêmes l'art du beau langage et la poésie. Quant aux
arts plastiques, ils les aimaient pour eux-mêmes, alors
qu'à Edo les arts appliqués étaient fort en vogue, depuis
la grande décoration murale et la peinture de paravents
jusqu'aux fines ciselures des *tsuba* (gardes de sabre) et
des *netsuke* (breloques et boutons destinés à retenir à
la ceinture la boîte à médecine et l'étui à pipe). Les
poètes errants, les rhéteurs, les calligraphes, les artistes
et les artisans étaient beaucoup mieux accueillis dans
les districts où l'ancienne civilisation avait survécu,
qu'ils ne l'étaient à Edo et à la Cour des grands *daïmyô*
où l'on s'occupait surtout de politique et de discipline
officielle. La différence entre les deux systèmes était
surtout manifeste dans la peinture. Dans les milieux
militaires, on préférait l'école dite de Kano, au style
sobre et vigoureux, qui possédait encore quelques-unes
des caractéristiques qu'estimaient fort les prêtres de la
secte de Zen. Les *Bunjin-gwa* ou « peintures de
lettrés », étaient, au contraire, fort appréciées dans les
milieux civils ; elles se distinguaient par un certain
dilettantisme et par la douceur et la délicatesse des tons.

En dehors de ces deux classes bien distinctes ayant

chacune sa culture propre, il ne tarda pas à s'en former une troisième, la bourgeoisie, dans plusieurs grandes villes opulentes. Nous avons vu comment Nobunaga détruisit la puissance politique des riches marchands de Sakaï et comment Hideyoshi hâta la décadence de cette ville lorsqu'il fonda dans son voisinage immédiat le port de commerce d'Osaka. Sakaï cessa alors d'être un centre littéraire et artistique, et ce ne fut que fort longtemps après que la bourgeoisie japonaise put à nouveau participer à la vie intellectuelle de la nation. Toutefois, la longue période de paix qui suivit la fondation du shôgunat des Tokugawa le lui permit ; mais cette renaissance bourgeoise eut lieu à Edo et à Osaka, non à Sakaï, bien déchue de son ancienne splendeur. Osaka, par suite de sa situation géographique et de sa proximité de Kyôto, ne tarda point à devancer Edo. En effet, les marchands d'Osaka, étant relativement éloignés de la capitale du gouvernement militaire, jouissaient d'une indépendance plus grande et possédaient une culture assez semblable à celle du milieu non militaire, dont nous avons parlé précédemment. Osaka fit donc des progrès beaucoup plus rapides qu'Edo. C'est en effet à Osaka, qui devint ainsi le berceau du théâtre japonais, que furent jouées les œuvres de Monzaemon Chikamatsu, le premier et le plus grand des dramaturges japonais. Edo, cependant, favorisée par la présence des *daïmyö* et de leurs vassaux, se développa rapidement et put bientôt rivaliser avec Osaka sous le rapport de l'agrément de la vie de société. A certains égards mêmes, elle surpassa la grande cité commerciale de l'Ouest.

Les ploutocrates d'Osaka avaient d'ailleurs des rapports fréquents avec le gouvernement militaire. C'était à eux que les *daïmyô* empruntaient de l'argent, laissant en garantie, dans leurs magasins, les produits de leurs terres. Les trésoriers de certains *daïmyô* résidaient en permanence à Osaka afin d'y pouvoir négocier toutes affaires financières. Si les marchands d'Osaka jouaient en quelque sorte le rôle de banquiers, ceux d'Edo étaient surtout les fournisseurs attitrés du shôgun et des *daïmyô* et dépendaient plus directement du gouvernement militaire. Ceci n'était d'ailleurs pas absolu, car, le cas échéant, les négociants d'Edo avançaient aussi des fonds aux *daïmyô*. On prétend que certains de ces négociants s'enrichirent en prêtant, à de très gros intérêts, de l'argent à des *hatamoto* nécessiteux, ces derniers leur engageant une ou plusieurs années du traitement que le shôgun leur payait en riz, à dates fixes. Mais, en général, nous pouvons dire que les marchands d'Edo étaient des fournisseurs dépendant de leur clientèle de guerriers et de hauts fonctionnaires militaires, alors que les marchands d'Osaka étaient les créanciers de ces derniers. Quoi qu'il en soit, les uns et les autres, s'étant enrichis, menèrent une existence fastueuse et facile et, peu à peu, devinrent les mécènes de la civilisation, des arts et des lettres, de la classe bourgeoise ; la seule différence qui existât entre eux étant que l'influence militaire se faisait un peu plus sentir à Edo qu'à Osaka.

En somme, sous le rapport de la culture, il y eut donc au Japon, pendant la première période du shôgunat des Tokugawa, trois courants parallèles : celui des hauts *samuraï* ayant Edo comme point de départ, celui des gentilshommes de cour et de la petite noblesse provinciale dont la source était Kyôto, et celui de la bourgeoisie du négoce ayant pour origine Osaka. Si ce parallélisme avait continué, si ces courants étaient demeurés distincts les uns des autres, la révolution de Meiji n'aurait pu avoir lieu et le Japon serait vraisemblablement resté un État semi-médiéval et semimoderne. Heureusement, les barrières qui séparaient les classes n'étaient point tellement élevées qu'elles pussent empêcher tous rapports ; un jour arriva où chaque classe cessa d'avoir sa culture propre et où les trois courants se réunirent pour n'en former qu'un seul. Cette fusion fut accélérée par la fréquence des mariages de classe à classe.

A l'époque où les lois chinoises avaient été adoptées par les Japonais, bien que les mésalliances ne fussent pas absolument interdites par les statuts du *Taihô*, les lois prescrivaient que les enfants devaient appartenir à la classe du parent ayant le rang le moins élevé. Ainsi, le fils d'un homme libre et d'une serve était serf lui-même, et ceci suffit à empêcher des mariages de ce genre. Par contre, cette loi n'était point applicable dans le cas d'unions de familles libres de rang différent. Nous avons vu, d'autre part, que, pendant fort longtemps, on choisit l'épouse de l'Empereur parmi les princesses de sang impérial, et ce ne fut qu'au huitième siècle que, rompant avec la tradition, l'Empereur Shômu prit pour femme la fille d'un noble Fujiwara. Par la suite, la vieille coutume tomba en désuétude, et non seulement les Empereurs, mais les nobles de cour, contractèrent des unions qui eussent jadis été considérées comme des mésalliances, et les enfants qui en naquirent eurent, quelle que fût la situation sociale de leur mère, le même rang que leur père. Il va sans dire pourtant qu'il valait mieux pour eux que leurs ascendants maternels fussent d'une famille honorable. L'établissement du régime militaire n'eut d'abord, à ce point de vue, aucun effet. C'est sans doute pour cette raison que les noms des femmes, des mères et des filles sont généralement omis des généalogies japonaises, alors qu'elles mentionnent des ascendants mâles dont certains sont morts depuis dix siècles et plus.

Le shôgunat des Tokugawa ne modifia que fort peu la situation des femmes ; pourtant il obligea les *daïmyô* à prendre pour épouses des femmes d'un rang égal au leur ; en d'autres termes, l'épouse d'un *daïmyô* devait être fille ou sœur de *daïmyô*. Jusqu'alors, aucune loi n'avait eu pour objet d'empêcher les *daïmyô* de se mésallier ou de priver de leur héritage ceux de leurs enfants dont la mère était de basse origine. Et qui plus est, bien que, en cas de contestation, préférence fût toujours donnée aux enfants légitimes, il ne s'ensuivait pas que les bâtards ne pussent hériter de leur père. Certains des grands *daïmyô*, surtout parmi ceux appartenant à la famille des Tokugawa, épousèrent des filles de nobles de Cour, dans le but avoué de maintenir l'union existant entre Kyôto et le shôgunat. Sur la liste des pairs militaires, on mentionnait parfois, à côté du nom de chaque *daïmyô*, celui de sa femme et toujours celui de son héritier.

Cette ordonnance shôgunale eut une autre conséquence : elle créa des liens entre les familles des *daïmyô* et obligea ceux de ces derniers qui voulaient bien s'y conformer à chercher leur épouse en dehors de leurs domaines. En fait, la plupart des mariages furent conclus à Edo où, comme nous l'avons vu, les familles des *daïmyô* avaient des résidences fixes. Ces unions, encouragées et souvent conseillées par le gouvernement shôgunal, n'avaient, d'ailleurs, aucune portée politique et ne sauraient être comparées aux unions des familles princières européennes. Elles eurent, par contre, une influence sur la culture et la civilisation des très hautes classes, car elles donnèrent aux modes d'existence des *daïmyô* des diverses régions une plus grande uniformité. En effet, la jeune mariée arrivait généralement chez son époux accompagnée de demoiselles d'honneur, filles de vassaux de son père, et fréquemment de quelques *samuraï*. Le plus souvent, ces demoiselles d'honneur et ces *samuraï*, pour rester auprès d'elle, s'engageaient au service de son mari et y demeuraient même après la mort de l'épouse. Cette coutume tendit également à faire disparaître les différences qui existaient encore, sous le rapport de la vie de société, entre les différents daïmyats.

En toute autre circonstance, il est fort difficile, pour un *samuraï*, de quitter son maître pour entrer au service d'un autre *daïmyô*. En effet, le *samuraï* était, non seulement le vassal, à titre militaire comme à titre civil, de son suzerain, mais il était en outre son serviteur et, comme tel, ne pouvait librement quitter le territoire du *daïmyô* auquel il était attaché. Et, pourtant, ce vasselage n'impliquait aucune idée de servitude. Le *daïmyô* n'avait point de droits absolus sur ses *samuraï* et ne pouvait disposer d'eux comme d'un bien qui lui aurait appartenu en propre.

Au cas où un *samuraï* était victime d'une injustice de la part de son maître, il pouvait se plaindre au shôgun, mais, en agissant ainsi, il offensait gravement son seigneur et encourait de sévères châtiments. Cependant, si les raisons qu'il en donnait étaient considérées justes, il pouvait être dégagé des liens du vasselage ; sinon, il lui restait une dernière ressource : la désertion chez un autre *daïmyô*, car les *samuraï* déserteurs étaient fort rarement extradés. Les désertions, pendant l'ère de Tokugawa, furent beaucoup plus fréquentes qu'on ne le croit généralement, car il était relativement facile à un *samuraï*, connu par sa bravoure ou pour quelque autre qualité, de trouver à s'employer chez le *daïmyô* sur les terres duquel il s'était réfugié.

Il ne faudrait point conclure de ce qui précède que les paysans, les marchands et les artisans fussent moins libres de voyager de daïmyat en daïmyat que les *samuraï* eux-mêmes. En fait, le *samuraï* était attaché à son maître, non par un serment solennel comme le vassal de la féodalité européenne, mais par des liens personnels et héréditaires que les siècles n'avaient fait que resserrer. Et jamais ces liens ne furent plus étroits que pendant l'époque des Tokugawa. Si un *daïmyô* avait donné à ses *samuraï* l'autorisation de quitter son territoire, bien peu eussent fait usage de cette liberté, car il leur aurait fallu abandonner mille choses qui leur étaient chères. Bref, les *samuraï* étaient attachés à leur *daïmyô* et non au sol, et ce qui le prouve, c'est que lorsqu'un *daïmyô* était envoyé dans un autre territoire, la plupart de ses *samuraï* le suivaient et continuaient à le servir aussi fidèlement dans son nouveau domaine. Ces migrations ont laissé des traces dans les dialectes de nos provinces. Il arrive fréquemment que la langue parlée dans une grande ville diffère quelque peu de celle qu'on entend dans sa banlieue. Cela indique qu'à une époque assez rapprochée un *daïmyô*, venu de quelque autre région du Japon, est venu, avec sa nombreuse escorte de *samuraï*, établir sa résidence dans le voisinage immédiat de cette ville.

Les personnes de rang inférieur aux *samuraï* n'avaient, avec leurs *daïmyô*, que des rapports purement officiels ; elles étaient d'un rang social inférieur à celui des *samuraï* et ne s'en plaignaient point. En fait, les *samuraï*, à qui avait été accordé l'usufruit des terres sur lesquelles vivaient ces gens, étaient les intermédiaires entre eux et leur *daïmyô*, et leurs administrés ne considéraient le *daïmyô* que comme un gouverneur, héréditaire en principe, mais qui pouvait, en fait, être transféré, d'un moment à l'autre, si tel était le bon plaisir du shôgun. Ils ne devaient, par conséquent, aucune fidélité personnelle au *daïmyô*, soit par tradition héréditaire, soit par contrat ; si certains d'entre eux étaient attachés à leurs *daïmyo*, ce qui est douteux, ce ne pouvait être que par la survivance de vieilles coutumes historiques. En tous cas, il n'était point nécessaire pour les bourgeois et les gens du peuple de suivre leur *daïmyô* lorsque ce dernier était transféré par le shôgun. Dans ce cas, non seulement ils ne se déplaçaient point, mais encore souhaitaient la bienvenue au nouveau *daïmyô*. Ils étaient donc attachés au sol beaucoup plus que les *samuraï* et, par suite, comme ils avaient peu ou point de rapports avec les *daïmyô*, leurs mouvements étaient beaucoup moins surveillés. C'est pourquoi, pendant le shôgunat des Tokugawa, les membres de la bourgeoisie purent voyager assez librement de daïmyat en daïmyat sans que leurs déplacements attirassent l'attention. Et pourtant, les frontières étaient encore gardées et des postes contrôlaient les entrées et les sorties de chaque territoire.

Ainsi le Japon avait cessé d'être une agglomération de petits États isolés les uns des autres. Il n'est donc point étonnant que les trois courants de civilisation, venus de Kyôto, d'Osaka et d'Edo aient fini par se réunir.

D'ailleurs, à l'intérieur même de chaque daïmyat, il devint bientôt impossible, pour une classe donnée, de posséder une culture qui lui fût exclusivement propre, bien qu'en réalité les barrières qui séparaient les classes aient subsisté jusqu'après la révolution de Meiji et que tous les Japonais ne fussent alors point égaux devant la loi. Nous ajouterons même que, dans certains privilèges peu importants que possède encore aujourd'hui l'aristocratie, nous retrouvons quelques vestiges de l'ancienne hiérarchie sociale. Cependant, les classes, au Japon, n'ont jamais été aussi nettement séparées que le furent les castes dans certains pays. Il existait pourtant à l'égard des gens dont le sang était considéré

comme impur une antipathie assez semblable à l'anti-
sémitisme en Europe. Ils étaient seuls à exercer les
métiers vils, tels que bouchers, corroyeurs, etc., et ils
ne pouvaient se marier avec les Japonais pur sang,
même des plus basses classes.

Les « impurs » formaient des groupes à part. Il existait fort peu de ces groupes dans les provinces septentrionales du Hondô, les dernières conquises et, pour
cette raison, ils y étaient moins mal considérés que
dans la partie du Japon dite historique où leur nombre
était assez élevé. Ceci nous porte à croire que l'antipathie dont ils étaient l'objet était de date fort ancienne
et avait probablement eu comme origine une différence
ethnique. Il est d'ailleurs étrange que, dans un peuple
composé d'éléments si divers, cette antipathie ait pu
se perpétuer jusqu'à nos jours. Et il est probable qu'au
cours des temps des Japonais pur sang se sont mêlés
aux « impurs », soit de leur propre volonté, soit qu'ils y
aient été obligés à la suite de quelque crime.

Les « impurs » étant mis à part, il est fort difficile
d'établir nettement la hiérarchie sociale des familles
japonaises. En effet, la période d'anarchie qui précéda
l'établissement du shôgunat des Tokugawa amena des
perturbations profondes dans les diverses couches de
la société. Combien de plébéiens profitèrent alors des
circonstances pour s'enrôler, avec le titre de *samuraï*,
au service d'un puissant seigneur! Combien, par
contre, de descendants de familles de guerriers abandonnèrent le métier des armes, — soit parce qu'ils
étaient las de tuer, soit parce que leur ambition avait
été déçue, — et se résignèrent à vivre en plébéiens!
Par la suite, ces changements de classe furent peu fréquents, mais ne devinrent pas absolument impossibles.
Des plébéiens de mérite, surtout les savants, les artistes
et les lettrés, purent s'élever à de hautes situations. Le

mot *samuraï* qui, à l'origine, était pris dans son sens littéral de « guerrier servant », en arriva bientôt à désigner toute personne noble, quelle que fût sa profession, et même les médecins, les peintres, les danseurs de *nô*, etc., qui faisaient partie de la suite d'un *daïmyô*. De riches propriétaires s'anoblirent, soit en ouvrant leur bourse à leur suzerain, soit en achetant un titre à quelque héritier ruiné d'une famille de *samuraï*.

Au début du shôgunat des Tokugawa, un certain nombre de *samuraï* furent élevés au rang de *daïmyô* et reçurent les terres que le shôgun avait confisquées aux *daïmyô* rebelles. Certains autres prirent la succession des *daïmyô* morts sans héritier direct, car les premiers Tokugawa ne reconnaissaient point les droits de succession des fils adoptifs. Par la suite, ces promotions devinrent fort rares ; en effet, les shôguns ne pouvaient créer de nouveaux daïmyats qu'en abandonnant une partie des terres qui leur appartenaient en propre, ce qui les eût rapidement appauvris. Cependant, non seulement plusieurs *samuraï*, mais encore plusieurs plébéiens, furent faits *daïmyô*, quelques-uns en récompense de leurs mérites, d'autres parce qu'ils étaient parents, soit de la femme, soit de la mère d'un shôgun ; d'autres, enfin, parce qu'ils avaient su gagner la faveur d'un shôgun. Ces exceptions prouvent que, quelle que fermée que fût la classe des *daïmyô*, il n'était pas absolument impossible à un homme d'un rang inférieur d'arriver à en faire partie.

Par contre, il était facile de déchoir. Ainsi, lorsque la loi de primogéniture fut rigoureusement appliquée, les cadets des *daïmyô* durent rétrograder au rang de *samuraï*, et les cadets des *samuraï*, à moins que leurs mérites n'attirassent l'attention sur eux, se trouvèrent confondus avec les gens du peuple. Par suite, la civilisation et la culture ne purent demeurer l'apanage d'une seule classe, et tout mouvement intellectuel, quel que fût le milieu qui lui avait donné naissance, ne tarda pas à se propager dans toute la population.

En outre, la fusion des éléments de culture propre à chaque classe fut encore accélérée par l'influence de la civilisation européenne. Bien que le Japon eût été, par décret du shôgun, fermé au commerce européen, dans la première moitié du dix-septième siècle, son sol n'était point absolument interdit aux étrangers. Si aucun Japonais ne pouvait quitter sa patrie, les sujets du Mikado pouvaient, à Nagasaki, seul port autorisé, faire du commerce non seulement avec des marchands chinois, mais encore avec des marchands hollandais, les rapports qu'ils pouvaient avoir avec eux étant, d'ailleurs, strictement limités. Ainsi, alors que les Japonais s'efforçaient de se créer, avec tous les éléments qu'ils avaient réunis au cours des temps, une culture nationale nouvelle, la civilisation européenne leur parvenait non par grandes vagues, mais en quelque sorte goutte à goutte ; il leur était donc facile de s'assimiler, au fur et à mesure, cette nouvelle nourriture étrangère. Par suite de l'exclusion des livres chrétiens, les autorités restreignirent l'importation des livres étrangers, sous le rapport du nombre aussi bien que sous celui des sujets autorisés.

Pendant la première partie du shôgunat des Tokugawa, peu de livres furent admis au Japon, et le public n'eut que rarement l'occasion de s'instruire des choses d'Europe. Cependant, les objets que les Hollandais vendaient à Deshima ou offraient au shôgun, leur donna un aperçu de la façon dont vivaient les Européens. Plus tard, le shôgun Yoshimune (qui gouverna le pays pendant presque toute la première moitié du dix-huitième siècle), ayant encouragé les études occidentales, la culture européenne pénétra moins diffici-

lement au Japon, quoiqu'elle dût toujours entrer par
Nagasaki, la seule porte qui lui fût ouverte. Cette
importation des choses d'Europe, rendue nécessaire par
l'état du pays, était d'ailleurs limitée aux sciences
expérimentales, telles que la médecine, la botanique, etc.
Les sciences spéculatives étant encore proscrites. Mais
il n'était pas possible d'éliminer ainsi complètement
la partie purement intellectuelle de la culture européenne, alors que l'on en acceptait la partie matérielle,
car ces deux parties étaient intimement unies et formaient un tout indivisible. C'est pourquoi les Japonais
finirent par acquérir une connaissance fragmentaire
même de sciences que le gouvernement se refusait à
accueillir, bien que leur utilité fût indéniable, telles
que l'histoire, les sciences politiques et les sciences
militaires. A ce sujet, nous ferons remarquer que, vers
la fin du shôgunat des Tokugawa, les diplomates japonais surent conclure des traités avec les Puissances
étrangères qui nous obligèrent à leur ouvrir nos
portes. Ces traités, bien que ne flattant point notre
amour-propre national, représentaient le maximum de
concessions qu'il nous fût alors possible d'obtenir ; et
s'ils ne furent pas plus désavantageux, c'est parce que
les diplomates japonais qui les signèrent étaient parfaitement avertis et bien au courant de la situation des
autres Puissances contractantes.

A première vue, il semble assez étonnant que l'élément religieux ait été absent de cette partie de la civilisation européenne qui recommença à s'infiltrer au
Japon après 1750. A ce propos, il ne faut point oublier,
d'une part, que les questions religieuses n'avaient plus
la même importance qu'au siècle précédent, et de
l'autre, que le gouvernement japonais surveillait de
très près l'entrée des ouvrages européens et les actes
des rares Européens autorisés à vivre à Nagasaki. D'ail-

leurs, en Europe même, les luttes des dernières années de la guerre de Trente ans (laquelle avait commencé exactement pendant la quatorzième année du gouvernement du shôgun Hidetada, fils et successeur d'Ieyasu), eurent un caractère beaucoup plus politique que religieux. Les idées avaient évolué, et il est plus que probable que les marchands hollandais qui commerçaient avec le Japon subordonnaient à leurs propres intérêts financiers ceux de l'Église réformée à laquelle ils appartenaient, alors que les Portugais, les Espagnols et les Italiens, qui avaient catéchisé le Japon à la fin du shôgunat des Ashikaga, étaient avant tout des missionnaires catholiques.

Le Japon, lui aussi, avait évolué ; l'enthousiasme religieux qui, vers la fin du shôgunat des Ashikaga, avait été cause de véritables guerres civiles, s'était calmé. Le temps était passé où les membres des sectes Shinshû, Ikkôshû et Nichirenshû se livraient des combats acharnés et osaient même parfois s'attaquer à de puissants seigneurs. Lors de l'arrivée de Nobunaga au pouvoir, l'élément religieux était assez fort et assez ambitieux pour revendiquer une partie de la puissance temporelle, et tout faisait prévoir une longue lutte, semblable à celle qui ensanglanta l'Europe pendant le moyen âge. Mais Nobunaga avait mis un frein à l'arrogance des sectes bouddhistes en accordant son appui aux missionnaires chrétiens. Lorsque ces derniers furent devenus dangereux, Hideyoshi, dans un but politique et non religieux, proscrivit le christianisme, et c'est pour cette raison que les persécutions qui suivirent eurent l'effet désiré, alors qu'en Europe les mêmes mesures décrétées contre les protestants ne firent qu'exciter leur zèle. Mais l'échec des propagandistes chrétiens ne profita pas aux sectes bouddhistes. Ieyasu, qui n'avait pas oublié la longue hostilité des moines d'Ikkô, suivit la politique de son prédécesseur et se montra presque aussi sévère à l'égard des bouddhistes qu'à l'égard des chrétiens. Les prêtres bouddhistes étaient l'objet d'une surveillance constante, et ceux qui enfreignaient la loi sur le célibat étaient durement châtiés. Par suite, les prédicateurs séculiers d'Ikkôshû ou de Shinshû, qui avaient le droit de se marier, tombèrent en mésestime et ne trouvèrent plus d'adeptes que dans le bas peuple. Personnellement, Ieyasu ne favorisa aucune secte. Il prétendait appartenir à la secte bouddhiste Shaka, secte inconnue au Japon. Cette tolérante impartialité à l'égard des sectes bouddhistes autres que celles d'Ikkôshû et de Shinshû équivalait à de l'indifférence ; cette indifférence fut bientôt partagée par l'élite de la nation et ainsi disparut, en quelques générations, le zèle religieux.

Une autre cause d'attiédissement fut la vogue de la morale confucéenne telle qu'elle avait été enseignée par Tchou-hi, savant célèbre qui vivait au temps de la dynastie des Song. Sa doctrine avait été acceptée comme la seule qui fût orthodoxe par les philosophes de la Cour shôgunale ; elle était extrêmement rationaliste, et son succès porta un coup fatal à maintes pratiques superstitieuses, ainsi qu'à l'influence que le bouddhisme exerçait depuis de longs siècles sur les esprits.

De la même façon, dans l'Europe du dix-huitième siècle, le rationalisme sapa l'autorité de l'Église catholique. Cependant, les gens bien élevés, c'est-à-dire tous ceux appartenant à la classe des *samuraï* et aux classes supérieures, restèrent, en apparence tout au moins, fidèles à leurs traditions familiales, c'est-à-dire au culte des divinités bouddhistes. Mais ces gens ne sauraient être considérés comme de vrais bouddhistes, car ils avaient, de tous temps, fait leurs dévotions aux autels shintôïstes aussi bien qu'aux temples bouddhistes et ne se rendaient point compte du rôle que le bouddhisme avait joué dans l'évolution de notre culte national depuis le jour où notre civilisation s'en était imprégnée.

En somme, la religion, pendant le shôgunat des Tokugawa, enseignait non ce qu'il fallait adorer, mais seulement ce qu'il fallait révérer. Bientôt ce culte suffit à nos ancêtres, et ils sentirent, de moins en moins, le désir de connaître une religion nouvelle. Dans un pays où les esprits étaient arrivés à posséder un tel calme, le christianisme n'aurait pu pénétrer que s'il avait été prêché par des illuminés. Or, les marchands hollandais du dix-huitième siècle étaient loin d'être des fanatiques. Ils avaient, certes, réussi à lancer, sur le sol japonais, quelques graines de la civilisation européenne, mais dans ce pays qui avait été sécularisé avant la plupart des pays d'Europe, seuls pouvaient germer celles qui ne contenaient aucun élément religieux.

Le Japon ne fut donc point troublé par l'introduction de théories spirituelles d'origine exotique qui auraient pu soulever dans les âmes le désir d'un état meilleur sans jamais le satisfaire. Toutefois, la lente infiltration de la civilisation européenne préserva le Japon de cette stagnation dans laquelle s'enlisent les nations isolées et lui permit de perfectionner une culture nationale sans cesse rajeunie, bien que faite d'éléments que le Japon avait possédés de temps immémoriaux. Et cette lente évolution se poursuivit en silence, sous le couvert de la paix armée, jusqu'au jour où éclata la révolution de Meiji.

CHAPITRE XIII

LA RESTAURATION DE MEIJI

Le grand changement politique qui s'est produit dans les années 1867-1868 est généralement appelé Restauration, parce que les événements ont amené le rétablissement du pouvoir impérial. En réalité, cependant, les prérogatives impériales n'ont jamais été usurpées et personne n'a eu l'impudence de déclarer qu'il avait assumé le pouvoir au lieu et place de Sa Majesté. Tous les potentats de fait, nobles de cour et shôgun qui, chacun à leur tour, exercèrent un pouvoir illimité sur le pays tout entier, s'étaient accoutumés à prendre modestement le titre de vice-régents de l'Empire. D'autre part, le changement survenu a été plus qu'une simple restauration, car jamais, au cours de notre histoire nationale, la grandeur resplendissante de la dignité impériale n'a atteint le degré d'élévation où elle se trouve aujourd'hui. Sous ce rapport, la Restauration de Meiji ne peut absolument pas être envisagée de la même manière que les deux fameuses restaurations de l'histoire européenne, celle des Stuarts en 1660, et celle des Bourbons, en 1814. Le terme de Renaissance vaudrait peut-être mieux que celui de Restauration pour désigner le grand événement qui fait époque dans

notre histoire. Nous avons reconstruit le nouveau
Japon avec de vieux matériaux, et l'origine de quelques-
uns de ces matériaux se perd dans l'antiquité la plus
reculée.

Si, cependant, nous devions envisager la portée et
l'étendue du changement produit par la chute du
shôgunat des Tokugawa, ce serait plutôt une révolution qu'une renaissance ou une rénovation. L'histoire
du Japon n'est pas ici sans analogie avec celle de la
France, et la période de transition, qui sépare l'ère
antérieure au Meiji de la situation actuelle, rappelle la
période de transition qui a marqué pour la France le
passage de son ancien régime à la Restauration. La différence, c'est que nous avons accompli en cinq ans —
sur une plus petite échelle, il est vrai — l'évolution
pour laquelle la France a eu besoin de toute une génération. Cette différence s'explique d'ailleurs par l'absence de toute une série de circonstances qui ont fait
de la Révolution française, réellement, un grand événement historique. Mais si ces circonstances ont fait
défaut dans notre histoire, ce n'est, à vrai dire, nullement la faute de notre nation. Aucun historien étranger
impartial ne refusera aux Japonais quelques paroles
de louange pour avoir achevé une transformation radicale de leur vie nationale sans effusion ou, tout au moins,
sans grande effusion de sang. Il suffit de songer aux
redoutables difficultés auxquelles s'est heurté Bismarck
dans la grande tâche qu'il avait entreprise de fonder le
nouvel Empire allemand, tâche qu'il n'a pu d'ailleurs
compléter entièrement lui-même.

Alors, comment ce profond changement a-t-il pu
être accompli par les Japonais ? A beaucoup d'entre
eux, il était apparu alors comme un miracle. Quoi de
surprenant à ce que la plupart des étrangers, peu au
courant de l'histoire du Japon, aient pu croire que

notre nation insulaire possédait à l'état latent quelque
don miraculeux qui ne s'était pas révélé faute d'occasion. Et pourtant, pour un esprit observateur, ayant
la connaissance suffisante de notre évolution historique, il n'y a certainement rien de magique dans les
événements de la seconde moitié du dix-neuvième siècle.
Il est indéniable, cependant, que le contact étroit avec
la civilisation de l'Europe moderne, qui s'est établi à
cette époque, a fourni au peuple l'occasion la plus favorable de mettre à l'épreuve des aptitudes entretenues
au cours d'une histoire plusieurs fois séculaire et a
contribué efficacement à faire avancer la nation dans
la voie du progrès à une allure plus rapide que jamais.

En d'autres termes, que le progrès accompli durant
ces cinquante années l'ait été à pas précipités ou à
grandes enjambées, il n'en reste pas moins qu'il a été
préparé lentement, graduellement, sous le règne tran-
quille et long des Tokugawa. En ce qui concerne le
développement de la culture générale avant la révolution de Meiji, j'en ai déjà parlé dans le précédent
chapitre. Ici, je me bornerai à rappeler comment s'est
formé dans le peuple et y a grandi cet esprit national
dont le fruit a été la mémorable transformation de
notre pays sous le rapport de la politique et de la civilisation.

La tranquillité rendue au pays par la puissante dictature de Hideyoshi et d'Ieyasu, la multiplication des
livres, tant japonais que chinois, réimprimés en blocs
ou en caractères mobiles, eurent pour conséquence
d'augmenter considérablement le nombre des lecteurs
dans le peuple. Le shôgunat a sérieusement encouragé
l'éducation libérale des guerriers, dans le but, principalement, de transformer de rudes et audacieux combattants en gentilhommes intelligents et respectueux
des lois. Un grand nombre de *daïmyô* suivirent l'exemple

du shôgunat en fondant, sur leurs propres territoires, une ou plusieurs écoles pour l'éducation de leurs *samuraï*. Dans ces écoles, outre l'enseignement des arts militaires, on donnait des leçons de morale et de politique. On apprenait aux *samuraï* à lire et à comprendre les classiques chinois, dans le but purement pratique de leur permettre de suivre les impérissables préceptes prêchés par les philosophes chinois des diverses époques et, en même temps, pour les rendre aptes à gouverner le peuple, conformément aux théories politiques de Confucius, s'ils étaient nommés à quelque charge du gouvernement territorial de leur seigneur. Les ouvrages employés au cours de cet enseignement appartenaient à cette sorte de littérature chinoise que l'on peut appeler mélanges politiques, c'est-à-dire des livres relatifs à la morale, à la politique et à l'histoire. Ces trois matières n'étaient pour les philosophes chinois que trois aspects différents d'une même science. Pour eux, en effet, la politique n'était que la morale privée appliquée à la société en général et l'histoire le nom de la politique du passé. Cependant, leurs élèves japonais choisissaient, à leur fantaisie, entre les trois matières et adaptaient à la tradition nationale, chacun selon son propre goût, celle dont ils avaient entrepris l'étude. C'est ainsi que l'élément métaphysique de la morale philosophique chinoise de la dynastie Song — c'est-à-dire de l'époque où la philosophie chinoise atteignit son apogée dans l'enseignement — se trouva mêlée au shintôïsme.

Jusqu'à cette époque, le shintôïsme avait été imbu de bouddhisme. Désormais, après avoir répudié les éléments indiens qui s'y étaient mêlés, nous introduisîmes à leur place la philosophie de Confucius. La philosophie ainsi introduite étant celle qu'avait exposée Tchou-hi, un rigoriste extrême, le shintôïsme qui résulta de ce mélange était plutôt étroit et chauvin, bien que d'une ferveur suffisante pour inspirer les gens instruits. L'un des plus éminents fondateurs de cette espèce de nouveau culte national fut Ansai Yamazaki, né en 1619. Sa doctrine était si remplie d'ergotage, ne tolérant rien de ce qui pouvait le moins du monde en dévier, que ses disciples se perdaient en controverses amères entre eux, chacun se proclamant le seul fidèle successeur du maître et qu'il y eut dissensions sur dissensions. Beaucoup d'entre eux poussèrent l'entêtement jusqu'à se faire une loi de ne servir ni shôgun, ni *daïmyô*, dans aucun emploi public. Ils bornèrent courageusement leurs efforts à répandre leur propagande parmi les classes intelligentes de la population.

La flamme de l'esprit national, déjà exaltée, trouva un nouveau combustible dans l'étude assidue de la littérature ancienne de notre pays. La vieille littérature japonaise étudiée et imitée pendant la période d'Ashikaga, ne remonte pas plus loin que l'ère de Tempyô. Si nous mettons à part quelques nouvelles datant des débuts du régime des nobles de Cour — telles que *Genji-Monogatari* — les ouvrages littéraires du vieux Japon, hautement appréciés des gens de Cour et des guerriers éclairés de l'époque d'Ashikaga, se réduisaient à des anthologies de brefs poèmes japonais, dus à divers poètes. La plus ancienne de ces anthologies est le *Kokin-Shû*, que l'on dit avoir été compilée, sous les auspices impériales, en l'an 905 de l'ère chrétienne. Le *Mannyô-Shû*, autre recueil de poésies japonaises, plus anciennes que celles qui sont rassemblées dans le *Kokin-Shû*, et que j'ai mentionné dans mon précédent chapitre comme étant la plus vieille anthologie japonaise de cette espèce, ne peut pas rivaliser avec la dernière, sous le rapport de la popularité, sans être pourtant entièrement abandonnée. On la considère, en général, comme un peu désuète. Un certain nombre de commentaires ou d'interprétations touchant des sujets insignifiants, chantés ou célébrés dans les poèmes du *Kokin-Shû*, ont pris une grande importance dans l'art de la versification japonaise et ont été transmis par tel maître à son disciple favori, comme une sorte de secret littéraire ésotérique ne devant pas être divulgué à la légère au commun des mortels. Cependant, la renaissance de l'esprit national des débuts de la période de Tokugawa poussa les milieux littéraires de ce temps à ne plus se contenter de pareilles banalités et à faire des recherches dans la littérature toujours plus ancienne. Ils entreprirent la tâche difficile d'interpréter les poèmes plus archaïques contenus dans le *Mannyô-Shû*. Le premier de ces philosophes fut un prêtre du nom de Keichû, né dans le voisinage d'Osaka en 1640. On a dit de son ouvrage célèbre, les *Commentaires sur les poèmes du Mannyô-Shû*, que c'était le premier étendard hissé par des Japonais au sommet de l'étude philologique du vieux Japon. L'inauguration de ce genre d'études correspond, dans le temps, avec l'établissement d'une paix durable par le shôgunat des Tokugawa. Une série de savants suivirent les traces de Keichû ; les plus connus d'entre eux sont Mabuchi Kamo et son disciple Norinaga Motoori. C'est ce dernier qui porta l'étude des antiquités japonaises à son point culminant à l'époque de Tokugawa.

Motoori est contemporain de toute la seconde moitié du dix-huitième siècle, étant né en 1730 et mort en 1801, dans la province d'Ise. Avant lui, les recherches faites dans le passé du Japon se bornaient aux œuvres littéraires de nos anciens poètes et nouvellistes. Bien que les savants de l'époque d'Ashikaga aient parlé du *Nihongi*, et qu'une édition en ait été réimprimée avant l'avènement de la Maison des Tokugawa, la partie la plus lue et la plus commentée de cet ouvrage est le premier volume, qui traite de l'époque des dieux et des débuts mythiques de l'Empire. En d'autres termes, ce livre a été apprécié, non comme ouvrage historique important, mais comme livre sacré du shintôïsme. C'est Motoori lui-même qui, le premier, étudia l'ancien Japon, non seulement du point de vue du shintôïsme, mais encore sous le rapport philologique et historique. La littérature classique qui devint l'objet de ses recherches infatigables n'était pas limitée aux livres de mythologie, mais elle comprenait, en outre, le livre rituel de *norito*, plusieurs recueils de poèmes et des ouvrages historiques. Le premier entre tous, cependant, il concentra ses efforts sur l'étude de la vieille chronique *Kojiki*. Il estimait que le *Kojiki* était une source historique plus sûre que le *Nihongi*. On en peut facilement juger, selon lui, par la phraséologie et la syntaxe archaïques qui font contraste avec le *Nihongi*, dont la véracité historique a certainement dû être altérée par l'adoption de la rhétorique chinoise. Il a fait l'étude critique la plus minutieuse du texte de *Kojiki*, phrase par phrase et mot par mot. Le fameux *Kojiki-den*, ou *Commentaires sur le Kojiki*, est le fruit le plus précieux de sa longue vie d'études. L'histoire, la religion, les mœurs, les coutumes, bref toutes les questions concernant la civilisation du Japon ancien, y sont expliquées au moyen du texte de la chronique elle-même et fréquemment corroborées par ce que relatent d'autres sources authentiques. Il a toujours eu en vue et a toujours insisté sur ce fait que le Japon, dès ses origines, a toujours possédé sa culture propre, purement, entièrement japonaise et entièrement distincte de celle qu'elle a ultérieurement empruntée à l'étranger et introduite chez elle. C'est à cet état de choses unique et naïf, dans le Japon primitif, pris dans son ensemble, qu'il a appliqué le terme de shintôïsme. C'est pourquoi, d'après lui, le

naturel, la pureté et la véracité étaient les vertus cardi-
nales enseignées par le shintôïsme, d'où il estime que
devraient être supprimés, non seulement les éléments
hindous, mais encore les éléments chinois. De cette
manière, le shintôïsme était dépouillé de l'appareil
religieux dont il avait été revêtu durant la longue évolution de notre histoire et, grâce à ses efforts, il se rapprochait de son état originaire, celui d'un simple culte
moral avec des rites primitifs. Mais en même temps, il
gagnait considérablement en puissance, parce qu'il
retrouvait son principal appui dans le sentiment national profondément enraciné dans la vie quotidienne des
Japonais de l'ancien temps. Il rappelait aux Japonais
leurs débuts comme nation.

Le développement pris par les études historiographiques au dix-septième siècle a servi de stimulant aux
recherches philologiques relatives à l'ancien Japon,
tout au moins au début. Ces études, les efforts tentés
pour écrire l'histoire nationale ont eu pour origine, à
cette époque, des causes politiques. On dit que
vers 1640, le shôgunat ordonna aux lettrés de la Cour
de rédiger une histoire de notre pays, depuis les temps
les plus anciens. Mais ce travail fut temporairement
suspendu dans la suite. Un peu plus tard, un remarquable institut historiographique fut créé par Mitsukuni Tokugawa, seigneur de Mito, l'un des petits-fils
d'Ieyasu. Pour la première fois dans notre pays, on
entreprit de recueillir, sur une vaste échelle, des matériaux historiques. On envoya des agents dans la plupart
des provinces où l'on pouvait s'attendre à une riche
moisson. Kyôto et ses environs furent fouillés avec un
soin particulier. On réunit ainsi des matériaux de valeur
très différente, depuis les documents authentiques, tels
que mémoires d'anciens courtisans et d'anciennes dames
du palais, chroniques conservées dans les monastères et

les temples, pièces concernant les transactions d'innombrables domaines seigneuriaux, jusqu'à des documents présentant moins de garanties, comme des récits, légendes, contes, nouvelles et divers autres écrits ayant paru à différentes époques. Tous ces textes furent l'objet de critiques scientifiques assez consciencieuses. Le *Dai-Nihon-Shi*, ou « Histoire du Grand Japon », est le résultat de la collaboration des historiens de l'école de Mito, chargés de faire les recherches nécessaires, sous les auspices de Mitsukuni et de ses successeurs. Cette histoire se compose de 231 volumes et il a fallu deux siècles et demi pour l'achever. Le dernier volume en a été publié en 1906 ; par sa forme, la grande histoire est une imitation du *Che-ki*, par Sseu-ma Ts'ien, de la dynastie de Han. Elle est systématiquement divisée en trois parties : Annales des empereurs, biographies de personnages marquants et sujets divers, et elle comporte plusieurs tables. Ce n'est, en aucune façon, une histoire complète du Japon, car elle ne va que jusqu'à 1392, année où les deux Maisons rivales de la famille impériale se réconcilièrent et mirent fin à la longue guerre civile. En outre, bien que les manuscrits en aient été prêts beaucoup plus tôt, les premières parties n'ont été imprimées qu'au milieu du dix-neuvième siècle. Par conséquent, le renforcement de l'esprit national des Japonais ne doit pas son origine à la publication de cette histoire, mais aux recherches elles-mêmes et aux résultats accessoires qu'elles ont donnés, et c'est de cette façon que les travaux historiographiques de l'école de Mito y ont grandement contribué. Le labeur ardu et long de ces historiens s'est complété par l'exposition d'une doctrine intéressante, à savoir, que la civilisation japonaise possédait quelque chose d'unique, quelque chose qui était digne d'être soigneusement conservé et développé et que le seul lien qui pouvait unir spirituellement la nation, c'était la fidélité à son centre commun, l'Empereur, dont la famille a continué à régner sur le pays depuis des temps immémoriaux. Cette histoire a été souvent critiquée. On lui a reproché d'être trop officieuse, étroite et subjective et, par conséquent, de ne pas être scientifique. Si l'on considère, cependant, que même dans les pays d'Occident où l'étude de l'histoire est réputé avoir atteint son apogée sous le rapport de la recherche scientifique, beaucoup d'historiens, sinon les ouvrages qu'ils ont écrits, ont été franchement officieux, de sorte que bien peu d'entre eux peuvent passer pour absolument objectifs. on ne saurait beaucoup blâmer les historiens et l'histoire de l'école de Mito. Il faut également relever, comme un de ses principaux mérites, que cette école est entièrement libre de toute espèce de superstition. Ceci peut être attribué à l'influence rationaliste de la doctrine de Tchou-hi. Le fait que l'histoire a été écrite en chinois pur montre combien ces historiographes étaient pénétrés d'idées chinoises. On peut dire, cependant, en leur faveur, que la tâche a été entreprise à une époque où la langue littéraire de notre pays ne s'était pas encore complètement dégagée du chinois. Toutefois, malgré l'adoption de cette langue, ils ne sont jamais tombés, en rédigeant le résultat de leurs recherches, dans le travers de la sinomanie qui aurait abouti à une tromperie de soi-même. Depuis le commencement de cette entreprise historiographique mémorable, la ville de Mito n'a jamais cessé d'être un foyer de nationalisme et de patriotisme, et les penseurs attachés à ces sentiments ont toujours été heureux de pouvoir se rendre en pèlerinage, de toutes les parties du Japon, vers ce centre de pure culture japonaise et de s'y entretenir avec les historiens de l'Institut historiographique. Ce sont, en effet, les groupes d'historiens du début qui furent les premiers à réveiller l'esprit national à la fin du dix-septième siècle, et ce sont leurs successeurs qui hâtèrent et renforcèrent le plus énergiquement le mouvement national, à la veille même de la Révolution. Aucune école d'instruction au Japon n'a eu autant d'influence effective sur la direction intellectuelle et morale de la nation que celle de Mito.

Cependant, le flambeau dont la bienfaisante lumière avait illuminé la nation tout entière finit par brûler de sa flamme ardente le porte-flambeau lui-même. L'entreprise mit sérieusement à contribution les ressources financières de ce seigneur terrien. Elle engloutit, dit-on, un tiers des revenus de son domaine et se révéla comme une charge trop lourde pour sa modeste fortune. L'étroitesse d'esprit, conséquence forcée du rigorisme, finit par engendrer chez les *samuraï* du territoire, élevés dans ces principes, un implacable esprit de parti. Des querelles intérieures s'ensuivirent dans lesquelles furent impliqués, non seulement tous les *samuraï*, mais la population de toutes classes. En un mot, le territoire se divisa en camps opposés ; les deux partis en appelèrent aux armes et se combattirent jusqu'à épuisement presque total. Ainsi la culture qu'historiens et *samuraï* avaient portée à un degré si élevé devint désastreuse pour leur propre bonheur. Cependant, le bien qu'ils firent, en général, au pays devrait faire la gloire de ceux qui se sont sacrifiés eux-mêmes pour ce qu'ils considéraient comme leur idéal.

On voit donc que diverses forces ont coopéré à l'achèvement de l'unité et au raffermissement de la conscience nationale. En donnant cependant la touche finale à l'œuvre de nombreux siècles, il fallait, nécessairement, éclaircir les rapports énigmatiques de l'Empereur et du shôgun. Bien que le shôgunat ait continué à expédier les affaires de l'État comme s'il était seul régent au nom de l'Empereur, son statut légal n'avait jamais été réglé par une ordonnance de ce dernier. Aucun Empereur n'avait jamais formellement abandonné ses prérogatives politiques au shôgun. La base du pouvoir du shôgun n'était rien que le *fait accompli*, tacitement reconnu et accepté par l'Empereur. Par conséquent, si le prestige de l'Empereur, jadis tombé en décadence, devait être rétabli, il était évident que la position du shôgun deviendrait intenable. Les historiens de l'école de Mito s'efforcèrent de leur mieux à faire de l'Empereur le noyau de la consolidation nationale. Leur théorie politique fut fortement influencée par les idées légitimistes qu'entretenaient les historiens de la dynastie Song. Ce principe de la légitimité, appliqué à l'histoire du Japon, ne pouvait aboutir qu'à une conclusion : c'est que le seul souverain légitime et, par conséquent, actuel du pays était l'Empereur lui-même. Il est superflu de dire qu'une théorie de ce genre était nuisible aux intérêts du shôgunat. Il semble donc très étrange qu'elle ait été soutenue et ouvertement proclamée par des historiens que protégeait le seigneur de Mito, descendant d'un rameau de la famille d'Ieyasu. Il n'était certes pas dans les intentions des seigneurs héréditaires de Mito et de leurs historiens de saper les fondements du shôgunat. Cependant, pour avoir été trop vifs et trop ardents dans leur thèse, ils furent incapables de se modérer eux-mêmes dans la suite. Et alors les intérêts du shôgunat étaient déjà si gravement compromis que la conséquence logique de leur propagande fut la terrible catastrophe dans laquelle sombra tout l'édifice du régime militaire, seule raison d'être des shôgun.

L'esprit de la nation s'est trouvé ainsi sous l'influence de l'idée de plus en plus nette que la coexistence de l'Empereur souverain et du shôgunat omnipotent deviendrait en fin de compte impossible. Et cette manière de voir fut accueillie avec empressement dans les parties du Japon où le militarisme était le moins en faveur. Jusque-là, cependant, il y avait eu poursuite des plus logiques d'un idéal politique, et si aucune occasion ne s'était présentée à ces idéalistes pour leur permettre de réaliser pratiquement leurs théories, elles seraient restées longtemps à l'état de rêve romanesque de politiciens irresponsables. Le Japon n'a été tiré de son inaction et le viril effort pour la restauration du prestige impérial n'a été entrepris, somme toute, que sous une impulsion venue du dehors. Cette espèce de stimulant fut l'obligation imposée au gouvernement par les puissances occidentales de leur ouvrir le pays, séparé depuis si longtemps du reste du monde.

Depuis ce que l'on appelle la « fermeture du pays », les Japonais avaient joui d'une vie nationale paisible. Pendant plus d'un siècle et demi, leur tranquillité n'avait pas été troublée. Cette longue période de calme permit au Japon de se préparer aux difficultés qu'il allait avoir à surmonter en intensifiant sa propre culture et en la transformant de façon à pouvoir emprunter à la civilisation occidentale tout ce dont il aurait besoin sans mettre en danger son existence nationale. Mais, vers la fin du dix-huitième siècle, les étrangers frappèrent avec tant d'insistance à la porte que l'on commença à les entendre, d'abord aux entrées dérobées de l'Empire insulaire. Ce n'étaient alors que les Russes ; ayant déjà annexé les vastes territoires de la Sibérie, ils étaient encore prêts à faire un bond en avant et flânaient sur la côte septentrionale de notre Hokkaïdô, appelée à cette époque île d'Ezo. Ce fut le commencement de nouveaux troubles nationaux. Mais ces troubles furent différents de ceux que nous eûmes à supporter et dont nous réussîmes à nous débarrasser dans les premiers jours du shôgunat. On n'avait plus à craindre de souffrir d'intrigues religieuses ou du fait de missionnaires étrangers. Le danger, s'il y en avait un, était purement de nature politique.

Il est inutile de dire que la nation n'avait pas eu voix dans la détermination de la politique de « fermeture du pays » mise en œuvre par le shôgunat. Elle n'avait pas bien compris l'avantage ou le désavantage de cette politique en elle-même. Mais, accoutumée pendant longtemps à mener une vie nationale isolée et gonflée d'orgueil, par suite de l'épanouissement de ses sentiments chauvins, elle se trouva inconsciemment amenée à croire que cette situation était la condition normale du pays. Les gens étrangers à la politique, bien que délivrés de l'influence surannée de la Chine, n'avaient cependant qu'une faible connaissance des conditions dans lesquelles se trouvaient alors l'Europe et l'Amérique. Ils ne désiraient nullement être troublés dans leur tranquillité par l'intrusion, même bien intentionnée, des étrangers. Et cependant, il était absolument impossible de continuer ce genre d'existence en face des transformations subies par la situation mondiale, du fait de l'expansion vers l'Est des diverses nations européennes et de l'apparition sur le continent américain d'une nouvelle puissance ayant depuis peu accès au·Pacifique. Les personnages qui étaient alors à la tête du gouvernement, c'est-à-dire les hommes d'État du shôgunat, partageaient à peu près l'opinion des masses profondes de la nation. Ils pensaient que, pour le bien-être du peuple et dans l'intérêt même du shôgunat, ce qu'il y avait de mieux, c'était de maintenir le *statu quo* aussi longtemps que possible. Malheureusement, les étrangers qui frappaient maintenant à notre porte n'étaient pas désarmés comme ceux qui s'étaient présentés deux siècles auparavant. Ils n'étaient pas non plus aussi humbles et soumis que les Hollandais avaient coutume de l'être à Deshima. Si on entendait les maintenir dehors, en dépit de leur désir importun du contraire, il fallait parer aux circonstances imprévues. C'est ainsi que le shôgunat essaya de faire des préparatifs militaires pour défendre le pays en cas de nécessité et chasser les intrus par la force des armes. Mais plus le shôgunat s'efforça d'armer la nation contre les étrangers, plus il trouva difficile la tâche qu'il avait en vue. Le résultat d'une paix prolongée fut que le peuple, accoutumé à avoir ses aises et du luxe, avait beaucoup perdu de cet esprit guerrier, attribut caractéristique de la race et dont il avait été si fier. En outre, le pays ayant été divisé en près de 300 territoires, il était très difficile pour le shôgunat de mobiliser, à son seul commandement, les guerriers de tout l'empire. D'autre part, les progrès matériels accomplis par les nations occidentales, pendant la période de notre recueillement, avaient été réellement stupéfiants. Il fut beaucoup plus difficile pour nous de nous mettre à la hauteur de l'Occident à cette époque que cela n'aurait été le cas à la fin du seizième siècle. Malgré ces formidables difficultés, le shôgunat persista dans ses efforts pour renforcer la défense nationale. L'esprit martial de la nation fut graduellement réveillé ; mais la mobilisation de la nation, divisée en groupes si différents les uns des autres, se heurta à de nouvelles difficultés intérieures. L'esprit martial réveillé par le shôgunat se tourna contre lui-même et, finalement, le shôgunat se montra incapable de gouverner au milieu de la crise qu'il avait indirectement provoquée.

Tout d'abord, l'opinion de la classe instruite fut très partagée, mais peu de gens étaient désireux de voir la suppression, pourtant nécessaire, du régime du shôgunat. La majorité en vint pourtant, graduellement, à dénoncer l'incapacité du shôgunat à accomplir, par lui-même, la tâche qu'il était appelé à mener à bien. Beaucoup de gens persistèrent à vouloir maintenir le shôgunat pour lui permettre de continuer sa politique traditionnelle d'isolement. Quelques-uns plaidèrent même en faveur d'une union plus étroite du shôgunat avec la cour impériale. Cette dernière commençait à redevenir le centre politique influent de la nation, en opposition avec le pouvoir installé à Edo. Si bien que l'on put redouter une collision entre les deux autorités. Cependant, la conclusion en 1858 du traité de paix avec les États-Unis, suivie de traités avec les autres puissances, désappointa amèrement ces amis sincères du shôgunat et enhardit ses adversaires. Jusqu'alors, les gens qui avaient été franchement opposés au shôgunat étaient ceux qui n'avaient jamais eu la responsabilité d'une situation politique. En d'autres termes, c'étaient des doctrinaires et non des hommes d'action, de sorte que le shôgunat ne courut pas de dangers sérieux tant qu'ils se bornèrent à discuter, en termes ampoulés, les questions nationales. Mais le désappointement causé à leurs amis par le shôgunat les rapprocha de l'opposition radicale. Le danger se transforma donc et passa des rapports avec l'extérieur à cette question interne si sérieuse, de savoir si l'on conserverait le shôgunat ou non. Ceux qui désiraient la renaissance du prestige impérial ou la chute du régime existant, quelque forme que pût prendre la révolution, brandissaient, comme arme la plus efficace pour attaquer le shôgunat, l'accusation d'avoir ouvert ce pays sacré des dieux à la pénétration sacrilège des barbares hirsutes. Ce cri de ralliement eut tant d'influence qu'il amena la Cour impériale de Kyôto à publier une ordonnance prescrivant au shôgunat de révoquer les traités déjà conclus et de revenir à la politique, consacrée par le temps, de l'isolement, tâche absolument

impossible. A cet ordre auguste, venu de Kyôto, le shôgunat ne put répondre que par une complète soumission, intimidé qu'il était, en quelque sorte, par les
clameurs bruyantes de ces patriotes conservateurs. On
peut dire que le gouvernement militaire succomba sous
les efforts combinés des nobles de cour et des politiciens du pays. Le mariage du quatorzième shôgun
avec l'une des sœurs de l'Empereur Kômeï, en 1861,
bien que conclu pour rapprocher la cour impériale et
le shôgunat, ne parvint pas à sauver l'édifice chancelant
du régime des Tokugawa, comme on l'avait espéré.
Constatant que le pouvoir et les moyens dont disposait
le shôgunat étaient insuffisants pour mener à bien la
tâche qu'il s'était engagé à accomplir, Yoshinobu Tokugawa, le quinzième et dernier shôgun, résigna ses
pouvoirs, tant politiques que militaires, entre les mains
de l'Empereur Meiji, qui venait de succéder à son père
l'Empereur Kômeï. Ceci se produisit en novembre 1867.
Un peu auparavant l'Empereur avait accepté la proposition, faite par le shôgunat, d'ouvrir le port de Hyôgo,
aujourd'hui Kôbe, au commerce étranger; ce qui
prouve combien il était difficile de s'en tenir à la politique surannée de l'isolement. On peut voir par là que
le shôgunat des Tokugawa s'est effondré, après deux
cent soixante-quatre ans d'existence, non par défaut de
prévoyance chez ses hommes d'État, mais uniquement
par manque de prestige.

Le shôgunat a perdu son prestige, uniquement parce
que le système, tel qu'il était, constituait un anachronisme en face des transformations qui s'étaient produites dans le pays, celui-ci n'ayant cessé de se développer au cours des derniers siècles. En d'autres termes,
le shôgunat des Tokugawa avait sapé lui-même ses
fondements, pendant longtemps, en ayant courageusement entrepris la tâche honorable qu'il était destiné

à accomplir dans notre histoire nationale ; et il s'effondra juste au moment où s'achevait sa mission. On doit, par conséquent, reconnaître que sa chute s'est produite d'une manière très opportune. La suppression du shôgunat ne signifiait pas, cependant, la simple chute de la Maison des Tokugawa. C'était l'écroulement final du régime militaire qui avait gouverné le Japon pendant près de sept siècles. L'effondrement d'un édifice historique aussi grand, aussi compliqué que le shôgunat, ne pouvait pas se produire, bien entendu, sans catastrophe. Celle-ci prit la forme d'une guerre civile qui sévit dans le pays pendant plus d'un an.

Après la résignation du pouvoir par le dernier shôgun, le nouveau gouvernement fut immédiatement installé à Kyôto. Un prince impérial fut mis à sa tête. Ce dernier exerçait, au nom de l'Empereur, le contrôle de toutes les affaires de l'État. Les conseillers placés sous ses ordres furent choisis, non seulement parmi les nobles, mais aussi parmi les *samuraï* capables, qui appartenaient au parti hostile au shôgunat. Bien que l'ex-shôgun eut renoncé à ses droits héréditaires comme régent du Japon, il n'en demeurait pas moins *daïmyô* après sa résignation. En cette qualité, il était le plus puissant de tous les *daïmyô*, car, dans ses *hatamoto*, il avait un bien plus grand nombre de *samuraï* sous ses ordres que n'importe lequel de ses collègues. Ces vassaux et amis de l'ex-shôgun furent mécontents du tour pris par les événements et manifestèrent le désir, en fin de compte, de venir à son aide pour empêcher une diminution ultérieure de son influence. Poussé par ces partisans à tenter la fortune, l'ex-shôgun demanda une audience à l'Empereur : elle lui fut refusée. Il tenta alors de forcer l'entrée de la cité de Kyôto, accompagné de ses propres gardes et des forces des *daïmyô* ses amis. Il se heurta à l'armée impériale, composée des forces des seigneurs de Satsuma, Nagato, Tosa, Hizen et d'autres *daïmyô* dont la plupart avaient leurs terres dans les provinces occidentales du Japon. A la fin du mois de janvier 1868, les deux armées adverses entrèrent en collision à Fushimi et Toba, villages de la banlieue sud de la vieille métropole; les forces de l'ex-shôgun lâchèrent pied. Yoshinobu se retira précipitamment avec son état-major à Osaka, puis par mer à Edo; il y fut poursuivi par l'armée impériale, qui avait utilisé la voie de terre.

A Edo, quelques-uns des vassaux des Tokugawa ne purent se résigner à accepter le sort inévitable qui les attendait, eux et leur suzerain, et ils insistèrent pour faire une dernière résistance en défendant la ville contre l'armée impériale qui approchait. Mais les conseils de la sagesse l'emportèrent et le château se rendit aux impériaux vers la fin d'avril, sans qu'une goutte de sang ait été répandue. Une poignée de *samuraï* désespérés, qui s'était fortifiés dans l'enceinte du temple de Ueno — sur l'emplacement du parc municipal actuel — fut facilement maîtrisée par les impériaux. L'ex-shôgun, qui avait été interné à Mito, pour avoir combattu les impériaux, fut relâché bientôt après. Par un effet de la grâce impériale, un membre d'une branche collatérale des Tokugawa fut désigné pour succéder à l'ex-shôgun, comme *daïmyô*, et créé seigneur héréditaire de Suruga. La première phase de la Révolution était ainsi achevée.

Cependant le pays avait été trop agité pour être aussi facilement pacifié. Le premier à châtier devait être le seigneur d'Aizu, un *daïmyô* qui, resté le dernier fidèle au shôgunat, avait combattu désespérément à la bataille de Fushimi-Toba et, après sa défaite, s'était retiré sur ses terres, dans le Japon septentrional. Il réussit à trouver de l'aide parmi les *daïmyô* des domaines voisins, mais les forces des impériaux s'étaient, entre temps, considérablement augmentées ; en effet, les *daïmyô* du moyen Japon, restés neutres jusqu'alors, s'étaient joints à leurs collègues du Sud. La guerre recommença vers la mi-juin dans la partie septentrionale du Hontô. Les forces des *daïmyô* du Nord eurent à lutter contre une terrible malchance et ils furent battus les uns après les autres. Le château d'Aizu fut étroitement investi et capitula au début de novembre. Les partisans du seigneur d'Aizu se rendirent également, l'un après l'autre, aux impériaux. C'est peu après ces événements que la décision de donner le nom de Meiji à l'ère qui venait de s'ouvrir, fut promulguée à Kyôto.

Le dernier acte chevaleresque en faveur du shôgun fut accompli par la flotte appartenant à l'ancien shôgunat. Avant la Révolution, le shôgunat entretenait une flotte de huit vaisseaux, commandée par l'amiral Enomoto, qui avait reçu son instruction navale en Hollande. C'était, à cette époque, la seule marine digne de ce nom au Japon. Après la capitulation d'Edo, le gouvernement impérial ordonna que la moitié des navires de cette flotte lui soit remise et il autorisa les Tokugawa à conserver le reste. Cependant, l'amiral avait tant de chagrin à se séparer de ses navires qu'un peu avant la capitulation d'Aizu, il quitta le port d'Edo avec toute sa flotte et occupa Hakodate, port situé à l'extrémité sud de l'île d'Ezo. Mais les forces qu'il pouvait débarquer n'étaient pas de taille à lutter contre les impériaux redevenus libres d'agir de tous côtés ou presque. Le port de Hakodate fut bientôt bloqué et la forteresse pentagonale assiégée et prise. En juin de l'année suivante, toute l'île d'Ezo était soumise et reçut le nom nouveau de Hokkaidô.

La reddition de Hakodate termina l'histoire militaire de la Révolution de Meiji, mais les transformations

politiques n'étaient pas encore achevées. Ce qui avait
été déjà fait, c'était simplement la suppression du
shôgun dans l'organisation politique du pays et l'établissement de l'autorité directe de l'Empereur sur les
daïmyô. Le nombre de ces derniers n'avait pas été
diminué et ils avaient été maintenus sur toute l'étendue
de leurs terres, à part ceux, d'ailleurs peu nombreux,
auxquelles elles avaient été confisquées, en tout ou
partie, pour avoir résisté aux ordres de l'Empereur. Les
autres conservèrent leurs droits héréditaires sur le pays
et les populations, tout comme au temps des Tokugawa.
Bref, le problème national n'avait été que partiellement
résolu. Il restait encore beaucoup à faire avant
d'atteindre le but final : la réorganisation complète de
tout l'Empire. Différentes modifications fort importantes et indispensables pour y arriver furent réalisées
durant les quatre années suivantes.

En 1868, la ville d'Edo change son nom pour
prendre celui de Tôkyô, qui signifie capitale de l'Est.
Elle devint, dès lors, la résidence permanente de l'Empereur, au lieu et place de Kyôto. Ceci fut le commencement de l'ère nouvelle. En juillet 1869, les droits
féodaux des *daïmyô* sur leurs terres et leurs gens furent
abolis. Ils renoncèrent d'ailleurs volontairement à
leurs privilèges et devinrent gouverneurs héréditaires
avec un traitement correspondant au revenu de chaque
territoire. Si la Révolution s'était brusquement arrêtée à
ce point, le prestige des seigneurs territoriaux serait
demeuré à peu près intact. Ils continuaient, en effet, à
résider sur le territoire qui leur avait appartenu comme
daïmyô et ils avaient toujours sous leurs ordres des forces
permanentes, composées de leurs anciens *samuraï*. La
transformation juridique qui s'était opérée, et en vertu
de laquelle ils n'exerçaient plus qu'une juridiction
publique sur les domaines qu'ils avaient possédés en

propre, échappait à la masse de la population. Elle
était d'une nature trop subtile pour que cette dernière
se rendît compte qu'il y avait là une situation politique
toute différente de celle qui existait au temps du shôgunat. Il fallut trois années de plus pour balayer les
dernières entraves féodales. Au mois d'août 1871, la
division de l'Empire en territoires fut remplacée par
une division en préfectures et il y en eut beaucoup
moins qu'il n'y avait eu de territoires. La juridiction des
gouverneurs héréditaires fut suspendue et l'on nomma
un nouveau gouverneur dans chaque préfecture. Les pensions des *samuraï* qui avaient toujours été, elles aussi,
héréditaires furent également suspendues. Leurs titu-
laires reçurent comme dédommagement des bons du
Trésor, de valeur différente et proportionnelle à leur
ancien revenu. Le système monétaire décimal fut
adopté, ainsi que le calendrier grégorien. Le service
militaire qui n'était dû, jusqu'alors, que par les seuls
samuraï, fut désormais étendu à la population tout
entière. Le système de la conscription, selon l'exemple
des pays occidentaux, fut adopté et ceci entraîna, natu-
rellement, pour les *samuraï* la perte de leurs privilèges.
Tous les citoyens furent désormais égaux devant la loi.
Le Japon avait, enfin, revêtu sa parure entièrement
moderne.

CHAPITRE XIV

ÉPILOGUE

Les cinquante années qui ont suivi la Révolution de Meiji ont été, pour le Japon, une période de transition et nous ne savons pas encore quand et comment elle prendra fin. Une période de transition est, généralement, dans l'histoire de chaque pays, une époque remplie d'événements. Il en a été ainsi pour nous et notre dernier demi-siècle a été l'époque la plus agitée que notre nation ait connue. Mais il y a autre chose encore. Nous avons été introduits dans le monde juste au moment où ce monde lui-même entrait dans une période des plus agitées. Quand ses portes se sont ouvertes, le Japon s'est trouvé dans la situation d'un homme profondément endormi qui serait réveillé soudain, en plein midi, sous la lumière aveuglante du soleil. En outre, le Japon a eu une autre tâche, non moins importante à remplir. Il a dû parachever sa transformation, compléter sa réorganisation intérieure. Cette tâche ne sera peut-être pas achevée avant longtemps encore. L'excitation est le résultat naturel atteint par tous ceux qui ont traversé de pareilles situations. Si nous voulions essayer de retracer l'histoire du Japon durant ces cinquante dernières années, nous aurions beaucoup plus à dire que pour l'histoire des vingt siècles précédents. Ce n'est cependant pas possible dans le cadre de ce petit volume. Une autre raison pour laquelle nous n'entendons pas nous étendre sur cette période de notre histoire nationale, c'est qu'elle est comparativement mieux connue des étrangers que celle du vieux Japon. Et, cependant, nous ne sommes pas absolument certains qu'elle ne soit, quelquefois, incomprise. L'incompréhension du Japon de l'ère de Meiji a sa cause première dans l'ignorance de son histoire ancienne. Pour qui connaît, en effet, le Japon du passé, il n'y a guère d'erreur possible touchant la compréhension du Japon actuel. Je ne décrirai donc pas, en détail, l'histoire contemporaine du Japon, et je me bornerai à en donner un exposé rapide.

C'est le *samuraï*, soutien principal du Japon féodal, qui amena la mémorable transformation de Meiji, et c'est le *samuraï* de la classe inférieure, qui joua le rôle principal dans la Révolution. Les lettrés, qui avaient joué un rôle utile en stimulant dans le peuple l'esprit national, n'étaient pas, après tout, des hommes d'action. Seuls, les *samuraï*, une fois pénétrés de cet esprit, pouvaient provoquer un aussi considérable changement. Il n'y a aucun doute que les *samuraï* aient entrepris cette tâche pour l'amour du bien national et la plupart d'entre eux n'ont pas cherché là un moyen de rétablir le régime déjà vermoulu qui avait précédé l'avènement du shôgunat de Kamakura. Mais cette vérité manifeste n'était apparue ni aux nobles de cour, rêvant uniquement de recouvrer leur gloire passée, ni aux idéalistes de tendances ultra-conservatrices, qui s'imaginaient sincèrement que l'on pouvait effacer une histoire près de douze fois séculaire et rappeler à la vie, une fois encore, l'âge d'or de la période de Nara. Ces derniers préconisaient sérieusement le gouvernement personnel

de l'Empereur et le rétablissement du culte des divinités
nationales dans son ancienne gloire. Les premiers
s'efforçaient de ressaisir les rênes du gouvernement.
Le résultat du compromis qu'ils conclurent, c'est que
l'organisation politique de l'ère de Taikwa fut rétablie,
avec des modifications indispensables assez nombreuses.
Que l'on songe à ce qu'aurait été le rétablissement d'un
statut vieux de onze cent soixante-dix ans, et la situation d'un pays gouverné par une loi aussi ancienne au
moment où il entrait en contact avec toutes les nations
du monde, en plein dix-neuvième siècle ! Combien
comique aurait été pareil retour en arrière, s'il s'était
maintenu même pendant une génération ! Les premiers
à être désappointés furent les nobles de cour. Les espérances des ultra-conservateurs furent, également, loin
d'être réalisées. Le pays avait un urgent besoin d'une
nouvelle législation pouvant s'adapter au nouvel état
de choses. Le statut rétabli fut bientôt jugé absolument
impropre à atteindre le but qu'on se proposait. Le
mouvement donquichottesque des shintöïstes fanatiques, caractérisé par la persécution du bouddhisme,
et dont le résultat fut la destruction lamentable de
beaucoup de sculptures bouddhiques et de monuments
d'une haute valeur artistique, ce mouvement devait
s'apaiser à peine déclenché. On était, en effet, à l'époque
d'une tolérance religieuse complète qui fut étendue,
peu après, même au christianisme.

Les espoirs les plus extravagants des ultra-conservateurs furent ainsi frustrés ; mais l'esprit conservateur
de la nation, que l'on ne pouvait supprimer complètement, trouva ses dévots parmi la classe des *samuraï*.
Bien qu'ils aient été les auteurs réels de la Révolution,
la perte de leurs privilèges et l'atteinte à leurs intérêts
matériels qu'elle entraîna les toucha cruellement. Un
très petit nombre d'entre eux se mirent au service du

nouveau gouvernement comme officiers ou soldats de rang élevé ou subalterne et purent jouir ainsi d'une vie beaucoup plus confortable qu'à l'époque antérieure au Meiji. Mais le plus grand nombre des *samuraï* furent obligés de prendre une de ces professions qu'ils avaient l'habitude de considérer avec dédain. Sans travail, l'indemnité qu'ils avaient obtenue du gouvernement n'aurait pas suffi à les faire vivre pendant bien longtemps. Quelques-uns d'entre eux préférèrent devenir fermiers et ceux qui adoptèrent cette ligne de conduite s'en trouvèrent généralement bien. Beaucoup d'autres devinrent marchands et, pour la plupart, échouèrent dans cette tentative. Habitués à la vie simple et aux lois militaires, ils étaient, en effet, absolument ignorants des complications des usages commerciaux. Le petit capital qu'ils avaient obtenu en vendant leurs bons d'indemnité fut vite dissipé. Qu'y a-t-il d'étonnant à ce qu'ils se soient pris à regretter les jours meilleurs du passé et à se lamenter ? Le mécontentement qui s'était répandu dans leurs rangs finit par éclater à l'occasion de la tension diplomatique avec la Corée.

La place nous fait défaut ici pour nous étendre sur l'histoire compliquée des différends entre la Corée et le Japon durant les soixante-dix années du dix-neuvième siècle. Il suffira de dire que le parti militaire, tant au sein qu'en dehors du gouvernement, se prononçait pour la guerre avec la Corée. Le parti opposé était contre la guerre parce qu'il la jugeait nuisible au progrès national, à une époque, précisément, où il était indispensable au bien-être du pays de consacrer toutes ses ressources à sa réorganisation intérieure. Le parti de la guerre, qui avait pour chef Takamori Saïgô, se sépara du gouvernement. Saïgô avait été un personnage important depuis la révolution, en sa qualité de *samuraï*, représentant de Satsuma. Il avait beaucoup d'admira-

leurs, si bien que, même après sa retraite, son influence
sur le territoire de Satsuma était immense. Finalement,
ses partisans, dont les sentiments hostiles au gouvernement ne connaissaient plus de bornes, l'obligèrent à
prendre les armes pour purifier ce gouvernement qu'ils
trouvaient trop efféminé et trop radical. Non seulement
les *samuraï* belliqueux et conservateurs de Satsuma,
mais encore tous les *samuraï* des autres provinces de
Kyùshù qui sympathisaient avec eux se soulevèrent et
les rejoignirent. Ils assiégèrent le château de Kumamoto où se trouvaient des casernes.

Jusque-là, ils avaient réussi ; mais vu l'insuffisance
des munitions et des vivres, ils ne purent pousser beaucoup plus loin. En outre, l'armée impériale, récemment
organisée, recrutée surtout dans le bas peuple, au
moyen de la conscription, se montra tout à la hauteur
de sa tâche. Cependant, au début, les insurgés avaient
méprisé les nouveaux soldats à cause de leur basse origine. Le siège de Kumamoto fut enfin levé ; le reste des
forces battues de Saïgô se retira dans une vallée proche
de la ville de Kagoshima ; Saïgô se suicida. La guerre
civile finit par la victoire du gouvernement, en septembre 1877, sept mois après avoir éclaté.

Cette guerre civile est un événement mémorable dans
l'histoire de l'ère de Meiji, en ce sens qu'elle a porté le
coup mortel au dernier reste du féodalisme, à l'influence
encore considérable des *samuraï*. Bien que les soldats
samuraï qui combattirent du côté de Saïgô aient été
très peu nombreux en comparaison de la foule des
samuraï répandue dans tout l'Empire, bien qu'un assez
grand nombre de soldats *samuraï* aient combattu du côté
opposé, il n'en reste pas moins que les insurgés avaient
beaucoup plus représenté les intérêts des *samuraï* en
tant que classe que l'armée impériale.

La défaite des premiers eut sur le prestige de cette

classe un effet analogue à celui que produisit dans l'Europe de la fin du moyen âge l'emploi des armes à feu et l'organisation des armées permanentes, qui diminuèrent considérablement l'influence traditionnelle des chevaliers. C'est pour ce motif qu'après la guerre civile on put constater l'apparition de l'esprit démocratique dont le développement mit rapidement un terme au particularisme territorial, très fortement affaibli déjà par la Révolution. Des partis politiques de diverses nuances commencèrent à se former. Les ouvrages de Montesquieu et de Rousseau furent traduits en japonais et lus par beaucoup de gens avec avidité. La revendication d'un gouvernement représentatif devint une des exigences nationales. Les hésitations du gouvernement suscitèrent çà et là des révoltes. En résumé, l'histoire de la seconde décade de l'ère de Meiji ressemble, d'une manière frappante, à l'histoire de la France pendant la première moitié du dix-neuvième siècle. L'augmentation d'influence de la classe bourgeoise récemment née date, on peut le dire, de cette époque. L'européanisation des mœurs et des usages s'accentua d'année en année.

Ce qu'il y a d'unique dans notre histoire moderne, c'est que, parallèlement à la démocratisation de la nation, le prestige impérial alla s'accroissant d'une manière remarquable. Ce phénomène, en apparence contradictoire, peut s'expliquer facilement si l'on considère comment a évolué la notion de fidélité à l'Empereur, que nous avons à l'heure actuelle. L'autorité divine de l'Empereur n'avait pas subi de changement appréciable lorsque son régime personnel prit fin. Mais son prestige politique avait été éclipsé par l'arrivée au pouvoir des nobles de Fujiwara. Même après l'établissement du shôgunat, personne au Japon ne croyait possible que l'Empereur pût être placé sur le même rang et encore moins à un rang inférieur, par rapport au shôgun ou à toute autre espèce de dictateur, quelque puissant qu'il ait pu être en fait. A travers toutes les vicissitudes politiques, l'Empereur est toujours resté le personnage le plus noble du Japon et, en ce sens, il a été le foyer vers lequel se tournait le cœur de la nation tout entière.

Pendant cette période d'éclipse, les rapports de l'Empereur et des masses populaires ont été indirects. Entre eux intervinrent le shôgun et le *daïmyô*, gouvernants immédiats, de sorte qu'il ne fut plus question de fidélité à l'Empereur que théoriquement. La fidélité du peuple, au sens positif, s'est concentrée uniquement sur son maître immédiat qui y a répondu en étendant sur lui, directement, sa protection. De sorte que fidélité d'une part et protection de l'autre étaient conditionnées l'une par l'autre. Ce lien étant essentiel sous le régime militaire, il se renforça en se transmettant de génération en génération. Bref, on peut dire que la fidélité des Japonais est un produit du régime militaire et qu'elle s'est développée grâce au rapport héréditaire de vasselage. Tout idéal, toute vertu exaltés par la classe des *samuraï* étant considérés par le peuple comme dignes d'imitation, si la pratique en était possible pour lui, il comprit la fidélité comme on la comprenait dans les milieux militaires, c'est-à-dire comme la qualité d'un soldat subordonné envers son supérieur. Et ainsi, il s'habitua à être plus discipliné, plus dévoué et prêt au sacrifice qu'aux temps qui avaient précédé le régime militaire. Ce caractère de la morale nationale se conserva jusqu'à la fin du shôgunat de Tokugawa, il est vrai avec un peu de relâchement de temps à autre. Lorsque le shôgunat et les *daïmyô* furent supprimés du système politique, les foyers vers lesquels tendait la fidélité du peuple cessèrent d'exister, la fidélité resta telle qu'elle était : une vertu pratiquée par la nation,

mais sans but. Elle chercha un foyer nouveau, regarda
à un degré plus haut que le shôgun et fut heureuse de
pouvoir faire de l'Empereur un objet de fervente dévotion. Bientôt, celle-ci prit les proportions d'une véritable passion, parce que la nation se rendit compte de
mieux en mieux de la nécessité d'une organisation solidement centrée et qu'elle ne put trouver nulle part de
centre mieux approprié que l'Empereur. De cette façon,
son prestige put s'accroître parallèlement au développement de l'esprit démocratique dans la nation. Ce n'est
donc pas une simple prépondérance traditionnelle,
c'est une autorité qui a ses racines dans la civilisation
moderne.

On ne peut nier, cependant, que l'histoire entoure
notre Maison impériale d'une grandeur particulière que
l'on chercherait en vain dans toute autre famille souveraine récemment arrivée au pouvoir. Si l'esprit conservateur est solidement ancré au Japon, c'est qu'il est
issu de ces rapports historiques entre le peuple et l'Empereur. Ceci explique l'apparition soudaine de cet esprit
conservateur qui, du coup, modifia l'aspect du pays à
la fin de la seconde décade de l'époque de Meiji. Elle
se produisit juste au moment où le courant d'européanisation avait atteint son maximum et où la réalisation
des espérances du parti progressiste, la promulgation
de la Constitution et l'inauguration du gouvernement
représentatif étaient imminentes.

En février 1889, la Constitution, longtemps réclamée,
fut enfin accordée et, en conséquence, la première
Diète impériale fut ouverte l'année suivante. Cette
adoption du système de gouvernement représentatif par
le Japon est souvent citée comme un exemple rare des
progrès merveilleux accomplis par une nation non-
européenne. Et tout ce que nous avons accompli depuis,
les étrangers l'ont attribué à ce changement radical

d'organisation politique. Et cependant, tout le bien et tout le mal que l'on attribue à ce système s'est pleinement manifesté dans notre pays. Nous nous sommes continuellement efforcés de nous instruire et de nous accoutumer au nouveau régime. Mais notre expérience du gouvernement moderne des partis est toujours très médiocre. Il faudra beaucoup de temps pour que toutes les classes de notre population s'intéressent comme il convient à la politique nationale, ce qui est la condition indispensable pour retirer le maximum d'avantages d'un gouvernement constitutionnel. Pour le moment, nous n'avons aucun motif de regretter, mais au contraire, beaucoup de raisons d'enregistrer avec satisfaction l'introduction de ce système.

Après la Constitution vinrent de nombreuses lois organiques, les codes civil et pénal et ainsi de suite, par ordre de promulgation. L'achèvement de l'appareil nécessaire à l'existence d'un État moderne améliora dans une large mesure la situation de notre pays aux yeux des étrangers attentifs. Mais ce qui contribua le plus à l'abrogation des droits d'exterritorialité dont jouissaient les étrangers en territoire japonais — objet de plaintes amères et de réclamations de la part des patriotes — ce fut la victoire remportée par notre armée dans la guerre contre la Chine.

Avant le début de la guerre sino-japonaise, la Chine était considérée depuis longtemps, non seulement par les nations occidentales, mais par les Japonais eux-mêmes, comme très supérieure au Japon, sous le rapport de la force nationale, sans parler de la richesse et de la civilisation en général. La victoire de l'armée de Hideyoshi, sur les renforts envoyés par l'Empereur des Ming aux Coréens envahis, avait suffi pour effacer l'humiliation militaire infligée à nos troupes, neuf cents ans auparavant, dans la péninsule, et avait beaucoup

contribué à relever la confiance nationale à l'égard de
la Chine. Cependant, l'imitation renouvelée de la civilisation chinoise pendant le shôgunat de Tokugawa
retourna la balance en faveur de la Chine, même aux
yeux des intellectuels japonais. Contrairement à notre
attente, cependant, nous fûmes victorieux durant la
guerre de 1894-1895 et le traité de Shimonoseki
affranchit la Corée de l'hégémonie de la Chine.

Bien que quelques-uns des articles importants du
susdit traité aient été annulés par l'intervention des
trois puissances occidentales, la guerre fut, dans son
ensemble, très avantageuse à notre pays. La nation
ayant pris mieux conscience de sa force, s'enhardit à
manifester son activité dans toutes les directions. Plusieurs industries nouvelles commencèrent à prospérer.
L'instruction supérieure et l'instruction primaire se
développèrent sous l'influence de diverses écoles nouvelles et grâce à l'augmentation du personnel enseignant. Nous avons durement travaillé pendant les dix
années qui suivirent, puis survint la guerre russo-
japonaise.

Ce fut vraiment un bonheur pour nous de gagner
cette guerre dans laquelle nous risquions notre destinée nationale.

Les années qui ont suivi la guerre russo-japonaise
forment la période la plus brillante de l'ère glorieuse
de Meiji et constituent un tournant de notre histoire.

Jusqu'à cette époque, les nations étrangères avaient
prodigué leurs bontés pour instruire cette nation
novice qui, pour être entrée dans le concert mondial comme un auditeur passif, ne leur paraissait
pas encore avoir atteint l'âge d'adolescence. Elles ne
savaient pas ce que deviendrait le Japon une fois élevé
et instruit de cette manière. Pour les questions militaires, les Anglais furent nos premiers maîtres, ensuite

vinrent les Français et les Allemands. Pour la marine, nos instructeurs furent d'abord des Hollandais, puis des Anglais. Dans le domaine de la législation, nos premiers conseillers furent les Français, auxquels succédèrent les Allemands. Ces derniers nous apprirent aussi la science médicale pour l'étude de laquelle, au Japon, la première condition est de savoir la langue allemande. Outre ce que l'on vient d'énumérer, la connaissance de toutes les branches de l'industrie, des arts et des sciences a été introduite dans notre pays à l'époque la plus avancée de ce brillant siècle. Qui donc aurait pu rêver, cependant, de la victoire des Japonais sur les Russes, en janvier 1904 ? Durant la guerre, il est vrai, un grand nombre d'étrangers ont sympathisé avec la cause du Japon, simplement parce que tous les spectateurs prennent inconsciemment le parti du plus faible. La chute de Port-Arthur et la destruction de la marine russe dans la mer du Japon étaient absolument inattendues. Les autres puissances s'imaginèrent qu'elles pourraient être surprises par nous, comme elles s'imaginaient que les Russes l'avaient été, oubliant qu'ils avaient négligé d'étudier les Japonais. Elles se repentirent d'avoir sous-estimé indûment les Japonais et tombèrent dans l'exagération de leur valeur, ce qui constituait une autre erreur. Nous ne pensons pas qu'une simple victoire sur le champ de bataille doive, en aucun cas, servir à mesurer les progrès de la civilisation chez le vainqueur. En outre, sur quel domaine autre que le champ de bataille aurions-nous été capables de battre une nation européenne quelconque, si jamais nous devions en battre une ? Presque tous les éléments de notre civilisation, nous les avons empruntés à l'étranger ; introduits tardivement, comment pourraient-ils être poussés par notre imitation, si habile soit-elle, à un degré supérieur à celui qu'ils ont atteint dans

leur pays d'origine ? En ce qui concerne l'art de combattre, c'est le seul que nous ayons pratiqué depuis
l'antiquité ; sous les shôgunats successifs, cela a été la
profession la plus honorée et nous l'avons pratiquée au
détriment d'autres connaissances. Bref, c'était une
spécialité de l'ancien Japon, et notre succès dans le
métier des armes ne prouvait pas que nous ayons fait
un progrès énorme dans les autres branches de notre
civilisation. Cependant, les étrangers, qui avaient été
habitués à nous juger de loin, ne virent que le côté
scientifique et mécanique de la guerre moderne, dont
nous avions su nous servir. Ils soupçonnèrent que si
nous avions pu faire nos preuves sur ce terrain d'une si
brillante façon, nous devions certainement avoir
dépassé, sous tous les rapports, ce à quoi ils pouvaient
s'attendre de notre part. Cet état de choses supposé, qui
ne leur était pas fort agréable, ils nous accusèrent de
l'avoir dissimulé. Ils dénoncèrent donc la fausseté et la
dissimulation comme nos vices nationaux, au lieu de
s'en prendre à eux-mêmes de leurs supputations erro-
nées, dues à leur ignorance des choses du Japon. Bien au
contraire, nous n'avons jamais eu la moindre intention
de tromper un étranger en ce qui concerne la valeur de
ce que nous avons accompli. Ne serait-il pas ridiculement
absurde de supposer l'existence d'une tendance de ce
genre chez une quelconque des nations du monde ?

Nous avons donc été surestimés après notre guerre
victorieuse contre la Russie et nous commençâmes, à la
même époque, à être un peu moins aimés de ces observateurs étrangers à courte vue. La nation favorite du
monde entier, hier, devint subitement la nation la plus
dangereuse et la plus suspecte d'aujourd'hui ! Bien des
missionnaires qui, grâce à leur longue résidence dans
notre pays, en avaient une expérience personnelle, ont
fait leur possible pour plaider notre cause. Malheureu-

sement, leur défense ne nous a pas servi à grand'chose, parce que beaucoup d'entre eux nous dépeignent ordinairement comme une nation en continuelle évolution. En évolution, disent-ils, parce que notre progrès national récent est un fait trop évident pour être réfuté et qu'ils désirent l'attribuer à la fécondité de leurs efforts. En évolution, répètent-ils, parce qu'ils sont heureux de montrer qu'il reste toujours, au Japon, un large champ ouvert à leur activité, sans quoi leur *raison d'être* y disparaîtrait pour toujours. En fait, nous sommes une nation suffisamment avancée aujourd'hui pour n'avoir pas besoin de la tutelle des missionnaires.

Je regrette que nous ayons parmi nous un certain nombre de vantards typiques, comme il y en a malheureusement dans chaque pays, et dont le bluff éhonté a souvent stupéfié les observateurs impartiaux à l'étranger. Néanmoins, en tant que Nation, nous autres Japonais, nous ne sommes ni meilleurs, ni pires que n'importe quel autre peuple dans le monde. Nous ne voulons pas que notre pays soit un État pétrifié avec une quantité de belles reliques, bien conservées, de toutes les époques. Nous savons bien qu'une nation produisant des badauds doit être incomparablement plus heureuse et plus digne d'éloges que celle qui produit des curiosités pour la distraction desdits badauds. Si quelque nation désire jouer ce rôle et faire de son histoire un centre de distractions pour les autres, libre à elle. Ce n'est pas notre affaire. Notre idéal national, celui auquel nous aspirons de toutes nos forces, c'est de mettre notre pays à même de marcher côte à côte avec les nations doyennes de l'Occident et de contribuer au progrès de la civilisation mondiale. Nous devons nous diriger vers ce but, quelque flottante que puisse être l'opinion étrangère à notre égard, pendant les années, voire même les siècles à venir.

TABLE DES MATIÈRES

Imprimerie de J. DUMOULIN, à Paris. — 1218.10.1926.

PAYOT, 106, BOULEVARD SAINT-GERMAIN, PARIS

MARGOT ASQUITH

AUTOBIOGRAPHIE

Traduit de l'anglais par A. TOUGARD DE BOISMILON

Un volume in-8 de la *Collection d'Études, de Documents et de Témoignages pour servir à l'histoire de notre temps.*

JOURNAL

DE LA

Générale Bogdanovitch

Traduit du russe par M. LEFEBVRE

Un volume in-8 de la *Collection de Mémoires, Études et Documents pour servir à l'histoire de la Guerre mondiale.*